부의 지도를

넓힌 사람들

부의 지도를 넓힌 사람들

KOREAN DIASPORA REPORT

박상주 지음

예미

되돌아보면 한줄기 바람이요, 한 조각 구름이었다. 스스로 제도권 언론을 박차고 나온 이후 7년여 세월은 발길 닿는 대로 세상을 유람했다. '지구촌 순례기자'를 자임한 채 중동과 아프리카, 라틴아메리카, 아시아-태평양 구석구석을 돌아다녔다.

수정처럼 맑은 이집트 홍해 바다에서 스킨스쿠버 다이빙을 즐기고, 태초의 야생이 살아 숨 쉬는 케냐의 대초원에서 사파리를 하고, 장엄한 빅토리아 폭포 앞에서 짜릿한 물세례를 받기도 했다.

잉카제국의 슬픈 전설을 감추고 있는 공중도시 마추픽추와 볼리비아의 광대한 소금사막 우유니, 카리브해의 낙원 도미니카, 과테말라 밀림 속에 감춰진 신비스런 마야 유적 티칼을 헤집고 돌아다녔다.

'신들의 정원'으로 불리는 태평양의 작은 섬 팔라우와 히말라야의 준령들이 울퉁불퉁 근육질을 자랑하는 인도 최북단 라다크, 허브 향기 진동하는 몽골초원, 고대 비단길 문명이 고스란히 남아 있는 우즈베키스탄을 구름에 달 가듯 유람했다.

조물주가 빚은 자연은 가는 곳마다 장엄하고 찬란한 모습으로 마음을 설레게 만들었다. 인간이 자연 위에 쌓아 올린 다채로운 문명들은 시간에 대한 아득한 향수를 자극했다. 가슴 울렁거리던 그 숱한 순간들을 어찌 일일이 다 열거할 수 있으랴.

또 한 가지 반갑고 놀라웠던 일은 지구촌 어느 구석을 가든 단단하게 뿌리를 내린 채 살고 있는 한국인들을 만날 수 있다는 사실이었다. 아프리카에서 세탁소를 하는 동포가 있는가 하면, 카리브해의 작은 섬나라에서 발전소를 운영하는 사람도 있었고, 동남아에서 농사를 짓고 있는 이들도 만날 수 있었다.

이른바 '코리안 디아스포라' 규모는 세계 최고 수준이다. 대한민국 전체 인구의 15%가 넘는 750만 명이 세계 175개국에서 삶의 터전을 일구고 있다. 중국인 130개국과 유대인 100개국에 비해 월등히 앞서는 수치다. 중국인 디아스포라가 4800만 명에 이른다고 하지만 이는 중국

전체 인구의 4%에도 미치지 못하는 수준이다.

지구촌 전체를 무대로 하고 있는 '한민족 디아스포라'는 한국인들의 놀라운 개척정신과 끈질긴 생명력을 입증하고 있다. 세계 각국에 자리 잡은 한국인 네트워크는 세계무대 진출을 꿈꾸는 우리 국민들에게 든든한 플랫폼으로 작용을 하고 있다.

세상을 주유하면서 해외 동포들의 파란만장한 인생담을 들었다. 몇 권의 소설로도, 몇 편의 영화로도 담아낼 수 없는 흥미진진한 이야기들이었다. 혼자만 간직하기엔 너무도 소중하고 가슴 찡한 사연들이었다.

졸저 《부의 지도를 넓힌 사람들 : KOREAN DIASPORA REPORT》는 아시아와 라틴아메리카 지역을 돌면서 만난 동포들을 주인공으로 하고 있다. 앞서 도서출판 부키에서 출간한 《나에게는 중동이 있다》와 《나에게는 아프리카가 있다》에 이은 한민족 디아스포라 리포트다.

저마다 다른 색깔로 꿈틀거리는 아시아와 라틴아메리카의 여러 나라들을 둘러보면서 자꾸 떠오르는 얼굴들이 있었다. 바로 꿈과 희망마저 포기해버렸다는 한국의 'N포 세대'와 한창 일할 나이에 직장에서 밀려나는 40~50대 중장년 실직자들이었다.

이들이 해외무대로 나가면 어떤 대접을 받을까. 요즘 웬만한 한국인들이라면 갖추고 있는 IT 기반지식과 어학능력, 근면성 등은 개도국에서 큰 빛을 발할 수 있는 자산이자 경쟁력이다.

글로벌 무대를 향해 '거침없는 번지점프'를 해보는 건 얼마나 짜릿한 일일까. 아시아와 라틴아메리카는 다른 지역에 비해 경제성장의 잠재성이 월등하게 높은 신흥시장이다. 미지의 세계에서 새로운 인생의 청사진을 그려보는 건 얼마나 가슴 설레는 일인가.

아시아와 라틴아메리카에서 새로운 인생을 개척한 동포들의 이야기가 일자리를 찾는 우리나라 청년들과 실직자들에게 한줄기 희망과 용기를 주었으면 하는 바람으로 이 글을 썼다. 모쪼록 해외무대 진출을 꿈꾸는 누군가가 책 속의 어느 한 줄을 통해서라도 도움을 받기를 바란다.

출판계 불황에도 불구하고 부족한 글을 정갈한 책으로 묶어내 주신 예미출판 사장님께 감사의 말씀을 전한다. 남편이 하는 일이라면 무조건 지지와 성원을 보내준 아내 이영화 안젤라에게 고마움을 전한다. 바람처럼 구름처럼 마음 편하게 지구촌 순례를 할 수 있었던 건 순전히 안젤라의 헌신적인 뒷바라지 덕이었다.

낳아주시고 길러주신 아버지 박영환 요셉과 어머니 김순호 마리아께 또 한 권의 책을 선물로 드릴 수 있게 돼 기쁘다.

2018년 12월
박상주

차례

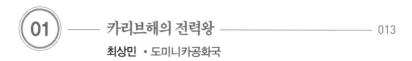

01

카리브해의 전력왕

최상민

DOMINICAN
REPUBLIC

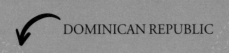

DOMINICAN REPUBLIC

올해로 도미니카 이민 25년째로 접어드는 최상민 사장은 에스파뇰라 섬에 멋진 엘도라도를 건설하고 있다. 도미니카와 아이티를 무대로 발전소 건설과 운영, 부품과 서비스 공급 그리고 배전망 개선사업 등으로 연간 400억 원 정도의 매출을 올리고 있다.

KOREAN

카리브해의 전력왕

최상민

DIASPORA

예나 지금이나 인간은 끊임없이 신천지를 찾아 헤맨다. 비옥한 땅과 넉넉한 물, 따스한 태양, 혹은 빛나는 황금을 찾아 길을 나선다. 아메리카 대륙은 태고부터 사람들을 불러들인 풍요로운 땅이었다.

빙하기 시절 아시아 대륙에서 살던 몽골족들은 꽁꽁 얼어붙은 베링 해협을 건너 황금빛 태양이 빛나는 땅을 찾아 수만 킬로미터를 걸어 중남미까지 왔다. 15세기 말엽부터는 서양 사람들이 배를 타고 황금을 찾아 신대륙으로 몰려들었다.

1492년 10월 12일, 이탈리아 탐험가 콜럼버스가 핀타호와 니냐호,

산타마리아호 등 범선 세 척을 이끌고 카리브해의 그림 같은 섬에 도착하게 된다. 처음 바하마 제도의 구아나하니 섬을 시작으로 지금의 도미니카공화국과 아이티공화국으로 이루어진 에스파뇰라 섬, 현재의 쿠바인 산토도밍고 후아나를 차례로 발견하게 되는 것이다.

스페인 정복자들이 도미니카 해변에 첫발을 내디뎠을 때 에덴동산을 발견한 기분이 아니었을까.

황금의 땅 엘도라도를 찾아

└   은백색 모래사장이 까마득하게 이어져 있었다. 방금 다림질한 하얀 모시를 펄렁펄렁 펼쳐놓은 것처럼 보인다. 그 위로 눈부신 햇살이 황금빛으로 쏟아져 내린다. 투명한 에메랄드 빛 바다와 모시처럼 하얗게 빛나는 백사장, 해안에 풍성한 그늘을 만들어주는 짙푸른 야자수 등이 강렬한 색깔의 대비를 만들어내고 있었다. '황금의 땅' 엘도라도를 찾아 거친 대서양을 건너온 콜럼버스가 그 넓은 신천지 중에서 이곳 도미니카에 자신의 거처를 지은 이유를 알 수 있을 것 같았다.

현대인들도 '엘도라도'를 찾아 전 세계를 떠돌아다닌다. 자신이 태어난 고국을 떠나 새로운 꿈을 펼칠 수 있는 땅을 찾아 나선다. '카리브해의 전력왕'으로 불리는 최상민(42) ESD 사장은 1993년 5월 21일 열일곱 살 때 부모님, 열다섯 살 동생과 함께 도미니카공화국 수도 산토도밍고의 라스 아메리카스 공항에 발을 디뎠다.

올해로 도미니카 이민 25년째로 접어드는 최 사장은 에스파뇰라 섬에 멋진 엘도라도를 건설하고 있다. 도미니카와 아이티를 무대로 발전소 건설과 운영, 부품과 서비스 공급 그리고 배전망 개선사업 등으로 연간 400억 원 정도의 매출을 올리고 있다.

현재 아이티에 4개, 도미니카에 1개의 발전소를 관리 운영하고 있다. 산토도밍고에 있는 본사 직원 60여 명과 아이티 현장 직원 250여 명 등 모두 310여 명의 직원을 거느린 탄탄한 중견기업을 일구고 있다. 전력사업 분야에서는 중미 연안국 기업가들 중에서 최고의 공신력을 인정받는 전력 사업가로서 단단한 기틀을 다진 것이다.

이사벨라 공항의 드넓은 주기장에 앙증맞은 6인승 쌍발 프로펠러 비행기 한 대가 기다리고 있었다. 이사벨라 공항은 가까운 카리브해 주변국들과 국내선 취항 여객기, 그리고 자가용 비행기 및 소형 전세기가 주로 이용하는 제2의 국제공항이다.

오전 8시쯤 최 사장이 도미니카 현지 직원 두 명을 대동한 채 이사벨라 공항에 모습을 드러냈다. 이웃 아이티공화국의 수도인 포르토프랭스로 급한 출장길에 오른 것이다. 포르토프랭스 가는 일반 비행기 좌석이 만석이어서 전세 비행기를 대절한 것이었다.

최 사장은 도미니카와 아이티를 안방에서 건넌방 드나들듯 오간다. 두 나라 여러 곳에 사업장이 널려 있기 때문이다.

최고의 전력회사를 목표로

아이티 포르토프랭스 공항으로 ESD 직원이 차를 대기시켜놓고 있었다. 차를 타고 이동하면서 차창 밖으로 비쳐지는 포르토프랭스는 거대한 난민촌처럼 보였다. 거리엔 당장 절박한 의식주 문제를 해결하기 위해 발버둥 치고 있는 빈민들로 넘쳐나고 있었다. 2010년 1월 12일 20여만 명의 목숨을 앗아간 대지진의 충격에서 아직도 벗어나지 못한 모습이었다.

10여 분쯤 달렸을까. 높다란 담장으로 둘러쳐진 건물이 나타났다. 아이티 총리공관이었다. 삼엄한 몸수색을 거친 뒤 공관 안으로 들어섰다. 일국의 총리 비서실장 방치고는 작고 소박했다. 방 한가운데 그리 크지 않은 책상 하나가 있었고, 그 앞에 5~6명이 둘러앉을 수 있는 작은 원탁 테이블이 놓여 있었다.

시원하게 배코를 친 머리를 한 인텔리 풍의 물라토(흑백혼혈)와 순박한 시골 아저씨처럼 생긴 흑인 한 명이 방으로 들어서는 최 사장을 반갑게 맞이했다. 로랑 라모트 아이티 총리의 비서실장인 살림 수칼과 전력청 부청장인 라파엘 두켄스였다. 최 사장이 원탁 테이블에 합류하자 수칼 실장이 회의를 진행하기 시작했다.

"오늘 이 자리는 ESD와 아이티 전력청 간 전력공급 계약서에 서명을 하기 위한 자리입니다. 앞으로 ESD는 아이티 남부에 있는 제레미와 서부의 라 고나베 섬에 전기를 공급하는 일을 맡게 됩니다."

두켄스 부청장이 말했다.

"이 자리에는 진 모로스 전력청장이 나오셔야 하는데 해외출장 중이어서 제가 대신 나왔습니다. 제레미와 라 고나베 지역 주민들은 현재 하루 4시간밖에 전기공급을 받지 못하고 있습니다. ESD가 두 지역에 배전사업을 하는 데 필요한 지원을 아끼지 않겠습니다."

최 사장이 말했다.

"주민들 불편을 하루빨리 덜어드리도록 최대한 빨리 공사를 진행하도록 하겠습니다. 우선 발전소 가동에 필요한 연료공급을 안정적으로 확보할 수 있도록 전력청에서 지원해주실 것을 부탁드립니다."

최 사장과 두켄스 부청장이 계약서에 서명을 했다. 2004년 11월 발전기 부품 및 서비스 사업으로 출발한 ESD가 전기를 생산하고 이를 판매까지 하는 전력회사로 발돋움하는 순간이었다. 우리나라 한전처럼 발전과 배전을 담당하는 사업을 시작하게 된 것이다. 불과 10년도 채 안 되는 기간 동안 만들어낸 쾌거였다.

총리공관을 빠져나온 최 사장의 차가 또다시 어디론가 향하기 시작했다. 차가 멈춰 선 곳 역시 총리공관처럼 높은 담장으로 둘러쳐진 곳이었다. 육중한 철문이 열리면서 총을 든 경비원이 모습을 드러냈다.

높은 담 때문에 밖에서는 보이지 않던 내부 모습이 한눈에 들어왔다. 왼편으로 높은 송전탑들과 대형 컨테이너들이 줄지어 늘어서 있었고, 가운데 쪽으로 둥그런 유류 저장탱크들이 자리를 차지하고 있었다. 안으로 조금 들어서자 웅웅웅 발전기 돌아가는 소리가 귀를 자극한다. ESD가 운영 및 관리를 맡고 있는 포르토프랭스 카프2 발전소였다.

그런데 발전소라고 하기엔 구석구석 깨끗하게 정돈돼 있었다. 널찍한 정원은 곱게 손질된 파란 잔디로 덮여 있었다. 20개의 컨테이너는 밝은 녹색으로 통일돼 있었고, 유류탱크에는 분홍색, 하얀색, 검정색 등 저마다 서로 다른 페인트칠이 돼 있었다. 발전소라기보다 알록달록 예쁜 조형 예술물을 보는 듯한 느낌이 들 정도였다.

발전소 오른편으로 아담한 단층짜리 사무동 건물이 들어서 있었다. 사무실 문을 밀고 들어서자 직원들이 오랜 친구를 반기듯 스스럼없이 최 사장을 맞이한다. 잠깐 사무실에 앉아 시원한 물 한잔을 마시면서 최 사장의 이야기를 들었다.

"우리 회사는 지금 아이티에서 모두 4개의 발전소를 운영·관리하고 있어요. 이곳 포르토프랭스의 카프2 발전소와 중부 고나이베스 발전소, 북부 캡 헤이션 등 발전소 세 곳은 베네수엘라 석유공사와 아이티 정부기관인 모네티사시옹 간 합작회사 소유로 돼 있어요. 나머지 한 곳은 미 국무부의 원조로 지은 아이티 북부 카라콜 섬유공단 발전소입니다. 4개 발전소 모두 저희 ESD에서 운영과 관리를 위탁받아 하고 있습니다. 네 곳에서 생산하는 전력은 아이티공화국 전체 전력 사용량의 35%를 차지하고 있어요. 우리 회사는 이제까지 발전소의 운영과 관리만 했습니다. 전력 생산과 공급의 주체는 아이티 전력청이었지요. 하지만 조금 전 총리공관에서 제레미와 라 고나베 지역 전력공급 계약서에 서명을 하는 순간부터 저희 ESD는 전력 생산에서부터 배전, 전기요금 수납까지를 일괄적으로 운영하는 전력회사로 도약을 하게 된 거지요."

8일 안에 발전소 엔진을
살려내겠습니다

└   최 사장은 무슨 연으로 카리브 해안의 섬나라인 아이티의
발전소를 관리·운영하게 됐을까. 무슨 재주로 아이티 정부로부터 전
력공급 사업까지 떠맡는 위치까지 올랐을까.

"지금 저기 창문 밖을 보세요. 아이티와 베네수엘라, 쿠바 국기가 게
양대에서 나란히 펄럭이고 있지요. 지금 저희가 운영하고 있는 3개의
발전소(북부, 중부 그리고 남부지역)는 세 나라가 협력해서 건설한 겁니다.
베네수엘라에서 원조해준 석유를 팔아 발전소 건설 자금을 마련했습
니다. 쿠바에서는 발전소 건설과 운영을 맡았지요. 그때 쿠바 전력청이
발전소 엔진으로 채택한 제품이 바로 현대중공업의 '힘센 엔진'이었어
요. 그런데 갑자기 문제가 터졌습니다. 2009년 8월 북부 캡 헤이션 발
전소의 엔진 8대가 모두 가동이 중단되는 사태가 발생한 겁니다. 아이
티 북부지방에 전기공급이 전면 중단되는 대형사고였어요. 발전소 가
동을 시작한 지 채 1년도 되지 않았을 때였습니다."

5일 동안 전기가 끊겼다. 주민들이 들고 일어났다. 순식간에 대규모
시위 사태로 번지기 시작했다. 화들짝 놀란 르네 프레발 당시 아이티
대통령이 긴급 대책회의를 소집했다. 그 자리에 현대중공업 관계자 두
명도 호출을 당했다. 고장 난 발전기들이 모두 현대중공업 제품이었다.

"당시 저는 현대중공업 관계자들의 통역으로 참석을 했습니다. 그
때까지만 해도 우리 회사는 현대중공업 발전기 부품을 공급하고 정비
서비스를 제공하는 회사였거든요. 아이티 대통령궁 각료 회의실에 들

어갔더니 30여 명이 쫙 앉아 있더라고요. 회의를 주재한 프레발 대통령과 총리, 건설장관, 재무장관, 전력청장 등 아이티 각료들뿐 아니라 베네수엘라 대사와 쿠바 대사, 쿠바 전력청장 등 관계자들이 모두 참석한 자리였어요. 하나같이 거물급들이었지요."

대책 없는 갑론을박과 책임공방이 이어졌다. 오가는 이야기를 가만히 들어보니 쿠바 사람들이 발전소 유지 및 관리를 제대로 못 하고 있다는 판단이 들었다. 최 사장은 그 자리에서 폭탄제안을 한다. 자신이 발전소 엔진을 살려보겠다고 나선 것이었다.

"8일간의 말미를 주면 발전소 엔진을 살려내겠다고 장담을 했습니다. 그랬더니 라파엘 전력청장이 '당신 그 말 책임질 수 있느냐' 그러더라고요. 한번 믿고 맡겨달라고 했지요. 달리 뾰족한 수가 없었기 때문이기도 했겠지만 어쨌든 그 자리에서 저의 제안을 받아들이더라고요. 지금 생각해봐도 정말 당돌한 제안이었어요. 현대중공업 사람들은 무슨 말이 오갔는지도 몰랐습니다. 나중에 회의장에서 나와 이야기를 했더니 펄쩍 뛰더라고요. 너무 무모한 약속이었다는 거지요."

그러나 ESD의 기술진은 약속대로 죽어 있던 엔진 8대를 모두 살려냈다. 짐작했던 대로 엔진에 무슨 큰 이상이 있었던 게 아니었다. 일정 기간이 지나면 교체해줘야 하는 부품을 바꿔주지 않거나 헐거워진 볼트나 너트 등을 조이지 않아서 발생한 고장들이었다.

"엔진 구석구석을 닦고 조이고 기름칠을 하고 나니까 씽씽 잘 돌아가더라고요. 결국 약속했던 기한보다 하루 빠른 7일 만에 복구를 해낼 수 있었습니다. 아이티 정부 사람들은 물론 쿠바와 베네수엘라 사람들 모두 깜짝 놀라더라고요. 라파엘 아이티 전력청장이 그때 3만 7000달러를 건네주면서 고맙다고 치하를 해주었습니다."

　때론 계약서 위에 찍는 도장보다 눈도장이 더 확실한 보증 역할을
해준다. 종이에 찍는 도장은 종종 부도를 내기도 하지만 눈도장은 약
발이 오래 지속되는 신용장 역할을 한다. 아이티와 쿠바, 베네수엘라
세 나라가 속수무책으로 끙끙거리던 고민거리를 한 방에 해결한 최 사
장은 아이티 정부로부터 확실한 눈도장을 받게 된다.

　아이티에 가장 많은 원조를 하는 나라는 베네수엘라였다. 그런데 현
찰로 원조를 하는 게 아니라 석유를 현물로 제공했다. 아이티 정부는
베네수엘라에서 원조해주는 석유를 팔아서 현찰로 만들고, 그 돈을 어
디에 쓸 건지 기획하고 배분하는 '모네티사시옹(Monetisation)'이라는 기
구를 두고 있다. 아이티 해외원조금 기획 배분처인 셈이다.

　"저희가 캡 헤이션 발전소 복구공사를 성공적으로 마치고 난 뒤 며
칠쯤 지났을 때였어요. 베네수엘라 석유공사 관계자가 저를 조용히 보
자고 하더라고요. 쿠바 전력청이 운영하고 있는 3개 발전소를 저희가
맡아서 운영해볼 생각이 없느냐는 제안이었습니다. 전혀 예상하지 못
했던 제안을 받고 놀랐지요. 덥석 받을 수 있는 상황이 아니었어요. 당
시까지만 해도 저희 회사 역시 발전소를 운영할 만큼 갖춰진 기술 인
력을 보유한 상태는 아니었으니까요. 그리고 무엇보다도 쿠바 눈치를
보지 않을 수 없었어요. 쿠바 전력청에서 관리하던 일을 빼앗는 모양
새였으니까요. 자칫 외교 문제로 비화할 우려도 있었습니다."

　베네수엘라 석유공사 관계자도 그런 사실을 잘 알고 있다고 했다.
그러니 정식으로 발전소 운영 계약을 맺지 않은 상태로 발전소 관리를

좀 맡아달라는 제안이었다. 물론 아이티 정부에서 관리비는 지급을 할 것이라고 했다. 고심에 고심을 한 끝에 최 사장은 그 제안을 받아들였다. 그리고는 돈 받을 기약도 없이 일을 시작했다.

다행히 두 달 반 만에 아이티 모네티사시옹에서 정식계약을 하자며 연락을 해왔다. ESD가 포르토프랭스 발전소와 중부 고나이베스 발전소, 북부 캡 헤이션 발전소 등 3개 발전소의 운영 및 유지, 보수를 맡기로 하는 계약을 체결한 것이다. 그전까지는 발전기 부속품을 팔기만 하던 입장에서 발전소를 관리 · 운영하는 기업으로 한 단계 도약을 하게 된 것이었다.

다가온 기회를
놓치지 않는 순발력

최 사장과 함께 발전소를 둘러보기 시작했다. 줄지어 늘어선 컨테이너 박스 쪽으로 갈수록 웅웅거리는 기계음이 커지기 시작했다. 컨테이너 안에 들어 있는 발전기에서 나오는 소리였다. ESD 작업복을 입은 직원들이 컨테이너 안을 들락날락하면서 분주하게 움직이고 있었다. 컨테이너 속을 들여다보니 커다란 엔진이 힘차게 돌아가고 있었다.

"현대중공업이 개발한 '힘센 엔진'입니다. 이 물건 때문에 고생도 많이 하고 우여곡절도 숱하게 겪었습니다. 한때는 '힘센 엔진'이 아니라 '힘든 엔진'이었던 적도 있었지요. 그렇지만 제가 이곳에서 기반을 다지는 데 동력을 준 발전기이지요. 현대중공업에서 대형 발전소와 소형 발전소 중간의 틈새시장을 공략하기 위해 개발한 모델입니다. 저는 '힘센 엔진'이 도미니카나 아이티 등 작은 섬나라의 발전소를 건설하는데 아주 적합한 모델이 될 거라는 판단을 했어요. 지형적으로나 경제 규모 면에서 수력, 석탄, 가스, 원자력 등 대형 발전소를 건설하기 어려운 카리브해 지역에서 중소 규모의 중유 화력발전소를 건설하는 데딱 맞는 규모이거든요."

호랑이나 사자 같은 맹수는 평소엔 어슬렁거린다. 그러다가도 먹잇감을 포착하면 폭발적인 에너지를 방출하면서 바람처럼 돌진한다. 주저함이 없이 칼같이 결단을 내리고, 불같이 몰아붙인다. 성공하는 사람들의 사업 방식은 맹수의 사냥법을 닮았다. 자신에게 다가오는 기회를 비호처럼 낚아채는 특질을 지닌 것이다.

최 사장이 단시간에 '카리브해의 전력왕'으로 성장한 비결은 자신의 옆을 지나는 기회를 놓치지 않고 잡아챈 것이었다. 2009년 8월 아이티 북부 캡 헤이션 발전소의 정전사태 때 대통령이 주재한 대책회의에서 "내가 한번 해보겠다"고 나서서 3개 발전소 운영권을 따낸 것이 대표적인 사례라고 할 수 있다. 2000년 현대중공업의 '힘센 엔진'에 대한 판매 에이전트십 역시 "내가 한번 해보겠다"면서 달려들어 따낸 것이었다. 최 사장이 겨우 스물다섯 살 나던 해였다.

최 사장은 20대 중반 잠시 대한무역투자진흥공사(KOTRA) 도미니카 지사에서 일을 한 적이 있었다. 그때 코트라 사무실에서 현대중공업의 정병옥 부장을 만나게 된다. 2000년 7월쯤의 일이었다. 정 부장은 현대중공업에서 개발한 'PPS(패키지드 파워 스테이션)' 이동식 발전기, 즉 '힘센 엔진'의 판로를 개척하기 위해 출장을 나왔다고 했다.

"당시 저희 부모님이 산토도밍고에서 '아리랑 식당'이란 한식당을 하실 때였습니다. 정 부장님이 산토도밍고에 머무는 동안 우리 집에서 식사도 하고 술도 한잔씩 하게 됐지요. 그 자리에서 정 부장님이 여러 차례 '힘센 엔진'이 얼마나 좋은 건지 쭉 설명을 하시더라고요. 순수 국내기술로 제작한 엔진이라면서 아주 자랑스러워하셨어요."

그해 10월 도미니카 최대 발전회사인 'EGE Haina'에서 150MW(메가와트)짜리 발전소 입찰이 나왔다. 현대중공업도 입찰에 참여했지만 아쉽게도 공사를 따내지 못했다. 그 입찰 과정에서 최 사장은 1년 동안 현대중공업과 'EGE Haina' 사이에서 연락처 역할을 했다. 자연스럽게 귀동냥 지식이 쌓이기 시작했다. '힘센 엔진'이 카리브해 지역에서는 시장성이 있어 보였다.

결혼을 한 달 정도 앞둔 2001년 3월 최 사장은 한국행 비행기에 올랐다. 곧바로 울산 현대중공업을 찾아갔다.

"현대중공업 앞골목에 있는 음식점에서 '힘센 엔진' 해외영업 담당자와 마주 앉았습니다. 단도직입으로 '힘센 엔진' 대리점권을 달라고 부탁을 했습니다. 처음엔 허허 웃더라고요. 새파랗게 젊은 친구가 판매 에이전트십을 달라고 들이대니까 어이가 없었나 봐요. 당신 같은 사람이 할 일이 아니라고 하더라고요. 발전기를 파는 일은 자본력뿐 아니라 인적 네트워크와 사업경험 등이 수반돼야 한다는 거였어요. 삼겹살에 소주잔을 기울이면서 제 진심을 전했습니다. 제 청춘을 걸고 열심히 뛸 터이니 기회를 달라고 매달렸지요. 결국 자리에서 일어날 무렵엔 '그럼, 어디 한번 해봅시다' 하는 답변을 들을 수 있었습니다. 처음에 안 된다고 할 때 물러났다면 오늘날 ESD는 존재하지 않았을 겁니다."

'힘센 엔진' 판매 에이전트십을 따낸 뒤 젖 먹던 힘까지 다해 뛰었다. 8개월 만인 2001년 11월 마침내 그 첫 결실을 거둘 수 있었다. 도미니카에서 1.7MW짜리 '힘센 엔진' 두 대를 팔았던 것이다. 두 대 가격을 합치면 150만 달러였다. 3% 커미션을 받았다. 단박에 5만 달러를 손에 쥘 수 있었다.

인맥은 힘이다

산토도밍고 다운타운 서쪽에 위치한 엘 미종 지역은 아파트와 주택, 오피스 빌딩들이 옹기종기 모여 있는 조용한 동네였다. 그 한가운데 지은 지 얼마 돼 보이지 않는 5층짜리 말끔한 빌딩 하나가 넉넉한 마당을 안고 들어서 있었다. 대지 1000m²에 최 사장이 직접 건설한 이 5층 건물은 그가 중남미 최고 기업의 꿈을 키우고 있는 ESD 사옥이었다.

카리브해 국가들은 대부분 개발도상국들이다. 그런 카리브해 국가들의 경제개발을 도와주는 일을 전문으로 하는 기업이라는 뜻에서 회사 이름을 'Enterprise Specialized in Development'로 지었다.

사장실은 3층에 자리하고 있었다. 여느 사장실처럼 큼지막한 책상 하나와 회의용 테이블, 책장이 놓여 있는 방이었다. 창틀에 진열한 사진 한 장이 눈길을 끌었다. 최 사장이 빌 클린턴 전 미국 대통령과 힐러리 클린턴 전 국무장관과 함께 찍은 사진이었다. 최 사장이 무슨 연유로 클린턴 부부와 사진을 찍었을까.

"2013년 7월 아이티 북부 카라콜 섬유공단 내 발전소 준공식 때 찍은 사진입니다. 클린턴 부부와 미국 대사, 미 국무부 산하 대외원조기관인 국제개발처(USAID) 관계자, 도미니카와 아이티 전력청장 등이 함께했어요. 카라콜 섬유공단은 지난 2010년 1월 대지진 이후 아이티 재건을 위해 USAID 자금으로 조성된 공단입니다. 우리나라 의류 제조 회사들도 여럿 입주해 있는 곳이지요. 카라콜 공단에 전기를 공급하는 발전소 공사를 저희 ESD에서 맡아 했습니다. 카라콜 공단 발전소 건설 입찰 당시 우리나라 대기업을 포함해 미국과 스페인 등 6개 업체가 경쟁을 벌였어요. 굴지의 국제적 기업들을 제치고 저희가 공사를 수주했습니다. 발전소 준공식 때 클린턴 부부가 와서 보고는 '뷰티풀'을 연발하더군요. 특히 힐러리 장관은 자기가 다녀본 발전소 중 가장 아름다운 발전소라며 감탄사를 연발했답니다."

최 사장은 창틀과 벽에 진열해놓은 다른 사진 속의 주인공들을 하나하나 소개해주었다. 아이티의 르네 프레발 전 대통령과 로랑 라모트 총리, 진 모로스 전력청장, 르네 잔지프 에너지 장관, 마이클 레콥 모네티사시옹 사장, 살림 수칼 총리 비서실장, 페드로 카니노 주 아이티 베네수엘라 대사, 안토니 카바로 USAID 에너지 정책담당관, 셀소 마란시니 도미니카 전력청장 등 아이티와 도미니카, 미국, 베네수엘라 등의 쟁쟁한 실력자들과 최 사장이 함께한 사진들이었다. ESD를 키워주고 있는 비옥한 인적 토양이었다.

인맥은 힘이다. 선진국이든 후진국이든 인맥은 세상을 살아가는 데 큰 밑천이다. 더군다나 작은 나라에서 사업을 하는 데는 인맥은 결정적인 영향력을 발휘한다.

최 사장은 어떻게 카리브해에 그토록 탄탄한 인맥을 구축할 수 있었을까. '최상민'이라는 이름 석 자가 카리브해 인근 국가들에게 널리 알려지게 된 계기는 바로 2010년 1월 발생한 아이티 대지진이었다. 그 전해 8월 북부 캡 헤이션 발전소에서 고장 난 엔진 8대를 일주일 만에 복구해준 사건에 이어 아이티 대지진 때 ESD 주도로 시행한 전력복구 작업은 최 사장을 아이티 전력업계에서 없어서는 안 되는 인물로 부각시켰다.

아이티의 밤을 다시 밝히다

2010년 1월 12일 아이티에서 발생한 리히터 규모 8.3의 대지진은 25만여 명의 사상자와 100여만 명의 이재민을 내게 된다. 수도인 포르토프랭스를 비롯한 아이티 전역이 초토화되는 참혹한 재앙이었다.

발전시설의 파괴로 아이티 전역이 암흑천지로 변했다. 대지진으로 캄캄해진 아이티의 밤을 다시 밝힌 주인공이 바로 최 사장이었다. 망연자실 손을 놓고 있던 아이티 전력청장을 찾아가 전력복구 계획서를 들이밀면서 전력망 설비들을 복구하는 데 앞장선 인물이 바로 최 사장이었던 것이다.

최 사장을 많이 닮은 사람이 사장실 문을 열고 들어왔다. ESD에서 최 사장을 돕고 있는 친동생인 최상균 차장이었다. 최 차장은 대지진 당시 아이티에서 진행되고 있던 ESD의 공사현장을 지휘하는 간부 중 하나였다. 지진 당시 상황을 상세히 듣고 싶어 차 한잔을 하자고 청한 것이었다.

최 사장이 먼저 말을 시작했다.

"지진이 났을 당시 저는 도미니카에 있었지만 ESD 기술진 20여 명이 아이티에 들어가 있었어요. 저희 회사가 포르토프랭스 공항 인근 시티 솔레이 지역에서 32MW 규모의 E-파워 발전소를 건설하고 있었거든요. 즉시 철수 명령을 내렸지요."

최 차장이 이어서 당시 상황을 자세히 전해주었다.

"직원 20여 명이 7대의 차량에 나눠 타고 아이티 탈출 작전을 시작했습니다. 도미니카 국경인 히마니까지는 70여km밖에 안 되지만 평소에도 험한 산길이에요. 그런데 지진으로 중간에 다리가 끊어져 우회를 해야 하는 경우가 많았습니다. 도로가 파손된 곳도 많아 아주 위험천만한 길이었어요. 오후 3시쯤 국경에 도착했습니다. 우리 사장님과 대사관의 최원석 서기관님, 코이카 봉사단원 등이 함께 저희를 기다리고 있더라고요. 그날은 사장님이 아니라 형님이었어요. 정말 반갑더라고요. 다시는 형을 못 볼 줄 알았거든요. 그런데 형이 그 자리에서 '나는 아이티로 들어간다, 당신들은 저기 버스 가지고 왔으니 타고 가라'고 하더라고요. 그때 저는 형이 미쳤다고 생각했어요. 다들 빠져나오는 사지로 들어가겠다는 게 제정신을 가진 사람이 할 일이 아니잖아요."

최 사장이 말했다.

"지진 등 재난이 발생했을 때 가장 시급한 일은 전력공급을 재개하는 것입니다. 전기는 세상을 돌리는 동력이니까요. 아이티에 그런 일을 할 수 있는 능력을 지닌 사람이 없었어요. 라파엘 아이티 전력청장과는 연락조차 되지 않았습니다. 아예 손을 놓고 있었던 거예요. 문제를 해결하려면 제가 들어가는 수밖에 없었어요. 아이티 지진 현장에 있던 이동훈, 최상균 차장과 직원들에게 도미니카로 철수하라고 지시를 한 뒤 국경에서 그들을 기다렸어요. 모두들 무사히 도미니카 국경을 넘을 것을 확인한 뒤 저는 아이티로 들어갔습니다. 운전기사인 조나스를 대동하고 갔지요. 비상금으로 현찰 1만5000달러를 지니고 들어갔습니다."

최 사장이 저녁 7시쯤 포르토프랭스에 도착했다. 일하는 아주머니 한 분이 벨빌에 있는 직원숙소를 지키고 있었다. 이미 날이 어두워져 있었다. 일찍 잠자리에 들었다. 이따금 흔들흔들 여진이 계속됐다. 거의 날밤을 새우다시피 해야 했다. 다음 날 아침 8시 아이티 전력청을 찾아갔다.

"전력복구를 하기 위해서는 우선 전력청장을 만나야 했습니다. 전력청장은 포르토프랭스 한복판인 델마 지역에 살고 있었습니다. 라파엘 청장 집에 도착하니까 정오쯤 됐더라고요. 재난 복구를 위해 가장 바쁘게 뛰어다녀야 할 전력청장이라는 사람이 지진 후 48시간이 지난 그 시점까지 집으로 피신한 채 아무 일도 하지 않고 있었습니다. 점심을 함께 먹으면서 전력복구 문제를 논의했지요. 가장 시급한 일 중에 하나가 전력복구다, 당신이 이렇게 손을 놓고 있으면 안 된다, 하루속히 전력복구 계획을 세워야 한다고 조언을 해주었습니다."

점심식사 후 전력복구 계획을 짜기 시작했다. 다음 날 새벽까지 꼬박 날밤을 새우면서 작업을 한 끝에 라파엘 청장에게 전력복구 계획서 초안을 건네줄 수 있었다.

15일 오후 전기 기술자들로 꾸려진 미국 자원봉사단이 청장 집으로 찾아왔다. 이어 16일에는 미 국무성과 미 국제개발처(USAID), 프랑스 전력회사 등도 청장 집으로 모여들었다.

"제가 만든 복구 계획서에 따라 하나씩 역할들을 맡겼습니다. 아이티 전력청장 임시 자문관 역할을 한 거지요. 아이티 지진 당시 전력복구 문제에서만큼은 제가 사실상의 지휘 사령탑 역할을 했다고 자부합니다."

최 차장이 최 사장의 말을 이어받았다.

"저희에게 떨어진 지상명령은 발전소 복구였어요. 당장 캄캄한 아이티의 밤을 밝히는 전등과 식수를 공급하는 물펌프 설비 및 응급처치를 할 수 있는 병원에 전력을 공급해주는 일이 시급했습니다. 10명으로 구성된 복구 특공팀을 구성하기로 했습니다. 간부사원 20여 명이 한자리에 모여 회의를 했습니다. 자원자들만으로 10명의 복구팀을 꾸리기로 했어요. 그런데 회의에 참석한 전원이 자기가 가겠다고 손을 들었습니다. 할 수 없이 저와 하 과장, 데코의 김병우 부장, 전병환 차장 등을 주축으로 10명의 특공팀을 꾸렸어요."

최 사장이 말했다.

"ESD 특공팀이 아이티로 들어간 지 2주 만에 파괴된 시설을 복구했습니다. 2월 3일 드디어 전기 스위치를 올렸어요. 포르토프랭스가 다시 환하게 밝아졌습니다. 지진 발생 후 22일 만에 ESD의 기술과 헌신으로 아이티에 다시 광명을 찾아준 것이었습니다. 그때의 감회와 희열을 어떻게 말로 표현할 수 있겠습니까. 정말로 가슴이 뿌듯하더라고요."

막다른 골목에서도
길이 열리는 것이 인생

부활절이었다. 가톨릭 신자가 95%나 되는 도미니카에서 부활절은 크리스마스와 더불어 가장 큰 명절이다. 일주일 동안 학교와 직장 모두 문을 닫고 놀면서 예수의 부활을 함께 기뻐한다. 곱게 단장을 한 한국 동포들이 ESD 사옥으로 속속 모여들고 있었다. ESD 사옥 4층에 있는 한인교회에서 부활절 감사예배를 보기 위한 사람들이었다. 독실한 기독교 신자인 최 사장이 ESD 사옥 4층과 5층을 한인교회에 기증을 한 것이었다.

100여 명의 신자들이 모인 가운데 학생들이 준비한 찬양과 춤이 어우러진 감사예배가 이어졌다. 한인 동포들이 함께 모여 즐기는 한바탕 축제였다.

예배를 마친 신자들이 식당으로 사용하는 5층으로 향했다. 계단을 오르면서부터 구수한 음식 냄새가 시장기를 돌게 한다. 식당의 한쪽 배식대에서 교회 자원봉사자들이 볶음밥과 불고기, 잡채, 떡, 과일 등 부활절 특식을 나눠주고 있었다. 최 사장도 배식 봉사자들 틈에 끼어 쫄깃쫄깃한 절편을 나눠주고 있었다.

배식을 마친 최 사장과 함께 식사를 했다. 옆 테이블에서는 최 사장의 부친인 최덕웅 옹과 어머니인 안복순 여사가 식사를 하고 있었다.

최 사장은 1976년 11월 2일 경기도 파주에서 태어났다. 최 사장이 아홉 살 때 가족이 남양주로 이사를 했다. 최 사장은 초등학교 때 축구 선수를 했다. 남양주 미금초등학교 다닐 때 미드필더로 뛰면서 경기도 교육감배 우승을 이끌기도 했다. 아쉽게도 6학년 때 부상으로 축구를 그만두었다.

1987년 아버지가 도미니카 봉제회사에 일자리를 구해 홀로 산토도밍고로 왔다. 당시 도미니카에는 한국의 봉제공장들이 많이 진출해 있었다. 도미니카에서 만드는 물건은 미국으로 무관세 수출을 할 수 있었기 때문이었다. 그런데 아버지가 다니던 봉제공장은 5년 만에 한국으로 철수를 하게 된다.

그러나 그 사이 아버지는 도미니카에서 희망을 읽고 있었다. 한국으로 돌아온 아버지는 가족들에게 도미니카로 이민을 가자고 권했다. 낯선 이국으로 떠나는 게 두려웠던 어머니는 선뜻 응낙을 하지 못한 채 장남인 최 사장의 결정대로 따르겠다고 했다.

"어머니는 저에 대한 기대가 아주 크셨어요. 제가 동화중학교 다닐 때에는 반에서 1~2등을 다퉜어요. 졸업할 때는 전교 6등의 성적이었습니다. 운동선수 출신치고는 공부를 잘한 거지요. 그런데 제 생각에는 한국에서의 삶에서 큰 비전을 찾아보기 어려웠습니다. 집안 배경이 좋은 것도 아니고, 그렇다고 돈이 많은 것도 아니었어요. 무엇보다도 한국은 경쟁이 너무 심한 사회였습니다. 어디든 새로운 세상으로 나가서 인생의 승부를 걸고 싶었어요. 아버지 말씀대로 도미니카로 이민을 가자고 어머니를 설득했지요."

1993년 5월 최 사장네 가족은 도미니카행 비행기에 몸을 실었다. 최 사장이 고등학교 2학년 때였다. 그해 9월 부모님은 산토도밍고 27번가에 한국 음식점 '아리랑'을 개업하게 된다. 한국 봉제공장에 다니는 한국 사람들을 상대로 한 음식장사가 먹힐 거라는 판단을 한 것이었다.

"식당은 손을 많이 필요로 하는 일입니다. 저도 나서지 않을 수 없었어요. 손님들이 몰려오는 점심때부터 밤늦게까지 식당 일을 도왔습니다. 그러던 어느 날 한 손님이 그러시더라고요. 이 시간에 왜 여기 있느냐, 학교를 가야지, 이게 부모님을 돕는 게 아니다, 공부해라. 당시엔 기분이 나빴지만, 곰곰이 생각해보니 맞는 이야기였어요. 그렇지만 식당을 하는 부모님을 모른 체하면서 공부를 한다는 건 어려운 일이었습니다. 미국으로 공부를 하러 가야겠다는 생각을 했어요."

하지만 미국에 유학을 갈 만한 형편이 아니었다. 돈도 없고, 미국 비자를 받는 것도 하늘의 별 따기만큼 어려웠다. 최 사장이 당시 미성년자였기 때문에 보호자가 없으면 미국 학교에 들어갈 수도 없었다.

그러나 막다른 골목처럼 보이다가도 새로운 활로가 불쑥 열리는 게 인생이다. 어느 날 최 사장네 식당에 온 한 손님이 늦게까지 술을 마시고 있었다. 잔뜩 술에 취한 그 손님은 자신이 지금은 미국에서 조그마한 주택 수리업을 하면서 살고 있지만 한때 사업을 크게 하다가 쫄딱 망했노라고 넋두리를 늘어놓았다.

최 사장은 그 손님이 미국에서 왔다는 사실을 알고는 자신이 공부하러 미국에 갔다가 보호자가 없어서 돌아온 사정을 이야기했다. 그랬더니 선뜻 자기가 보호자 역할을 해주겠다고 나섰다. 자신의 집이 넓고 방도 많으니 와서 지내도 좋다는 말도 덧붙였다. 뜻밖의 은인 덕에 최 사장은 1994년 말 다시 미국 유학길에 오를 수 있었다.

"김태희 사장님이라는 분인데 저에게 사업의 기본을 가르쳐주신 멘토였습니다. 미국에서 창고 물류사업을 크게 하시던 분이었어요. 그분의 사업 경험담을 참 많이 들었습니다. 사업가는 겸손해야 한다, 주도면밀해라, 사람을 아껴야 한다, 사업이란 언제 망할지 모른다, 항상 검소하게 살아라……. 지금까지 제가 사업을 하는 데 큰 도움이 되는 가르침이었습니다."

최 사장은 뉴욕 스태튼 아일랜드에 있는 수잔 웨그너 고교에 입학했다. 백인들이 많은 학교였다. 수잔 웨그너 고교에서 다시 축구를 시작했다. 학생 서클 정도로 생각하고 들어갔는데 학교대표 축구팀이었다. 초등학교 시절 학교 대표선수로 뛰던 왕년의 실력이 다시 살아나면서 최 사장은 금방 팀의 주전 자리를 굳혔다. 10개 학교가 참가한 리그전에서 준우승을 견인하면서 주장 자리까지 꿰차게 된다.

최 사장의 축구 실력은 미국 최고의 명문 중 하나인 컬럼비아 대학의 문까지 열어주었다. 수잔 웨그너 고교의 축구 코치 추천으로 컬럼비아 대학 테스트를 받은 결과 입학 허가를 얻었던 것이다. 문제는 외국인에게는 장학금 혜택이 주어지지 않는다는 것이었다. 학기당 등록금이 무려 2만5000달러나 되었다. 힘들게 식당 일을 하는 부모님에게 안기기 어려운 부담이었다.

최 사장은 결국 컬럼비아 대학을 포기하고 만다. 대신 한 학기당 등록금이 3500달러인 뉴욕시립대를 택하게 된다. 1996년 9월 그는 뉴욕시립대 바루치 칼리지의 회계학과에 입학했다. 미국 내에서 회계학 분야에서는 열 손가락 안에 들어가는 명문이었다.

최 사장은 1998년 6월부터 이듬해 1월까지 연세대 국제학부 교환학생으로 한국 생활을 하게 된다. 5년 만에 다시 찾은 한국이었다. 겨우 7개월 남짓한 한국 생활이었지만 하루하루 들뜨고 설레는 시간이었다. 중학교 시절부터 짝사랑하던 첫사랑을 다시 만났기 때문이었다.

"동화중학과 동화고등학교를 나란히 다녔던 이재숙이라는 여자 친구가 있었어요. 중학교 때부터 찬양 서클 활동도 함께하던 친구입니다. 저의 첫사랑이었어요. 서로 아릿한 감정이 있는 상태에서 이민을 떠났지요. 제가 연세대 교환학생으로 왔을 때 재숙 씨는 춘천교대에 다니고 있었습니다. 틈만 나면 비둘기호 열차를 타고 춘천에 가서 연애를 했습니다. 지금의 아내가 바로 재숙 씨입니다. 아무리 멀리 떨어져 있어도 마음속에 간절하게 품고 있으니까 그 사랑을 이루는 날이 오더라고요. 2001년 4월에 결혼했습니다."

닫힌 사회를 떠나
새로운 기회를 찾아서

붉은 가로등 불빛 아래 드러나는 산토도밍고의 고풍스런 거리는 타임머신을 타고 500년 전으로 돌아간 듯 착각을 불러일으키게 했다. 산토도밍고는 아메리카 최초의 식민도시라는 이름에 걸맞게 스페인 식민통치 시대의 유적들을 곳곳에 품고 있다.

바다 쪽에서 시원한 밤바람이 불어왔다. 도미니카공화국은 카리브 해상 북위 18~20도에 위치해 있다. 열대지방에 속하지만 무역풍의 영향으로 쾌적한 날씨를 보이는 날이 많다.

도미니카에서는 다른 중남미 국가들과는 달리 원주민인 인디오들을 찾아보기 어렵다. 인디오들이 스페인군에 의한 대량학살과 전염병으로 전멸하다시피 했기 때문이다. 스페인 식민당국은 인디오 대신 아프리카에서 끌고 온 흑인노예들로 사탕수수와 커피, 담배 등을 재배했다. 백인과 흑인의 혼혈인 물라토가 도미니카 인구의 70% 이상을 차지하는 배경이다.

최 사장과 함께 시내의 레스토랑에서 저녁식사를 했다. 산토도밍고에서 최고로 맛있는 스테이크를 만드는 집이라고 했다. 반주로 와인을 한잔 하면서 부활절 날 듣다가 중단된 그의 젊은 시절 이야기를 마저 청했다.

사람을 '인적 자원'으로 보는 자본주의 사회에서 사람의 무게를 재는 가장 기본적인 척도는 학력과 학벌이다. 너나없이 기를 쓰고 대학에 들어가려 하고, 이른바 스카이 대학이나 인서울 대학, 아이비리그 대학 등을 따지면서 유명 대학의 졸업장을 따려는 이유이기도 하다. 세상에 자신의 가치를 입증하는 효율적인 수단이 바로 졸업장이기 때문이다.

그러나 자기 주도적으로 삶을 꾸려가는 사람들, 세상에 학벌보다도 보여줄 게 더 많은 사람들에게 졸업장은 한낱 종잇장에 불과할 따름이다. 마이크로소프트의 설립자인 빌 게이츠와 애플의 설립자였던 스티브 잡스, 페이스북의 최고경영자인 마크 저커버그는 모두 대학을 중퇴했다. 자기 인생에서 졸업장이 굳이 필요할 것 같지 않다는 판단을 한 순간 주저하지 않고 대학을 그만둔 것이었다.

최 사장은 뉴욕시립대 3학년을 마친 시점인 1999년 6월에 학교를 때려치웠다. 1년만 더 다니면 손에 쥘 수 있는 미국 회계학 명문대학의 졸업장을 스스로 포기한 것이다. 대학 졸업 후 자신이 꾸려나가게 될 삶의 모습에 대해 회의가 들었기 때문이었다. 월스트리트에서 화이트칼라로 봉급쟁이 생활을 하는 자신의 미래 모습에 만족할 수 없었다.

"문학 수업 때였어요. 한 여학생이 미국 사회에 대해 아주 신랄한 비판을 하더라고요. 경쟁이 너무나 치열해서 새롭게 사업을 시작한다는 게 매우 어려운 사회라는 거예요. 열심히 발버둥을 쳐보았자 기득권의 벽을 넘어설 수 없다는 말도 했습니다. 곰곰이 생각을 해보니 맞는 말이더라고요. 미국에서는 일정한 한계를 벗어날 수 없다는 여학생의 말이 머릿속을 떠나지 않았습니다. 기득권의 지배를 받지 않고, 경쟁이 덜한 곳에서 사업으로 꿈을 키워봐야겠다는 생각을 하기 시작했습니다. 결국 학교를 그만둬야겠다는 결심을 하게 된 거지요. 월스트리트에서 화이트칼라로 사는 것보다는 도미니카 시장바닥의 사업가로 사는 게 더 보람돼 보였습니다. 산토도밍고로 돌아와 부모님께 학교를 중퇴했다고 말씀드렸더니 어머니가 따귀 한 대를 올려붙이시더군요. 하도 어이가 없으셨던지 더 이상 다른 말씀은 없으셨어요."

최 사장이 제일 처음 시작한 일은 '시멘트 목재'로 불리는 인조목 사업이었다. 나뭇결 모양의 시멘트 목재를 이용해 벤치나 바닥재 등을 설치하는 사업이었다. 한 봉제공장의 직원숙소 건설공사를 마치고 한국으로 들어가는 업자로부터 인조목 장비를 싼값에 사들였다. 최 사장은 한 해 동안 5개 골프장의 벤치와 안내표지 등을 설치하는 공사를 맡아서 했다. 산토도밍고 시내의 도로 표지봉 공사도 했다. 3000달러를 들여 인수한 장비로 5만 달러 정도를 벌어들였다.

그러던 어느 날 내가 이 짓거리 하려고 대학을 그만뒀나 하는 생각이 들었다. 자신의 모습이 너무 초라하고 한심해 보였던 것이다.

"새로운 사업을 시작하기 전에 먼저 세상을 배워야겠다는 판단을 했습니다. 두루두루 실물 경제를 공부하고 싶었어요. 그래서 택한 곳이 바로 코트라입니다. 그 길로 산토도밍고 코트라 지사를 찾아갔어요. 보수를 안 줘도 되니 아무 일이나 시켜달라고 했습니다. 흔쾌히 수락을 하시더라고요. 서류정리와 통역, 시장조사 등 코트라에서 시키는 일을 하면서 어깨너머로, 귀동냥으로 많은 걸 배웠습니다."

눈이 트이기 시작하면서 이런저런 사업에 조금씩 손을 대기 시작했다. 교통범칙금 무선 부과 시스템 사업에서부터 카드결제기와 원격검침 계량기, 현금지급기 판매, 피시방 등 이런저런 사업을 해봤지만 하나같이 별 재미를 보지 못했다.

그만하면 시장에 대한 공부는 충분하다는 생각이 들었다. 5년 동안 숱한 시행착오를 통해 수업료도 치를 만큼 치렀다는 판단이 들었다. 2004년 11월 드디어 ESD 간판을 내걸었다. 발전기와 엔진 부품 판매 및 수리 등을 하는 사업이었다. 발전기 사업은 수력이나 화력, 원자력 등 대형 발전소를 건설할 여건이 안 되는 카리브해 연안 지역에서 아주 유망한 사업이라는 판단을 한 것이었다.

최 사장의 판단은 적중했다. ESD의 매출은 2005년 50만 달러, 2006년 180만 달러, 2009년 800만 달러, 2012년 3400만 달러로 수직상승했다. 발전기 사업을 벌이다 보니 배전과 토목 등 다른 부가사업들까지 연줄연줄 엮이면서 가파른 성장을 한 것이었다.

"지금은 회사의 군살빼기 작업과 신사업 진출 구상을 함께 진행하고 있습니다. 우리가 통제할 수 없는 사업은 과감히 정리하고 있어요. 이른바 '갑'에 일방적으로 휘둘리는 사업은 당장 수익이 나더라도 깨끗하게 접을 겁니다. 저희가 직접 통제할 수 없고, 예측도 하지 못하는 사업은 한계가 있기 때문입니다."

아메리카 대륙의 존재를 유럽인들에게 처음으로 소개한 크리스토퍼 콜럼버스는 원래 이탈리아의 평범한 해도 제작자였을 뿐이다. 그런 그가 전 세계 역사책에 등장하는 주인공으로 우뚝 설 수 있었던 건 자신만의 꿈을 꾸었기 때문이다. 콜럼버스는 해도를 그리면서 바다 너머 미지의 세계를 끊임없이 동경했다. 조국인 이탈리아에서는 꿈을 이룰 수 있는 길이 막히자 스페인까지 가서 이사벨 여왕의 도움을 받아 끝내 자신의 계획을 성사시켰던 것이다.

최 사장은 한국과 미국에서는 이룰 수 없었던 꿈을 도미니카에서 실현하고 있다. 바늘 하나 들어갈 틈 없는 빡빡한 경쟁사회인 한국이나 미국과는 달리 도미니카와 아이티 등 카리브해 지역은 그의 꿈을 마음껏 그려 넣을 수 있는 하얀 도화지였다. 최 사장이 지금 카리브라는 도

화지 위에 그리는 그림은 100년 이상 지속될 수 있는 초일류기업 ESD
이다.

콜럼버스는 원주민들을 착취하고 노예로 부렸지만, 최 사장은 함께
발전을 도모하는 상생의 그림을 그리고 있다. 콜럼버스는 원주민들이
만들어놓은 엘도라도를 찾느라 눈에 불을 켰지만, 최 사장은 그들과
함께 현대판 엘도라도를 건설하고 있었다.

02

철밥통 내던지고
향수병을 든 남자

윤용섭

BRAZIL

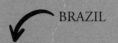
BRAZIL

윤용섭 사장은 '향수의 나라' 브라질에서 향수 사업을 하고 있다. 윤 사장은 사무실과 매장에 주기적으로 향기를 뿜어주는 향 분사 비즈니스와 업체 고유의 향기를 개발하고 관리해주는 '향기 마케팅' 사업을 브라질에 처음으로 도입했다.

철밥통 내던지고
향수병을 든 남자

윤용섭

향수는 욕망을 품은 한줄기 바람이다. 향수는 바람처럼 흩어지는 찰나의 추억이다. 후각을 스치는 한순간을 잡아 붙들고 그 안에 영원을 가두려는 염원이기도 하다. 영어로 향수를 뜻하는 'perfume'은 "연기(fume)로 통한다(per)"는 뜻이다. 고대인들이 신에게 제사를 지낼 때 향나무를 태운 데서 유래한 말이다. 향을 태우거나 향수를 뿌리는 행위는 신에게든 인간에게든 자신을 특별하게 기억해달라는 간절한 바람이다.

세계에서 향수를 가장 많이 소비하는 나라는 브라질이다. 브라질은 지난 2010년 미국을 제치고 세계 최대의 향수 시장으로 부상했다. 브라질 소비자들의 90%가 향수를 소유하고 있으며 84%가 수시로 뿌리고 있다.

윤용섭(56) 사장은 '향수의 나라' 브라질에서 향수 사업을 하고 있다. 윤 사장은 사무실과 매장에 주기적으로 향기를 뿜어주는 향 분사 비즈니스와 업체 고유의 향기를 개발하고 관리해주는 '향기 마케팅' 사업을 브라질에 처음으로 도입했다. 실내 향기 관리업체인 '비오미스트'와 향수 제조업체인 '솔리스'를 운영하면서 각각 연간 110만 달러와 90만 달러의 매출을 올리고 있다.

2000년 8월 문을 연 비오미스트는 호텔과 의류매장, 쇼핑센터, 헬스클럽, 보석점, 미용실 등 브라질 전역 1500여 개 업소의 실내 향기를 관리하고 있다. 비오미스트에서 취급하는 제품들을 직접 생산하기 위해 2010년 3월 세운 솔리스는 향수 4종과 홈스프레이 등 총 125개의 품목을 생산하고 있다.

33개 나이키 매장의 향기 관리를 우리 회사가 맡고 있답니다

어느 나라를 가든 한국인과 중국인, 일본인, 유대인은 자기들끼리 모여 사는 밀집 주거 지역을 만든다. 브라질의 수도인 상파울루 역시 마찬가지다. 한국인들은 '브라질의 패션 1번지'로 불리는 봉헤치로에 몰려 살고, 일본과 중국인들은 리베르다지에 밀집해 있다. 상파울루 도심을 가르는 파울리스타 대로의 서쪽 끝에 위치한 이지에 노폴리스는 유대인 타운이다. 은행과 고급 호텔과 쇼핑센터 등이 많이 들어서 있고, 상파울루의 알부자들이 많이 사는 지역이기도 하다.

윤 사장을 만난 곳은 이지에노폴리스에 있는 고급 쇼핑몰 '이지에노 폴리스 파티오'였다. 우리나라로 치자면 명동의 롯데백화점이나 압구 정동의 현대백화점쯤에 해당하는 곳이다. 윤 사장은 182cm의 훤칠한 키에 중후한 외모를 하고 있었다. 성큼성큼 앞장서서 걸으며 그가 안 내한 곳은 나이키 매장이었다.

나이키 매장 입구에서부터 싱그러운 풀잎 향기가 확 풍겨왔다. 나이 키 매장 안으로 들어서자 막 낫질을 끝낸 풀밭에 들어선 것처럼 향긋 한 향기가 폐부를 가득 채운다. 윤 사장은 나이키 매장 직원들에게 인 사를 건넨 뒤 매장 벽에 부착된 향분사기들을 점검했다. 일정한 시간 마다 향을 뿜어주는 자동분사기였다. 분사기 뚜껑을 열고 길쭉한 병 모양의 컨테이너를 꺼내 남은 향의 양을 확인하면서 윤 사장이 입을 열었다.

"브라질 전역에 있는 33개 나이키 매장의 향기 관리를 우리 회사 가 하고 있습니다. 나이키의 브랜드 향은 푸른 초원을 연상시키는 그 린 노트(Green Note)와 파도치는 푸른 바다 분위기의 아쿠아(Aqua) 계열 을 배합한 것입니다. 지난 2006년 비오미스트에서 나이키의 향기 마 케팅을 위해 개발한 향이지요. 스포츠용품 전문 브랜드인 나이키의 역동적인 이미지에 어울리는 향입니다. 풀밭을 질주하는 스포츠맨을 떠올리게 하는 향이라고 할 수 있지요. 브라질 전역의 나이키 매장에서 똑같은 향을 사용하고 있습니다. 브라질 고객들은 나이키 하면 무의식중에 저희 비오미스트에서 서비스하고 있는 냄새를 연상하게 되는 거지요."

현대의 마케팅은 소비자의 오감을 유혹하는 일이다. 궁극적으로 물건을 구매하는 '지름신'은 이성보다는 시각, 청각, 촉각, 후각, 미각 등 오감을 통해 강림한다. 오감 마케팅은 독특한 정체성을 만들어냄으로써 해당 브랜드에 대한 소비자의 충성도를 확보한다.

미국 시카고의 '후각미각치료연구재단' 설립자인 앨런 허시 박사는 향기와 특정 제품의 선호도를 연구했다. 허시 박사는 똑같은 나이키 운동화를 동일한 크기의 방에 준비한 뒤 그중 한 방에만 은은한 꽃향기를 주입했다. 실험 참가자들 중 84%가 꽃향기 나는 방에서 살펴본 나이키 운동화를 더 선호했다.

허시 박사는 또한 라스베이거스 한 카지노의 슬롯머신 주변에 기분 좋은 향수를 뿌렸더니 베팅 액수가 그전에 비해 45%나 늘었다는 흥미로운 사실을 발견했다. 주변에 향수를 뿌린 슬롯머신과 그렇지 않은 슬롯머신을 비교해보니 향수를 뿌린 쪽의 고객이 30% 정도 더 오래 머물렀다. 좋은 향기는 사람의 마음을 움직인다는 결과를 도출한 것이다.

인간의 감성을 자극하는 향기 마케팅은 이미 여러 기업에서 도입하고 있다. 제품의 특성과 이미지를 독특한 향기로 구현하는 '향기 브랜드'를 도입하는 업체들도 늘어나고 있다.

"지난 2000년 브라질 최초로 향기 마케팅 사업을 시작했어요. 업체 사장들을 찾아다니면서 브랜드 이미지에 맞는 향기를 매장에 뿌리면 매출이 올라간다는 사실을 설명하기 시작했습니다. 당시만 해도 브라질 사람들이 향기 마케팅을 전혀 이해하지 못하고 있을 때였지요. 처음 6~7년간은 그야말로 맨땅에 헤딩하는 식이었습니다. 2006년부터 큰 기업들이 입질을 하기 시작하더군요.”

빌라 호마나의
브랜드 향수 '빌라53'

└   나이키 매장을 나와 두 번째로 찾은 곳은 여성 구두 가게였다. 브라질 여성들에게 인기를 끌고 있는 대중적 브랜드인 '두몽' 매장이었다. 매장 입구에서부터 달콤한 꽃향기가 풍겨 나왔다. 매장 안에서는 젊은 여성 몇몇이서 구두를 고르고 있었다. 비오미스트는 9년째 브라질 전역에 있는 두몽 매장 35곳의 향기 관리를 해오고 있다고 했다.

“두몽의 향기 브랜드는 우아하면서도 에로틱한 브라질 여성의 이미지를 전달하고 있어요. 열대성 꽃이 가지고 있는 달콤하고 아름다운 모습을 향기로 구현한 겁니다.”

두몽 매장 다음으로 찾은 곳 역시 여성 구두 매장이었다. 두몽보다는 훨씬 고급 브랜드인 '카포다르치' 브랜드 매장이었다. 비오미스트는 지난 2012년부터 카포다르치 매장 28곳의 향기를 관리해오고 있었다. 카포다르치의 주 고객이 브라질 상류층 여성인 만큼 흰색 라일락 계열에 재스민 향을 조합한 고급 이미지의 향을 사용하고 있다고 했다.

카포다르치 매장 다음으로 찾은 곳은 여성 속옷 체인점인 '스칼라'였다. 매장 안으로 들어서자 달콤하고 부드러운 꽃향기가 코끝을 스쳤다.

"부드러우면서도 은밀한 여성의 매력을 표현하는 데 포커스를 맞춘 향입니다. 고객들이 매장에 들어서는 순간 포근한 여인의 품에 안긴 듯 편안하고 기분 좋은 냄새를 맡게 되는 거지요. 우리 회사는 브라질 전역의 76개 스칼라 매장에 향기를 공급하고 있습니다."

이지에노폴리스 파티오 쇼핑몰에 입주해 있는 고객 매장들을 둘러본 뒤 윤 사장의 발길이 향한 곳은 그곳에서 도보로 5분 정도 거리에 위치한 신사복 매장이었다. 브라질 중산층 남성들의 인기를 끌고 있는 남성복 브랜드 '빌라 호마나(Vila Romana)' 매장이었다.

문을 열고 들어서자 기분 좋은 머스크 향이 코끝을 간질인다. 중후하고 고전적인 분위기를 풍기는 매장 안에는 남성 정장과 셔츠, 넥타이, 구두 등이 정갈하게 전시돼 있었다. 매장의 한가운데 위치한 탁자 위에는 남성 화장품으로 보이는 작은 박스들이 진열돼 있었다. 윤 사장이 그중 하나를 집어 들어 보여주면서 말했다.

"빌라 호마나의 브랜드 향수인 '빌라53'입니다. 오리엔탈 계열의 머스크 향을 이용해 남성의 중후함과 세련미를 살린 향수입니다. 저희 회사에서 만들어 빌라 호마나에 납품하고 있는 OEM(주문자 상표 부착 방식) 제품입니다. 빌라53는 저희가 만든 최초의 향수예요. 한국에서 수입을 한 향분사기 영업을 하고 있던 제가 향수 제조업까지 진출하게 된 계기는 바로 빌라 호마나 때문입니다."

2009년 7월쯤이었다. 빌라 호마나로부터 연락이 왔다.

"우리 회사의 향기 관리 서비스를 이용하고 있던 빌라 호마나의 펠리피 사장이 저를 보자고 하더라고요. 빌라 호마나 본사로 찾아갔더니 펠리피 사장과 마케팅 부장이 기다리고 있었어요. 그 자리에서 펠리피 사장이 귀가 번쩍 뜨이는 이야기를 했습니다. 자기네 매장을 찾는 손님들 중 적지 않은 분들이 매장에서 나는 향수 냄새가 아주 좋다, 이 향수 어디 가면 살 수 있느냐고 묻는다는 거예요. 한마디로 빌라 호마나에서 향수 제품을 런칭하려고 하니 OEM으로 만들어줄 수 있느냐는 것이었습니다."

그때까지만 해도 향분사기에 사용되는 향캔을 외주로 만들고 있었다.

"향수 생산은 엄두도 내지 못하고 있을 때였지요. 그런데 빌라 호마나로부터 향수를 만들어줄 수 있느냐는 제안을 받고 나니까 욕심이 생기더라고요. 브라질의 향수 시장은 세계에서 가장 규모가 큽니다. 브라질 사람들이 워낙 향수를 좋아해요. 향수 제조업은 지속가능성이 있는 분야인 만큼 한번 뛰어들어 볼 만하다는 생각을 했습니다. 몇몇 향수 회사를 찾아다니며 외주로 제작할 수 있는 여건을 알아보기 시작했지요. 우리로서는 감당하기 힘든 금액을 요구하더라고요. 그래서 이럴 바에야 직접 향수 공장을 차리기로 결정을 한 거지요."

향기 마케팅 사업에서
향수 제조업으로

└   시작이 반이다. 일단 무슨 일을 시작했다는 사실은 그 일에 대한 타당성 검토가 이미 다각도로 이루어졌다는 뜻이다. 나머지 절반은 땀과 노력으로 채우면 된다. 향수 제조업에 뛰어들기로 결심을 한 윤 사장은 우선 향수 제조회사 출신 경력직원을 채용했다. 그리고는 지바우단과 피미니시, IFF(International Flaver & Flagrance) 등 브라질에 진출해 있는 다국적 조향기업들을 접촉하기 시작했다. 다국적 조향기업들은 유명 브랜드 고객들을 상대로 향기 마케팅을 하고 있는 비오미스트에 대해 호의적인 반응을 보였다.

그러나 향수 제조업은 생각한 것처럼 그리 쉬운 일이 아니었다. 브라질 위생검역국(ANVISA)의 허가 절차가 아주 까다로웠다. 허가를 얻기까지 몇 년이 걸릴지 장담을 할 수가 없었다. 궁리 끝에 이미 승인을 받은 향수 제조업체를 인수하는 방법을 찾아보기로 했다. 그러던 중 만난 업체가 바로 상파울루 북쪽 45km 지점에 있던 솔리스라는 업체였다. 경영난에 허덕이는 영세한 공장이었다. 그러나 윤 사장에게 필요한 것은 향수 제조 허가권과 생산설비였다. 2010년 3월 솔리스 지분의 50%를 사들였다. 이젠 빌라 호마나에서 주문받은 OEM 향수를 만드는 일만 남아 있었다.

"브라질 사람들은 6월 12일을 '애인의 날'로 기념하고 있습니다. 이날 애인들끼리 향수 등 선물을 많이 주고받습니다. 2011년 6월 12일 '애인의 날'을 기해 '빌라53'를 빌라 호마나에 납품했습니다. 향수 제조업에 진출하기로 마음을 먹은 지 2년 만에 거둔 결실이었어요. 그해 10월 솔리스의 나머지 지분 50%도 인수했습니다. 솔리스 사장이 건강상 문제로 사업을 정리하고 싶어 했기 때문이지요. 첫해에 '빌라53' 6000병을 납품했습니다. 이듬해인 2013년엔 1만 병을 넘겼고, 올해는 1만 5000병 정도는 무난하게 납품할 수 있을 듯합니다."

향수는 눈에 보이지 않는 패션이다. 맨 마지막으로 입는 옷이다. 세계적인 향수들이 하나같이 세계적인 패션기업에서 나오는 이유다. 영국의 버버리나 프랑스의 샤넬과 디올, 이탈리아의 아르마니와 구찌, 미국의 캘빈 클라인과 랄프 로렌 등 세계적인 패션 브랜드들은 명품 향수를 함께 생산한다.

OEM 방식으로 '빌라53' 출시에 성공을 한 윤 사장은 브라질의 패션 브랜드들 역시 자체 브랜드의 향수를 하나쯤 출시하고 싶을 거라는 계산을 했다. 윤 사장은 빌라 호마나의 성공 사례를 앞세워 다른 남성복 브랜드들을 공략하기 시작했다. 자신의 브랜드 특성에 맞는 향기를 개발하면 브랜드의 이미지도 높아지고, 고객들의 충성도도 높아지는 일석이조의 효과가 있다고 설득했다.

2012년 한 해 동안 '헤모 페누치'와 '피스코치', '비글' 등 3개의 남성복 브랜드 회사를 공략하는 데 성공했다. 이중 비글은 그해 2000병을 납품하고는 추가 주문이 없었지만, 헤모 페누치와 피스코치는 해마다 4000병씩을 주문하고 있다. 솔리스 자체 브랜드가 아닌 OEM 방식이지만 향수 생산업체로서 안정적인 기반을 다지는 데 성공을 한 것이다.

모닝 오브 스프링

아름다운 향수를 얻으려는 인간의 욕망은 섬뜩하기까지 하다. 독일 작가 파트리크 쥐스킨트의 소설 《향수(Das Parfum)》는 최고의 향수를 얻기 위해 연쇄살인마저도 불사하는 인간의 악마적 탐미를 그리고 있다. 소설의 주인공 조향사 그르누이는 최고의 향을 얻기 위해 청순한 여인들을 납치 살해한 뒤 여체 구석구석의 향을 추출한다. 쥐스킨트 소설의 주인공 그르누이처럼 살인까지는 아니더라도 인간의 마음을 사로잡는 향수를 만들기 위한 눈물겨운 노력들이 세계 도처에서 진행되고 있다.

윤 사장은 브라질 사람들을 매혹시키는 향수를 만들기 위해 어떤 노력을 기울이고 있을까. 상파울루의 한인 타운인 봉혜치로에 사는 윤 사장이 아침 출근하는 길에 동행했다.

윤 사장의 향기 마케팅 회사인 비오미스트와 향수 공장인 솔리스는 상파울루에서 남쪽으로 25km 떨어진 지아데마의 동 페드로 프리메로 거리에 자리 잡고 있었다. 2014년 2월 이곳에 1000m² 넓이의 건물을 임대해 상파울루 시내에 있던 비오미스트 사무실과 상파울루 북쪽 45km 지점에 있던 솔리스 공장을 함께 옮겨 온 것이었다.

동 페드로 프리메로 거리는 중소 규모의 공장들이 들어서 있는 한적한 거리였다. 윤 사장의 차가 작은 삼거리 코너를 끼고 들어서 있는 반듯한 2층 건물 앞에 멈춰 섰다. 윤 사장의 뒤를 따라 건물 안으로 들어서자 꽃밭에 들어서기라도 한 것처럼 기분 좋은 향기가 밀려왔다.

"모닝 오브 스프링이란 이름의 향입니다. 이른 아침 숲속의 옹달샘

가에서 맑은 이슬을 머금고 피어 있는 봄꽃들을 연상시키는 향기입니다. 새롭게 도약하는 우리 회사의 이미지에 어울리는 향이라고 생각해요."

프런트데스크에 앉아 있던 아리따운 아가씨가 활짝 웃는 얼굴로 "봉지아"('좋은 아침'이란 뜻의 포르투갈어 아침인사) 하고 인사를 한다. 윤 사장의 안내로 솔리스의 향수 생산 공정을 둘러보기로 했다. 공장 입구에서 머리와 발에 방진 덮개를 착용한 뒤 공장 안으로 들어섰다. 수십 종의 향수 원액을 담은 유리 용기들이 테이블과 벽장을 가득 채우고 있었다.

하얀 방진복을 입은 직원들이 공정별로 작업에 열중하고 있었다. 한쪽에서는 작은 유리병에 향수를 담는 작업을 하고 있었고, 그 옆 라인에 있는 직원들은 완성된 제품을 박스 안에 가지런히 정렬을 하고 있었다. 또 다른 한쪽에서는 제품들을 무작위로 선정해 품질검사를 하고 있었다.

"우리 회사에서는 아쿠아, 모닝 오브 스프링, 밤부, 그린티 등 40가지 향을 사용하고 있어요. 지바우단과 피미니시, 아로마티, IFF, 심라이즈, 로투스 등 8개 국제적 향료업체로부터 원액을 들여오고 있어요. 조향사가 향수를 창작하는 과정은 마치 집을 짓는 것과 같습니다. 집을 지을 때 기초공사를 하고 기둥과 벽을 세우고 마지막으로 지붕을 멋지게 올리는 과정과 똑같아요. 지붕에 해당하는 향은 10분 정도 지나면 휘발하여 없어지는 향입니다. 그런 향을 '탑 노트'라고 해요. 묵묵히 탑 노트의 중심을 잡아주고 받쳐주는 벽과 기둥에 해당하는 향은 '미들 노트'라고 합니다. 미들 노트는 30분에서 1시간 정도 지속되지요. 가장 오래 지속되면서 묵직하게 탑 노트와 미들 노트를 떠받쳐 주는 향을 '베이스 노트'라고 부릅니다."

그나저나 윤 사장은 무슨 사연으로 먼 브라질까지 와서 살게 된 걸까. 하고많은 사업 중에 향기 비즈니스에 손을 대게 된 계기는 뭘까. 공장 견학을 마친 뒤 2층에 있는 윤 사장의 방에서 그 사연을 들었다.

방 한가운데 큼지막한 책상이 하나 차지하고 있고, 그 옆쪽에 놓인 작은 테이블에는 솔리스에서 생산하고 있는 각종 향수와 홈스프레이 제품들이 가지런하게 진열돼 있었다. 방을 꾸미고 있는 물건들이 하나도 없었지만 다채로운 디자인의 향수병들이 훌륭한 장식품의 역할을 하고 있었다.

윤 사장이 향긋한 국화차를 내온다. 향수로 가득한 윤 사장의 방에서 코와 입으로 감미로운 향기를 즐기면서 윤 사장의 사연을 들었다.

철밥통을 걷어찬 사나이

윤 사장은 1962년 1월 경기도 시흥군 군자면에서 2남 1녀 중 장남으로 태어났다. 초등학교 3학년 때 인천 부평으로 이사를 한 그는 부평동초등학교와 부평중학, 부평고교를 졸업했다. 부평시장에서 제화점을 하던 아버지 덕에 어린 시절부터 어깨너머로 장사 감각을 배울 수 있었다.

글로벌 세일즈맨을 꿈꾸었던 윤 사장은 1980년 한국외대 포르투갈어과로 진학을 한다. 1987년 2월 졸업과 함께 들어간 첫 직장은 현재 KT의 전신인 한국전기통신공사였다. 어린 시절부터 꿈꾸었던 해외무대를 경험하기가 어려운 곳이었다. 그러나 윤 사장은 2년 남짓한 전기통신공사 재직기간 중 직장동료였던 지금의 부인 이재송 여사를 만났다.

1989년 4월 윤 사장은 대한무역투자진흥공사(KOTRA)로 이직을 한다. 그가 원했던 대로 코트라는 전 세계를 누비며 일을 하는 곳이었다. 1991년 7월 회사 지원을 받아 포르투갈 리스본 대학으로 1년짜리 어학연수를 다녀왔다. 그리고 1994년 4월 칠레 산티아고로 발령받아 첫 해외근무를 시작했다.

윤 사장이 처음 브라질 땅을 밟은 것은 1995년 7월이었다. 브라질이 신흥시장으로 급부상하던 즈음이었다.

"해외 무역관에서의 제 임무는 그 나라의 시장 동향과 수출입 규제, 관세 변화 등을 살펴 리포트를 작성하고, 브라질과 교역을 하려는 한국 기업들을 지원하는 것이었어요. 우리나라 중소기업들의 수출 길을 열어주는 일을 하고 있다는 자부심이 컸습니다. 산티아고와 상파울루 등 해외 근무지를 돌면서 근무를 하는 것도 너무 좋았고요."

그런데 막상 해외근무를 하다 보니 갈수록 무력감이 들기 시작했다. 브라질 시장은 규모도 클 뿐 아니라 변화무쌍하기 이를 데 없는 나라였다. 중소기업들에게 주는 자신의 정보들이 전문적 지식을 결여한 수박 겉핥기 식일 뿐이라는 자괴감이 들기 시작했다. 중소기업 직원들이 브라질 현지 시장 개척을 위해 상파울루까지 오려면 시간적으로나 금전적으로 큰 비용을 지불해야 한다. 적지 않은 기대를 걸고 먼 길을 오는 이들에게 큰 도움을 주지 못한다는 생각이 들기 시작했다.

직장생활을 하면서 보람을 느끼지 못하면 새 길을 찾게 마련이다. 장래 진로를 고민하던 윤 사장의 마음이 개인사업 쪽으로 쏠리기 시작했다. 그러나 윤 사장이 다니던 코트라는 쉽사리 때려치우기엔 아까운 '철밥통' 직장이었다. 연봉과 복지가 후하고 정년이 보장되는 곳이었다. 철밥통 직장에 다니는 사람들은 대개 모험을 주저한다. 자칫 사업을 하다가 철밥통 대신 깡통을 찰지도 모른다는 두려움 때문이다. 해외무대에서 성공한 한국인 사업가들 중 공무원이나 공기업, 대기업 등 안정된 직장을 다니던 사람들을 찾아보기 힘든 이유다.

나머지 인생을 철밥통으로 만족하며 살 것인가, 아니면 과감하게 한 판 사업으로 승부를 벌여볼 것인가. 샐러리맨이라면 한 번쯤 빠지게 되는 고민을 하고 있을 무렵인 1997년 10월 본사 발령을 받았다. 자신의 진로에 대한 결단을 내리지 못한 채 일단 귀국했다. 새로 발령받은 부서인 시장개척부에 출근했더니 다음 해 사업계획을 짜는 일이 한창 진행되고 있었다.

한동안 정신없이 일에 파묻혀 지내다가 번뜩 정신이 들었다. 회사를 그만둘 거라면 연말 인사 전에 결단을 내려야 한다는 데 생각이 미쳤다. 인사가 끝난 뒤 중간에 빠지게 되면 소속 부서에 누를 끼칠 수 있기 때문이었다.

윤 사장은 결국 1997년 말 사표를 던졌다. 남들이 그렇게도 부러워하는 철밥통을 스스로 내던진 것이다. 불경기 때 개인사업을 하겠다고 뛰어드는 사람은 많지 않다. 무엇보다도 심리적으로 위축되기 때문이다. 당시 한국은 국제통화기금(IMF) 관리체제하에서 금융위기가 한창일 때였다. 직장마다 스산한 구조조정의 칼바람이 불고 있었다. 저마다 직장에 붙어 있기 위해 잔뜩 움츠러들어 있던 시점이었다.

그처럼 얼어붙은 상황에서 윤 사장이 홀연 사표를 내던진 용기는 어디서 난 걸까. 윤 사장이 정글과도 같은 사업의 장으로 뛰어든 건 바로 브라질이 주는 설레는 영감 때문이었다.

"브라질은 원초적 에너지가 꿈틀대는 땅입니다. 브라질의 국토와 인구는 모두 세계 5위에 올라 있는 대국이지요. 남한 면적의 86배에 해당하는 851만여km²의 광대한 영토에는 금과 철광석, 석유 등 광물자원이 무진장 묻혀 있어요. 아마존강 유역은 '세계의 허파'라고 불리는 광대한 삼림자원입니다. 브라질에서 생산되는 커피와 콩은 세계 1위를 자랑하고 있지요. 그러나 다른 무엇보다도 저의 관심을 끌었던 건 2억여 명의 인구가 만들어내는 거대한 시장이었어요. 이런 나라에서는 어떤 사업을 하더라도 굶어 죽지는 않을 거라는 자신감이 들더라고요. 브라질 땅에는 맨주먹으로 시작하더라도 뭔가 일궈낼 수 있을 것 같은 풍요로움이 있어요."

잃어버린 6년과
사업의 첫발

1998년 2월, 윤 사장은 다시 브라질로 돌아왔다. 우선 큰 밑천 없이 시작할 수 있는 오퍼상을 시작하기로 마음을 먹었다.

가족들은 미국 애리조나 유마에서 조그만 호텔을 하고 있는 언니에게 보냈다. 윤 사장이 브라질에서 오퍼상을 한다는 소식을 듣고는 그동안 인연을 맺었던 한국의 중소기업들이 여러 가지 상품들을 들이밀었다. 방탄복과 군복, 군화, 헬멧 등 군용장비와 위성수신기, 전자제품 등이었다.

"정말 방 한 칸, 사무실 하나 없이 시작한 일이었어요. 빈손으로 사업을 시작하겠다고 덤비는 제가 딱해 보였나 봐요. 동문 선배님들이 도와주시더라고요. 당시 외대 포르투갈어과 72학번 김재웅 선배가 상파울루에서 통관 업무를 하고 있었습니다. 그 선배가 직원들 숙소로 사용하던 아파트의 방 한 칸을 내주셨습니다. 스페인어과 70학번 조세영 선배는 원사 무역을 하시던 분인데 자기 사무실에 책상 하나 더 들여놓아 주었습니다."

1998년 4월 '미농(MINON)'이라는 오퍼상 간판을 내걸었다. 두 딸 민주와 홍주의 이름 앞 글자를 딴 것으로 불어로는 '귀여운 아이'라는 뜻이었다. 한국의 중소기업들로부터 오퍼를 받은 10여 개 상품을 들고 다니며 바이어들을 찾기 시작했다.

그중에서 위성수신기에 대한 반응이 좋았다. 브라질 위성수신기 전문 수입판매 업체인 '장가다(JANGADA)'와 8만 달러짜리 첫 거래를 성사시켰다. 한국의 세운상가처럼 가전제품 가게들이 몰려 있는 상파울루 산타 이피제니아의 거래처를 뚫어 감시카메라와 콘덴서 등 전자부품 10만 달러어치를 파는 데 성공했다. 순조로운 출발처럼 보였다. 그해 7월 작은 아파트 하나를 얻어 미국에 있는 가족들을 불러들일 수 있었다.

그러나 브라질 시장은 호락호락 윤 사장에게 문을 열지 않았다. 가장 큰 문제는 중남미 시장의 불안정이었다. 더군다나 한국을 비롯한 아시아 신흥시장의 금융위기 여파가 중남미에까지 불어닥쳤다. 아시아 지역으로 수출하던 중남미 국가들의 원자재 물량이 대폭 감소했기 때문이었다. 1998년 11월 브라질은 급기야 한국처럼 IMF 구제금융을 신청하기에 이른다. 1998년부터 2003년까지 '잃어버린 6년'으로 명명될 만큼 혹독한 불황이 이어졌다.

"오퍼는 기본적으로 바이어와 경기에 좌우되는 일입니다. 경기가 나빠지니까 이미 주문한 물건을 취소하는 바이어들도 나타나기 시작했습니다. 엎친 데 덮친 격으로 그나마 효자 품목이던 위성수신기에 대한 클레임도 쇄도하기 시작했어요. 브라질의 불안정한 전압 때문에 위성수신기의 오작동이 자주 발생했던 겁니다. 감시카메라와 콘덴서 등 전자부품들도 경기 불황으로 거래선이 떨어져 나가기 시작했습니다. 오퍼는 무에서 유를 창조하는 일입니다. 그러나 반대로 경기가 좋지 않으면 문자 그대로 '무'일 수밖에 없다는 사실을 뼈저리게 깨달았지요."

새로운 상품을 찾기 시작했다. 불황에도 꾸준히 팔리고, 경쟁업자들이 쉽사리 뛰어들기 어려운 품목을 찾아내야 했다. 특히 중국인들은 요주의 대상이었다. 어렵게 시장을 개척하더라도 중국인들이 값싼 물건을 들고 뛰어드는 순간 하루아침에 초토화될 수 있기 때문이었다.

그러던 어느 날 봉혜치로에서 함께 식사를 하던 한 지인이 자동 향분사기를 수입해보라고 했다. 일정한 시간마다 자동으로 향을 분사해주는 장치인데 상점들을 대상으로 마케팅을 하면 가능성이 있을 거라는 설명이었다.

"처음 그 이야기를 듣는 순간 '야, 이거 괜찮겠네'라는 생각이 들었어요. 우선 중국인들이 쉽사리 덤빌 만한 분야가 아니었습니다. 게다가 자동 향분사기는 한 번 팔고 끝나는 게 아니라 향캔을 정기적으로 공급해주는 사업입니다. 지속적인 부가서비스가 창출되는 사업인 거지요. 자동 향분사기를 설치한 매장을 일정한 숫자만 확보하면 고정수입이 보장됩니다. 한국 동포들이 장악하고 있는 옷가게를 상대로 마케팅을 하면 잘 먹힐 것 같았어요. 의류매장에 자동 향분사기를 설치하면 향수를 좋아하는 브라질 고객들이 많이 찾을 거라는 생각을 한 거지요. 그동안 한인 사회를 통해 알게 된 옷가게 사장님들이 자기 매장에 하나씩만 설치해줘도 사업이 궤도에 오를 수 있겠더라고요."

브라질의 본바닥으로
뛰어들다

초짜 영업맨들은 대부분 친척이나 동창, 고향 선후배 등 지인들을 대상으로 하는 이른바 '연고 마케팅'을 벌인다. 상품의 경쟁력보다는 친분관계와 안면을 내세워 비즈니스를 하는 것이다. 그러나 이런 연고 마케팅은 금방 바닥을 드러낸다. 연고를 넘어선 시장을 개척하지 못하면 '반짝 사업'에 그칠 수밖에 없는 것이다.

해외무대의 한국인 사업가들 중엔 한인 동포들만을 보고 장사를 하는 이들이 적지 않다. 그러나 한국 동포들을 주 타깃으로 삼는 사업은 한계가 있다. 한국 음식점이나 식품점 등 한국 음식을 판매하는 사업이라도 원주민들을 끌어들여야 사업의 규모를 키울 수 있다.

2000년 8월 윤 사장은 마침내 비오미스트의 문을 열었다. 당시 4만 달러를 들여 향분사기 500개를 들여왔다. 윤 사장 역시 비오미스트를 시작하면서 연고 마케팅을 염두에 두고 있었다. 한 점포에 분사기가 2~3개씩 들어가니까 한인 점포 200여 개만 뚫으면 가볍게 팔아 치울 수 있을 거라는 계산을 했던 것이다.

"상파울루 봉헤치로와 브라스 지역에는 옷가게와 미장원, 음식점, 식품점 등 한인 점포 1000여 개가 몰려 있습니다. 그중 20~30%만 공략을 하면 들여온 물건을 가볍게 팔아 치울 수 있겠더라고요. 어차피 그때 남미를 덮친 경제위기 때문에 브라질 거래선들은 거의 끊어진 상황이었습니다. 기댈 곳이라고는 한인 동포들밖에 없다고 생각을 했지요."

세상만사가 자기 생각대로 척척 돌아가면 얼마나 좋을까. 그러나 인간사엔 믿는 도끼에 발등 찍히는 일이 다반사로 일어난다. 크게 기대를 했던 한인 상점 주인들은 향분사기에 대해 시큰둥한 반응을 보였다. 2000년까지만 하더라도 브라질에서는 향기 마케팅에 대한 개념이 전혀 통하지 않을 때였기 때문이다. 기껏 50개만 팔았을 뿐이었다. 창고에 쌓여 있는 나머지 450개를 처분할 방도를 찾아야 했다.

"친한 사람에게 물건을 파는 게 더 어려운 일이라는 걸 그때 깨달았어요. 물건은 정을 앞세워 파는 게 아니라 품질로 승부해야 한다는 걸 배웠습니다. 한인 사회는 손바닥만 한 곳이에요. 뻔히 아는 사람에게 매달리며 아쉬운 소리를 못 하겠더라고요. 차라리 전혀 모르는 사람이면 끈질기게 자꾸 찾아가서 설득을 할 수 있을 거 같았습니다. 그래서 안면이 전혀 없는 브라질 사람들 속으로 뛰어들기로 했습니다. 본바닥으로 뛰어들자, 당당하게 브라질 큰 기업들을 상대로 승부를 벌이자!"

저돌적인 마케팅을 시작했다. 처음 타깃으로 삼은 상대는 여성 구두 브랜드인 '비야 우노'였다. 어렵사리 본사의 마케팅 부장을 만나 '향기 마케팅'에 관해 설명을 했다. 그런데 대뜸 '그거 이야기 된다'며 아주 호의적인 반응을 보였다. 그러면서 자기 회사 매장이 브라질 전역에 125개가 있는데 물건을 댈 수 있겠느냐고 물었다. 당시 자금력이나 인력으로는 엄두조차 낼 수 없는 일이었다. 결국 브라질 전역에 서비스망을 갖추는 훗날을 기약하면서 돌아설 수밖에 없었다.

두드려라, 그러면 열릴 것이라고 한다. 열 번 찍어 안 넘어가는 나무가 없다고도 한다. 그러나 정말 애타게 두드려도 열리지 않는 문이 있고, 스무 번 찍었는데도 안 넘어가는 나무도 있다. 당시 윤 사장의 상황은 두드려도 안 열리고, 찍어도 안 넘어가는, 고난의 연속이었다. 기본적인 생계를 걱정해야 할 만큼 사업은 곤궁 속으로 빠져들었다. 한동안 중단했던 오퍼상 일을 재개하는 한편, 팔리지 않고 남아 있던 향분사기를 하나둘 팔면서 하루하루 힘겹게 버텨나갔다.

"참 막막했습니다. 지쳐가는 몸과 마음을 추스르기 위해 새벽기도를 나가야만 했을 정도였어요. 신문광고를 하고 싶었지만 경제적 여건이 안 됐습니다. 궁리 끝에 저널리즘을 전공한 학생 하나를 아르바이트로 고용을 했어요. 그 친구를 시켜 '향기 마케팅' 홍보자료를 만들었습니다. 이메일로 각 언론사 기자들에게 홍보자료를 보냈습니다. 그랬더니 브라질 양대 신문 중 하나인 '에스타두 지 상파울루'로부터 취재를 하고 싶다는 연락이 왔습니다."

당신네 회사 이야기가
대문짝만 하게 실렸어요!

└   "며칠 후 한 풋내기 여기자가 저희 회사로 찾아왔더라고요. 조금 실망했지만 최대한 자세하게 설명을 해주었습니다. 그러고서는 큰 기대를 안 했기 때문에 잊어버리고 있었어요."

어느 날 새벽기도를 마친 뒤 출근을 했다. 아침 7시 사무실 문을 열고 들어서니 전화벨이 울리고 있었다.

"그 시간이면 전화가 올 곳이 없었습니다. 전화를 받았더니 브라질 북동부에 있는 포르탈레자에서 걸려온 전화였습니다. 우리 회사 제품을 취급하고 싶다고 하더군요. 수화기를 내려놓자마자 또 전화벨이 울렸습니다. 이번엔 남쪽 파라나주의 론드리나에서 온 전화였습니다. 퇴직 후 사업을 구상 중인데 향분사기 대리점을 하고 싶다는 거였어요. 그 이후에도 전화벨이 쉴 새 없이 울려댔습니다. 그래서 한 사람에게 어떻게 우리 회사를 알았느냐고 물었어요. 그랬더니 당신 회사 이야기가 '에스타두 지 상파울루' 신문에 대문짝만 하게 났다고 하더라고요."

부랴부랴 밖으로 나가 신문을 한 부 사서 펼쳐봤다.

"무려 5개 면에 걸친 경제면 커버스토리로 저희 회사 이야기가 실려 있었습니다. 그게 2002년 2월 26일자 신문이었으니까 취재를 한 지

두 달여 만에 기사화된 것이었습니다. 그날 이후 며칠 동안은 저희 회사 전화통에 불이 날 지경이었어요."

언론의 힘은 놀라웠다. '에스타두 지 상파울루' 신문의 특집기사 덕에 윤 사장은 한꺼번에 15명의 도매업자를 확보할 수 있었다. 마침내 브라질 시장으로 들어가는 문이 활짝 열린 것이다. 브라질 주요 도시를 망라하는 비오미스트의 서비스망을 한 방에 마련할 수 있었다.

브라질 전역에 15개의 대리점 망을 확보하면서 자동 향분사기 사업이 활기를 띠기 시작했다. 한국으로부터 20여 종류의 향캔을 컨테이너로 들여왔다. 이들 중 이른 아침 이슬을 머금은 봄꽃의 향기를 연상시키는 '모닝 오브 스프링'과 상쾌한 복숭아 향인 '피치', 달달하고 편안한 느낌의 '엔젤' 등 세 가지가 폭발적인 인기를 끌기 시작했다. 물량을 제때 공급하지 못해 대리점들이 아우성을 칠 정도였다.

"한국으로 물건을 주문해서 브라질 통관 절차를 마치기까지 기본적으로 60일이 걸립니다. 거리가 너무 멀다 보니 제때 물량 수급을 하는 데 문제가 발생하더라고요. 그렇다고 물건을 한꺼번에 왕창 들여다 놓으면 재고 부담이 커질 수밖에 없지요. 물건을 그때그때 대주지 못하니까 대리점의 불만이 컸습니다. 팔아주겠다는데도 왜 물건을 안 주느냐는 것이었지요."

엉뚱한 물건을 왕창 들여오는 바람에 고스란히 손해를 봐야 하는 경우도 있었다.

"한번은 모조 장신구 도매상을 하시는 한국 사장님이 자기 매장에 장미향을 넣어달라고 하더라고요. 장미는 여성들이 좋아하는 꽃이고, 누구나 좋아하는 향이잖아요. 대리점에서 물량이 달린다고 아우성치는 일이 없어야겠다는 생각이 들었습니다. 한꺼번에 장미 향캔 1000개를 한국에서 들여왔어요. 그런데 며칠 뒤 그 사장님으로부터 전화가 걸려 왔습니다. 황급한 목소리로 빨리 장미향을 치워달라는 거였습니다. 자기 가게를 찾는 손님들이 자꾸 장례식장 냄새가 난다고 한다는 겁니다. 나중에 알고 보니 브라질에서 장미향은 장례식장용 향이었어요. 왕창 들여왔던 장미 향캔은 고스란히 창고에서 잠을 잘 수밖에 없었습니다."

정글에서 살아남기

근본적인 문제는 브라질과 한국 간 거리가 너무 멀다는 것이었다. 거리가 멀어 물량 조절도 힘들었고, 물류에 드는 시간 및 비용도 막대했다. 윤 사장은 궁리 끝에 브라질에서 직접 향수와 향캔을 자체 생산하는 시스템을 갖춰야 한다는 결론을 내렸다.

처음부터 생산설비를 갖추는 건 무리였다. 우선 위탁생산을 하기로 했다. 향수 원액회사를 찾아가 조향사를 만났다. 한국에서 수입하고 있는 모닝 오브 스프링, 피치, 엔젤과 같은 향을 만들어달라고 부탁했다. 실망스럽게도 비슷하기만 할 뿐 한국 제품의 수준에는 미치지를 못했다.

"조향사들의 작업실에 가면 위에 향 원액들이 400~800여 가지가 있습니다. 꽃과 과일, 풀, 나무뿌리 등에서 추출한 향이지요. 조향사들은 여러 가지 향을 배합해서 향수를 제조합니다. 조향사가 향의 조합 내역을 생산부서에 넘기면 컴퓨터로 배합 비율에 맞춰 향수를 생산합니다. 그걸 캔 공장으로 싣고 가서 알콜과 함께 캔에 주입을 하면 자동 향분사기용 향캔과 가정용 홈스프레이가 완성되는 거예요. 그렇게 힘들게 만들었는데 한국 직수입 제품에 비해 품질이 많이 떨어지더라고요. 대리점 사장들이 불만을 제기하기 시작했어요."

시장은 약육강식의 정글이다. 조금이라도 허점을 보이거나 흔들리면 경쟁자들이 여지없이 파고든다. 대리점 사장들의 불만이 터져 나오기 시작하자 윤 사장의 사업을 가로채려는 자가 나타났다. 브라질 북동부 포르탈레자의 대리점 사장이었던 호벤스가 윤 사장과 거래하던 한국의 업체로부터 물건을 들여오기 시작한 것이다. 호벤스는 비오미스트의 대리점들을 돌면서 오리지널 제품을 차질 없이 공급해주겠으니 윤 사장과의 거래를 끊고 자신과 거래하자며 충동질을 해댔다. 어렵게 확보를 한 비오미스트의 대리점 망이 통째로 호벤스의 손으로 넘어갈 수도 있는 절체절명의 위기였다.

절대적으로 불리한 싸움이었다. 호벤스는 상당한 재력가였을 뿐 아니라 무엇보다도 브라질 사람이었다. 윤 사장이 할 수 있는 일이라고는 대리점 사장들을 직접 만나 호소하는 것뿐이었다. 부랴부랴 브라질 전역을 돌면서 대리점 사장들을 만나 설득하기 시작했다.

"대리점 사장들을 만나 솔직하게 이야기를 했습니다. 당장은 향의 품질이 다소 떨어지지만 장기적인 안목에서 생각을 하자, 한국과 브라질 간 물류에 드는 시간과 비용이 너무 크다, 궁극적으로는 브라질 사람들이 좋아하는 향은 브라질에서 개발할 수밖에 없다, 나에게 시간을 조금만 더 주면 품질의 문제점을 보완하겠다, 호소를 했지요. 진심으로 설득을 했더니 고맙게도 한 사람도 빠짐없이 제 편에 서더라고요. 그때까지 대리점 사장들과 거래를 하면서 쌓인 신뢰가 제법 두툼했던 겁니다. 호벤스 쪽으로 돌아선 대리점은 하나도 없었어요. 결국 호벤스는 포르탈레자 지역을 중심으로 사업을 2년 정도 하다가 그만두더라고요."

한국에서 직수입한 향캔에 버금가는 수준의 제품을 만들어내기까지는 1년 반 정도의 시간이 걸렸다. 끊임없이 조향사들을 찾아다니며 공을 들인 결과 브라질 자체생산으로 질 좋은 향을 생산하는 데 성공을 한 것이었다.

상파울루 거리 가득히

향기 마케팅 사업은 점차 안정궤도를 찾아가기 시작했다. 유아용품 매장을 상대로 어린아이들의 뽀얀 살결에서 풍기는 분 냄새를 연상시키는 베이비터치 향을 팔고, 의류매장과 헬스클럽에는 각각 아쿠아 계열의 향과 모닝 오브 스프링 제품을 들고 다니며 영업을 했다. 브라질 최대의 화장품 업체인 나투라와 스포츠웨어 브랜드인 나이키, 여성 구두 브랜드인 두몽 등 대기업의 향기 관리 사업을 따내면서 비오미스트는 착실한 성장을 다지기 시작했다.

화장품이나 의류, 구두 등 전국적으로 체인점을 거느린 기업의 향기 마케팅 사업은 한마디로 '덩굴째 굴러 들어오는 복덩어리'였다. OEM

향수 제작과 홈스프레이 판매 등 부가적인 사업들로 연결되는 경우가 많았기 때문이다.

"비오미스트의 향기 마케팅은 이제 안정적으로 자리를 잡았습니다. 우리 제품을 취급하고 싶다는 도매상이나 소매상, 자영 외판원들로부터 꾸준하게 연락이 오고 있습니다. 현재 전국 17개 대리점이 도소매점과 자영 외판원들을 관리하고 있습니다. 특히 자매회사인 솔리스로부터 직접 향캔을 공급받기 시작하면서부터는 제작비와 물류비 모두 대폭 절감하는 효과를 거두고 있어요. 비오미스트와 솔리스가 한 공간으로 들어온 이후 제조와 영업 간 업무협조도 훨씬 빨라졌지요. 이제 본격적인 도약의 틀을 마련하게 된 겁니다. 앞으로 당분간은 유명 브랜드 제품을 생산하는 기업들의 향수를 OEM 방식으로 생산하는 데 힘을 기울일 생각입니다. 아직은 자체 브랜드 향수를 만들기에는 기반이 약합니다. OEM 향수를 만들면서 좀 더 내공을 쌓아야지요. 언젠가 브라질 사람들이 비오미스트나 솔리스 브랜드의 향수를 뿌리고 다니는 그날이 반드시 올 것입니다."

세계의 도시들은 저마다의 향기를 품고 있다. 런던에서 부는 바람엔 버버리나 비비안 웨스트우드 향수 냄새가 섞여 있다. 파리의 바람엔 샤넬과 디올의 향기가 담겨 있고, 밀라노나 피렌체엔 아르마니와 구찌, 프라다의 바람이 분다. 뉴욕의 거리엔 캘빈 클라인과 랄프 로렌 향수의 입자들이 날아다닌다. 윤 사장은 자신의 손으로 만든 향수로 상파울루 거리를 향기롭게 만드는 날을 꿈꾼다. 향기처럼 달콤하고 아름다운 꿈을 꾸는 행복한 사람이다.

03

나의 몽골리안 드림

박호선

MONGOLIA

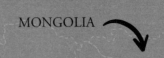

MONGOLIA

짙푸른 몽골초원은 질주 본능을 자극한다. 오토바이 타는 일은 20여 년 몽골 생활을 하고 있는 박호선 사장이 즐기는 가장 큰 여가생활이다. 사업을 하면서 쌓이는 스트레스를 푸른 초원을 달리면서 풀어버리는 것이다.

KOREAN

나의 몽골리안 드림

박호선

DIASPORA

누가 이 드넓은 초원에 이토록 진한 향수를 뿌렸을까. 짙푸른 몽골 초원은 정신이 아득해질 만큼 향긋한 허브 향으로 가득했다. 까마득히 펼쳐진 저 초원의 어디쯤 정복자 칭기즈칸이 말을 휘몰아 달렸으리라.

칭기즈칸은 인류 역사상 가장 넓은 영토를 지배한 정복자다. 몽골초원을 통일한 칭기즈칸은 중국과 중앙아시아, 서아시아, 러시아, 동유럽, 중동 일원까지 그의 발아래로 복속시켰다. 알렉산드로스와 시저, 나폴레옹 등 역대 영웅들이 정복한 땅을 전부 합친 것보다 훨씬 넓은 제국을 건설했다.

다른 나라의 제왕들이 성을 쌓을 때, 칭기즈칸은 길을 뚫었다. 칭기즈칸은 유라시아 대륙을 관통하는 실크로드를 통해 군대와 상인, 물자, 정보를 이동시켰다. 몽골의 유목민들은 성을 쌓는 자는 망하고 길을 내는 자는 흥한다고 믿었던 것이다.

나는 공중으로
길을 올리는 사람입니다

└   대평원의 나라 몽골에서 땅 위로 난 길이 아니라 하늘로 올라가는 길을 내고 있는 인물이 있다. 몽골에서 승강기 및 에스컬레이터 사업을 하고 있는 박호선(58) 시그마 몽골리아 LLC 사장이다.

박 사장은 OEK(오티스엘리베이터코리아)의 해외수출 브랜드인 시그마 승강기를 몽골에 수출하고 있다. 몽골에 진출한 50여 개 승강기 회사 중 압도적 1위를 달리고 있다. 현재 수도인 울란바토르와 에르데네트 등 몽골의 주요 도시에서 사용되고 있는 승강기 3000여 대 중 절반 이상인 1500여 대가 박 사장이 설치한 제품이다.

몽골 정부종합청사와 울란바토르 시청사, 몽골 최고층인 35층 샹그릴라 주상복합빌딩, 선진그랜드 호텔, 바양골 호텔, 블루스카이 호텔, 라마다 호텔, 엔칸토 타운, 부다비스타, 알타이 타운 등 몽골의 굵직굵직한 건축물마다 박 사장이 들여온 한국산 시그마 승강기와 에스컬레이터들을 설치했다. 울란바토르 남쪽 50km 지점인 투아이막에 새로 들어선 뉴 울란바토르 국제공항(NUBIA)에도 박 사장의 승강기와 에스컬레이터가 돌아가고 있다.

　몽골은 한때 유라시아 대륙을 호령하던 세계 최대의 제국이었지만, 지금은 인구 300여만 명에 불과한 변방 국가다.

　그러나 몽골은 한반도 넓이의 7.4배나 되는 광대한 국토를 지니고 있는 나라다. 세계 10대 자원 부국에 속하는 나라다. 우라늄과 구리, 금, 형석, 텅스텐 등 지하자원의 보고다. 구리의 경우 전 세계 매장량의 30%인 5억4000만 톤의 매장량을 자랑하고 있다. 50억 배럴의 원유와 1000억 톤의 석탄을 품고 있는 땅이다.

　그 넓은 땅덩어리에 300여 만 명밖에 안 되는 인구가 살고 있다. 자체 내수시장으로 보자면 한계가 있지만, 중국과 러시아라는 큰 시장의 한복판에 자리하고 있다는 이점을 지니고 있다.

　몽골 인구의 절반 정도인 150만 명 정도는 수도인 울란바토르에 몰려 산다. '붉은 영웅'이란 뜻의 울란바토르는 해발 1350m 몽골고원의 중부 헨티산 기슭의 툴라 강가에 자리하고 있다.

　울란바토르 시내 한복판에 칭기즈칸 광장이 널찍하게 들어서 있다. 광장 정면을 차지하고 있는 정부종합청사 전면에는 정복자 칭기즈칸의 거대한 좌상이 광장을 굽어보고 있다. 울란바토르를 대표하는 고층빌딩들이 칭기즈칸 광장 주변으로 빙 둘러 서 있었다.

　"지난 10여 년 동안 울란바토르에도 고층빌딩들이 제법 많이 들어섰어요. 주로 이곳 칭기즈칸 광장 주변을 중심으로 자리를 잡고 있지요. 저도 거기에 일조를 했어요. 몽골 고층빌딩들에서 운행되고 있는 승강기의 절반 이상이 우리 회사 제품들이니까요."

박호선 사장을 따라 울란바토르 시내 구경을 하고 있는 중이었다. 박 사장이 주변 빌딩들을 하나씩 짚어가면서 설명을 해주었다. 한국인이 주인이라는 블루스카이 호텔, 몽골 최대 기업인 보디그룹 사옥, 골롬트 은행 본점 빌딩, 울란바토르 시청사…….

칭기즈칸 광장 주변에는 호텔과 쇼핑센터 등 새로운 빌딩들이 우후죽순처럼 올라가고 있었다. 한마디로 울란바토르 도심은 온통 공사 중이었다. 오랜 동면에서 깨어난 몽골 경제가 한껏 기지개를 켜고 있는 모습이었다.

칭기즈칸 광장에서 남쪽 방향으로 두 블록 정도 떨어진 곳에 몽골 최고층 빌딩인 27층짜리 샹그릴라 호텔이 우뚝 솟아 있었다. 울란바토르의 최고급 호텔이자 랜드마크 빌딩 역할을 하고 있는 곳이다. 그런데 샹그릴라 호텔 바로 옆으로 그보다 훨씬 높은 빌딩이 올라가고 있었다. 울란바토르의 새로운 랜드마크로 자리매김을 하게 될 35층짜리 샹그릴라 주상복합빌딩 건설현장이었다.

공사장 입구를 지키는 경비원이 박 사장의 차를 알아보고는 차단기를 올려주었다.

"이곳에서는 기존의 샹그릴라 호텔과 새로 짓고 있는 샹그릴라 주상복합빌딩을 각각 페이스1과 페이스2라고 부릅니다. 두 빌딩이 6층까지 하나로 연결돼 있어요. 이곳에 국제회의장과 명품관, 쇼핑센터, 스포츠센터, 식당 등이 들어서게 됩니다. 페이스2의 공사는 삼성물산이 맡고 있습니다. 저희 회사는 이곳에 설치되는 승강기 납품 및 설치공사를 맡아서 하고 있지요. 승강기 20대와 에스컬레이터 14대 등 총

600만 달러 규모의 공사입니다. 현재 70% 공정률을 보이고 있어요."

페이스2 발치에서 고개를 들어 하늘을 올려다보았다. 수직으로 치솟은 빌딩이 아찔하게 하늘을 찌르며 서 있었다. 수평의 실크로드를 정복했던 몽골 사람들이 이젠 수직으로 오르는 길의 맛을 알기 시작한 듯했다. 칭기즈칸이 말을 타고 실크로드를 정복했다면, 박 사장은 승강기와 에스컬레이터를 타고 몽골의 공중 길을 정복하고 있었다.

그건 운명이 아니었을까?

└ 울란바토르 시내 동쪽 지역인 바양주르흐구 산사르의 한적한 이면도로 변에 위치한 아담한 단층건물에 'SIGMA'라는 간판이 붙어 있었다. 박 사장이 본사 직원 30여 명과 함께 몽골의 승강기 시장을 공략하는 본부다. 아침 8시인데도 사무실은 분주하게 돌아가고 있었다.

사무실 벽에 붙어 있는 '애프터서비스 주간 현황판'에는 총 유지보수 대수 860대, 금주 계약 예정 대수 4대 등 시그마 제품 가동 상황이 적혀 있었다. 사장실에서는 간부회의가 열리고 있었다. 박 사장이 샹그릴라 주상복합빌딩 건설현장 보고를 받고 있었다.

현장 책임자들이 작업 진척 현황을 설명하고 본사 지원이 필요한 사항들을 전달했다. 샹그릴라 빌딩 30층부터 승강구 틈새가 250㎜ 넓어져 이를 보강할 방법을 강구해야 한다, 자재 및 공구 지원을 좀 더 원활하게 해달라, 일부 물에 젖은 자재가 반입돼 공사에 차질을 빚고 있다……. 박 사장이 현장 관계자들의 이야기를 듣고 난 뒤 입을 열었다.

"여러분도 잘 아시는 것처럼 몽골에서 공구나 자재를 조달하는 데 걸리는 시간은 한국의 10배쯤 될 겁니다. 한국에서야 전화 한 통화만 하면 즉각 배달을 해줍니다. 어떤 물건이든 청계천 가면 바로 구할 수 있어요. 몽골에서는 그런 걸 기대할 수 없습니다. 미리미리 대비를 하는 수밖에 없어요. 문제가 생기면 끙끙 앓지 말고 그 즉시 투명하게 공동 테이블 위에 털어놓고 해결하도록 합시다. 야간작업에 투입되는 직원들에게는 식비 빠트리지 말고 지급하시고요."

울란바토르의 선진그랜드 호텔은 한국 동포들의 사랑방으로 불린다. 호텔 주인이 한국인일 뿐 아니라 그곳에 몽골한인회와 몽골한인상공회의소, 한국인 식당 등이 입주해 있기 때문이다. 박 사장의 회사에서 차로 10여 분 정도 거리에 있는 호텔이었다. 200여 객실을 운영하고 있는 4~5성급 호텔이다.

박 사장이 저녁 장소로 안내를 한 곳은 선진그랜드 호텔 1층에 있는 '금잔디'라는 한식당이었다. 널찍한 홀에는 삼삼오오 테이블을 차지한 손님들이 불고기와 삼겹살, 설렁탕, 된장찌개 등 우리 음식을 즐기면서 술잔을 기울이고 있었다. 박 사장의 추천대로 소갈비찜을 주문했다. 저녁 겸 술안주로는 제격이었다. 술잔이 몇 순배 돌자 박 사장이 자신의 지난 삶의 이야기를 풀어놓기 시작했다.

세상에 시련을 겪지 않는 인생이 어디 있으랴. 그러나 박 사장의 인생은 차라리 한 편의 소설이었다.

박 사장은 초등학교 시절부터 이른바 공돌이 노릇을 하기 시작했다. 몇 달씩 학교를 빠지면서 피혁공장에서 일을 했다. 열다섯 살 때 홀로 집을 뛰쳐나와 주간지 가판과 쥐포·땅콩 등을 파는 리어카 행상, 포장마차, 신문·우유 배달 등 온갖 궂은일을 섭렵했다.

어른이 된 이후에는 출판사 책 배달과 수금, 건설현장 노동자, 쥐와 바퀴벌레 등을 잡는 방역기술자, 식품회사 영업사원, 전자부품회사 자재구매와 납품 업무, 봉제공장 직원, 택시기사, 인테리어 회사 대표, 국내 굴지의 대기업 회장 수행비서 등 수십여 가지의 직업을 거쳤다.

그런 박 사장이 무슨 일로 몽골까지 오게 된 걸까.

박 사장은 김대중 대통령의 몽골 공식방문보다 다섯 달 정도 빠른 1998년 12월 처음 몽골 땅을 밟았다.

"굳이 설명을 하자면 운명이라고 봐야지요. 미국 이민을 준비하다가 전혀 생각지도 않았던 몽골로 오게 됐으니까요."

아메리칸 드림?
몽골리안 드림!

박 사장이 미국 이민을 결심한 시점은 청구그룹에서 일을 하고 있을 때였다. 대구·경북 지역의 건설시장을 기반으로 성장한 청구그룹은 1990년대 중후반 재계서열 30위까지 오르기도 했던 기업이다.

박 사장은 당시 청구그룹 장수홍 회장의 운전기사 겸 수행비서로 일을 하고 있었다. 어느 날 장 회장이 예고도 없이 현관에서 박 사장을 기다리고 있다는 연락이 왔다. 급한 마음에 엘리베이터를 기다릴 수 없었다. 회장 부속실이 있던 5층에서 계단을 이용해 뛰어 내려가기 시작했다. 그러다가 그만 왼쪽 발이 접질리면서 발목이 부러지는 사고를 당하고 말았다.

"8주 진단이 나왔습니다. 한 달 동안 입원을 해 치료를 받았어요. 내 평생 처음으로 빈둥빈둥 시간을 보낸 기간이었습니다. 그러다 보니 저의 지난 삶을 되돌아보게 되더라고요."

그야말로 고단한 세월이었다. 강원도 강릉에서 태어난 이래 당시 살고 있던 서울 성북구 길음동으로 이사를 오기까지 주민등록 초본에 기록된 주소만 모두 36곳이었다. 이젠 한국을 떠나 새로운 곳에서 살고 싶었다.

아메리칸 드림! 그때 박 사장의 마음을 파고든 나라는 바로 미국이었다. 당시 많은 한국 사람들에게 미국은 꿈의 땅이었고, 기회의 나라였다.

"아내랑 이야기를 해보았더니 찬성을 하더라고요. 초등학교 4학년이던 딸 혜린이도 좋아했고요."

1997년 4월 사표를 던졌다. 아들 준형이 태어나던 해였다. 자신의 수족과도 같았던 박 사장이 사표를 던지자 장 회장이 놀라면서 만류를 했지만, 그의 결심을 돌리지는 못했다.

청구그룹을 그만둔 뒤 미국 이민 수속을 밟기 시작했다. 미국 이민을 준비하는 동안 웅진코웨이 정수기 영업에 뛰어들었다. 영업을 시작한 지 3개월 만에 전국 판매 2위의 실적을 기록했다. 윤석금 회장으로부터 격려금과 트로피를 받았다. 6개월 만에 지부장 발령을 받았다.

박 사장은 그러나 1998년 9월 웅진코웨이에도 사표를 던졌다. 부동산 개발사업을 하던 손위 동서가 솔깃한 제안을 해왔기 때문이었다. 괜찮은 사업이 하나 있는데 한번 해보는 게 어떠냐는 것이었다.

"동서 친구가 몽골에서 건축자재백화점 사업을 준비한다고 하더라고요. 짐농그룹이라는 탄탄한 일본 기업이 물주라고 했습니다. 저보고 건축자재백화점 건물을 짓는 데 인테리어를 맡아달라는 제안이었습니다."

청구그룹에 입사하기 전 박 사장이 했던 일은 인테리어 사업이었다. 박 사장이 거쳤던 수십 가지 직업 중 가장 성공을 한 분야가 바로 인테리어 사업이었다.

"미국으로 이민 가기 전 몇 달 동안 일을 해서 한밑천 잡을 수 있는 사업이라고 생각했어요. 워낙 자신이 있는 일이었거든요."

박 사장이 인테리어 사업을 시작한 것은 노태우 전 대통령의 대선 공약이었던 200만 가구 건설 사업이 한창이던 즈음이었다. 일산과 중동, 평촌, 산본 등 수도권 일대에 대규모 신도시들이 동시 다발적으로 들어서던 때였다.

"1992년 초 경기도 산본에 '삼일창호인테리어'라는 작은 가게를 냈습니다. 개업을 하자마자 정신을 차리지 못할 정도로 일감이 밀려들더라고요. 워낙 한꺼번에 많은 집을 짓다 보니 날림 공사가 많았기 때문입니다. 아파트 집주인들은 입주하기 전에 발코니 공사나 섀시, 장판. 벽지 공사 등 인테리어를 다시 하고 들어가는 사람들이 많았어요."

금맥이 터진 거나 마찬가지였다. 산본 한 지역에서만 공사를 500세대나 수주했을 정도였다. 일산에서는 300세대, 평촌에서는 150세대 공사 주문이 밀려들었다. 섀시 물량을 확보하지 못해 공사 납기를 맞추지 못할 정도였다.

박 사장은 자신이 아예 섀시 공장을 차리기로 결심했다. 경기도 고양시 법곶동 농가주택을 빌려 섀시 조립공장을 설립했다. 자체생산한 섀시를 사용하기 시작하면서 인테리어 공사의 단가를 낮출 수 있었고, 납기도 차질 없이 맞출 수 있었다.

그러나 달이 차면 기울기 마련이다. 유능한 사업가는 시대의 흐름을 읽고 적절한 시점에 방향전환을 해야 한다. 그토록 붐을 이루던 신도시 인테리어 사업에도 이상징후가 포착되기 시작했다.

점점 구조변경에 대한 규제가 까다로워져 갔다. 조폭들이 섀시 사업에 진출하면서 공사를 따내는 일도 갈수록 힘들어졌다. 1994년 초 미련 없이 회사를 동업자들에게 넘긴 뒤 사업을 접었다. 애정을 갖고 몰두했던 인테리어 사업과의 용감한 결별이었다.

그런 박 사장에게 손위 동서가 몽골 건축자재백화점의 인테리어 공사를 해보라는 제안을 해온 것이었다. 인테리어에 대한 애정과 미련이 남아 있던 박 사장에게는 매력적인 제안이었다.

머릿속에 어른거리던
기회의 땅

└ 박 사장은 몇 달 다녀온다는 생각으로 몽골행 비행기에

올랐다. 그때까지만 해도 몽골에 눌러앉아 살게 될 거라고는 꿈에서조차 생각하지 못했다. 단지 인테리어 사업을 한 건 하러 가는 것일 뿐이었다.

"당시 짐농그룹이 건축자재백화점을 내기 위해 사들였던 건물이 바로 지금 우리가 식사를 하고 있는 이곳 선진호텔입니다. 이 건물은 원래 옛 소련이 생화학연구소로 쓰기 위해 짓던 건물입니다. 그런데 1990년대 초반 소련이 해제되고 맙니다. 결국 골조만 완성된 상태에서 공사가 중단됐지요. 그 후 여러 사람의 손을 거치다가 2007년 한국의 선진그룹에서 인수해 지금의 호텔로 개조한 겁니다. 제가 선진호텔보다 8년 먼저 이 빌딩과 인연을 맺었던 거지요. 그땐 인연이라기보다 악연이라고 할 수 있습니다. 제가 몽골에서 첫 시련을 겪은 장소가 이곳이거든요."

짐농그룹의 건축자재백화점 공사는 처음엔 순조롭게 진행되는 것처럼 보였다. 중국에서 건설 인부 200여 명이 들어왔다. 덩그러니 흉물스런 골조만 남아 있던 공사장이 북적거리기 시작했다. 박 사장은 인테리어 설계 작업에 돌입했다. 그러던 어느 날 공사장 분위기가 갑자기 술렁이더니 중국인 노동자들이 농성을 벌이기 시작했다.

중간에서 인력 송출 브로커들이 농간을 부리면서 발생한 사단이었다. 브로커들은 몽골로 파송하는 중국 노동자들을 모집하면서 중국 건설 노동자들이 받는 통상 노임의 10배를 주겠다는 약속을 했다. 그 대가로 노동자들의 몇 년 치 노임에 해당하는 알선료를 받아 챙겼다. 그런데 막상 몽골에 와서 실제 노임을 받아보니 약속과는 거리가 먼 액수였다. 알선업자는 이미 종적을 감춘 뒤였다.

상황을 파악한 짐농그룹은 아예 공사를 포기해버린다. 짐농그룹이 철수를 하면서 쌀과 염소고기, 양고기 등 노동자들의 부식도 끊기고 말았다. 당시 몽골 사회를 떠들썩하게 했던 큰 사건이었다.

중국 인부들의 딱한 처지를 보다 못한 박 사장은 자비를 들여 쌀과 부식을 들여놓기도 했다. 결국 건축자재백화점 공사는 그렇게 중단되고 말았다. 박 사장에겐 적지 않은 실망이었지만, 애당초 크게 잃을 게 없는 사업이기도 했다.

몽골에 간 지 4개월 만에 다시 한국으로 돌아왔다. 이제 본격적으로 미국 이민 준비를 시작하기로 마음을 먹었다.

그런데 자꾸만 광대한 몽골초원의 모습이 머릿속에 어른거렸다. 아무렴 몽골이 미국만큼 좋을까 하고 마음을 돌려보려 했지만 소용이 없었다. 박 사장은 어느새 머릿속으로 몽골 인테리어 사업을 구상하고 있었다. 비록 건축자재백화점 공사가 무산됐지만 두세 달 동안 일에 매달리면서 몽골 인테리어 시장의 잠재력을 감지했던 것이다.

박 사장은 결국 미국 대신 몽골을 택하기로 결심을 한다. 한국에 온 지 한 달 만에 다시 몽골행 비행기에 올랐다. 1999년 5월 김대중 대통령의 몽골 방문보다 며칠 앞서 울란바토르에 도착했다.

울란바토르 바롱두른잠에 있는 노동자문화센터 빌딩에 사무소를 하나 냈다. '대우D&T(DEVELOPMENT & TRADING)'라는 간판을 내걸었다. 당시 대우라는 브랜드가 세계적으로 알려져 있었기 때문에 붙인 이름이었다.

반갑게도 박 사장보다 먼저 몽골에 진출해 있는 한국인 인테리어 기술자들이 있었다. 한국인 두 명을 인테리어 실장과 관리실장으로 채용했다. 중국에서 조선족 기술자 네 명을 불러들였다. 박 사장이 직접 연변으로 가서 기술 면접을 본 뒤 채용을 한 사람들이었다. 이제 본격적으로 몽골 상류층을 주 고객으로 한 인테리어 사업을 시작했다.

초원의 나라에서
승강기 사업을?

"저희 인테리어 회사가 막 일을 시작할 무렵 몽골 최초의 빌라가 울란바토르 중심가인 신투글에 들어섰습니다. 거기에 입주하는 사람들은 하나같이 몽골 사회의 부유층들이었지요. 몽골에서는 이름 석 자만 대면 다 알 만한 최상류층 사람들이었습니다. 신투글 빌라 20여 가구의 인테리어 공사를 우리가 맡아서 했어요. 인테리어뿐 아니라 가구와 주방기구까지 일습으로 장만해주는 공사였습니다. 그때만 해도 몽골엔 인테리어라는 개념조차 없었던 시절이었지요. 가구들도 중국과 러시아에서 싸구려 제품들을 수입해 쓰는 수준이었습니다. 우리는 품질 좋은 한국산 인테리어 자재와 주방가구를 들여다 공사를 했습니다. 그게 몽골 상류층 사이에 입소문이 번지기 시작했어요. 당시 몽골어 통역하는 친구를 잘 만난 것도 큰 복이었지요. 그 친구가 몽골 정관계, 재계 요인들을 많이 소개시켜주었으니까요."

누가 첫술에 배부를 수 없다고 했던가. 몽골 인테리어 사업은 시작부터 대박이었다. 공사 요청이 밀려들기 시작했다. 2000년 여름, 한국에 있는 친구 두 명을 몽골로 불러들였다. 강원도 양양에서 인테리어 사업을 하고 있던 한대현과 박 사장이 택시운전을 하던 시절 동료 기사였던 박광옥이었다.

그러나 욕심이 앞서면 늘 낭패를 보게 마련이다. 몽골 상황도 제대로 파악하지 않은 채 사업을 확장한 게 화근이었다. 막상 정산을 해보니 남는 게 없었다.

우선 모든 공사자재를 수입으로 조달해야 했다. 그다음 문제는 공사 기간이 너무 오래 지연된다는 점이었다. 몽골 인부들의 기능 습득도 더디기만 했다. 잡일만 하던 친구들은 미장과 목공, 타일, 벽지, 페인트 등 기능을 요하는 일을 제대로 소화해내지 못했다.

공사장에서 사용하는 공구들도 남아나지를 않았다. 전동 커터와 못을 박는 타카총, 시멘트 바닥 면을 고르는 그라인더 등 비싼 장비뿐 아니라 수평기, 망치, 삽 등 공구들마저 사라지기 일쑤였다. 현장 인부들의 손을 탔기 때문이었다.

"공사는 계속 들어오는데도 매년 20% 이상 적자가 났습니다. 설상가상으로 2002년 초 세무조사까지 당했습니다. 몽골 경리직원을 믿고 장부정리를 맡겨놓은 게 잘못이었습니다. 당시 1억4000만 원 정도의 세금 추징을 맞았습니다. 회사가 아주 어려워졌지요. 보다 못한 박광옥이랑 한대현이가 회사를 떠나겠다고 하더라고요. 이루 말로 다 표현할 수 없을 정도로 함께 고생을 한 친구들이었습니다. 가슴이 많이 아프더라고요."

2003년 7월 박 사장은 홀로 남게 된다. 모든 걸 정리한 뒤 귀국하고 싶었지만 그럴 수도 없었다. 추징금을 내지 못해 출국금지 명령이 내려졌기 때문이었다.

회사의 컴퓨터와 책상, 캐비닛 등 모든 비품에 노란색 압류딱지가 붙었다. 공사 의뢰도 들어오지 않았다. 50명이 넘던 현지 직원은 통역과 설계 담당 직원, 현장 시공 기술자 2~3명 등 10명 정도로 줄어 있었다.

사업가는 진퇴를 분명히 해야 한다. 박 사장은 인테리어 사업을 정리하기로 결정을 내렸다. 서울에 있던 지인을 통해 어렵게 1000만 원정도를 조달했다. 2003년 8월, 여섯 달 정도 밀려 있던 직원들 월급과 임대료 1년 치를 정산해준 뒤 사무실 문을 닫았다.

완전한 빈털터리였다. 우리 돈 200~300원짜리 몽골 빵 타르 하나로 하루를 버텼다. 어느 날 자리에서 일어나려고 하는데 어질어질하면서 방바닥이 빙글빙글 돌았다. 그 자리에서 털썩 주저앉고 말았다. 허리를 움직일 수 없었다.

한인성당 사목회장인 김경렬 안드레아에게 연락을 했다. 울란바토르 시내에서 '야인시대'라는 설렁탕집을 하는 교민이었다. 김두환을 좋아해서 식당 이름도 '야인시대'라고 지은 분이었다. 놀란 김 회장이 후배 박관희를 데리고 달려왔다. 후배 등에 업혀 병원으로 갔더니 영양실조라고 했다.

응급치료를 받고 집으로 왔다. 입원치료를 받을 형편이 아니었기 때문이었다. 김 회장이 보름 동안 설렁탕과 수육을 집으로 보내주었다. 성당 교우들의 정성 덕에 한 달 만에 다시 운신을 할 수 있었다.

몸을 추스른 박 사장은 먹고살 방법을 고민하기 시작했다. 몽골에서 보낸 지난 4년 세월을 되돌아보았다. 문득 울란바토르 주재 대만문화센터 개보수 공사를 했던 기억이 떠올랐다. 당시 대만문화센터 공사 중 가장 큰일은 승강기 교체 작업이었다.

"러시아제 고물 승강기를 뜯어내고 한국에서 들여온 LG오티스 승강기를 설치했어요. 문화센터 사람들이 승강기를 사용해보더니 대만족을 하더라고요. 그때 처음으로 승강기 공사와 인연을 맺었던 거지요."

과연 초원의 나라 몽골에서 승강기 사업이 가능할까. 인구 300만도 안 되는 작은 나라에서 승강기를 몇 대나 팔 수 있을까. 박 사장은 머릿속으로 승강기 사업 구상을 몇 번이고 썼다가 지웠다.

세상에 쉬운 길은 없다

2000년대 중반 몽골 경제는 눈부신 경제성장 궤도에 오르고 있었다. 거대한 '세계의 공장'인 중국을 바로 이웃에 두고 있는 덕이었다. 중국의 고도성장은 몽골의 구리와 석탄, 금광 사업 등을 활황으로 이끌었다. 국제 원자재 가격이 상승하면서 몽골로 돈이 쏟아져 들어왔다. 몽골 수도 울란바토르에는 고층건물들이 들어서기 시작했다.

울란바토르 시내에 하루가 멀다 하고 들어서던 빌딩 중에는 골롬트 은행 본사 건물도 들어 있었다. 몽골의 대표적인 은행 중 하나인 골롬트 은행이 17층짜리 사옥을 짓기 시작한 것이었다. 당시 골롬트 은행은 한국산 건자재를 들여오고 싶어 했다. 그러자면 한국에 있는 은행의 신용장을 개설해야 했다.

"골롬트 은행 이사회 의장인 저릭이 나를 만나자고 하더라고요. 인테리어 사업을 하면서 알게 된 몽골 고위층 인사 중 한 사람이었습니다. 한국과 신용장 거래를 트는 일을 도와달라고 하더라고요. 한국으로 들어가 은행 다섯 곳을 돌아다녔습니다. 그런데 하나같이 난색을 표했습니다. 그때까지만 해도 몽골에 대한 국제사회의 신용이 아주 낮았기 때문입니다. 궁리 끝에 LG상사를 찾아갔어요. 대만문화센터 승강기를 수입할 때 인연을 맺었던 분을 만났습니다. 사정을 말씀드렸어요. 그랬더니 누이 좋고 매부 좋은 방법이 있다면서 반기더라고요. LG상사에서 신용장 개설을 도와줄 테니 그 대신 빌딩 건축에 필요한 기자재는 모두 자기들을 통해 수입하는 걸로 해달라는 것이었습니다. 결국 LG상사의 도움으로 골롬트 은행의 신용장을 개설할 수 있었습니다. LG상사는 골롬트 은행에 300만 달러어치의 기자재를 독점 수출하는 약정을 맺었지요."

골롬트 은행 사옥 건설공사가 진행되는 동안 박 사장은 골롬트 은행과 LG상사 사이의 연결고리 역할을 했다. 몽골로 출장을 오는 LG상사 직원들의 뒷바라지도 박 사장의 몫이었다.

그러던 어느 날 LG상사 사람들과 저녁식사를 하는 자리에서 한 간부가 박 사장에게 생계는 어떻게 꾸려가느냐고 걱정을 했다. LG상사의 일을 도와주면서 어느 정도 보수를 받고는 있었지만 근근이 생활을 할 수 있는 정도였다.

이때다 싶었다. 박 사장은 그동안 마음속에 품고 있던 생각을 털어놓았다. 몽골에서 LG오티스 승강기 판매사업을 해보고 싶다고 했다.

문제는 LG오티스 승강기의 몽골 판권을 러시아 이르쿠츠크에 있는 안드레이 톨스토프라는 러시아 사람이 가지고 있다는 점이었다. 톨스토프 사장이 몽골 판권을 내놓지 않는 한 LG상사에서 박 사장을 도와줄 방법이 없었던 것이다. 웬만한 사람이라면 처음부터 엄두를 낼 수 있는 상황이 아니었다.

바이칼호 서쪽 안가라 강과 이르쿠트 강의 합류점에 위치한 이르쿠츠크는 18세기 제정 러시아 시절 정치범들을 유배 보내던 이른바 시베리아 유형지로 유명한 곳이었다. 그러나 러시아와 몽골, 중국 등을 연결하는 지리적 이점 덕분에 교역도시로 부상하기 시작했다.

세상에 쉬운 길이란 없다. 누구나 접근할 수 있는 길은 레드오션으로 가는 코스다. 들어서기 쉬운 길은 망하기도 쉬운 길이다. 시간과 공을 들여 자신만의 길을 개척해야 블루오션에 닿을 수 있다. 박 사장은 울란바토르에서 1000km나 떨어져 있는 이르쿠츠크로 달려갔다. LG오티스 승강기 판권을 쥐고 있는 톨스토프 사장을 만나 담판을 벌였다.

"이르쿠츠크로 가기 전 톨스토프 사장의 몽골 판매 실적을 알아봤습니다. 5년 동안 10대 정도를 팔았더라고요. 그 정도 매출로 수지가 맞는지 궁금했습니다. 매월 유지보수하러 다니려면 교통비와 숙식, 출장비 등이 많이 들지 않느냐, 손해는 안 보느냐고 물었습니다. 남는 게 없는 사업이라고 선선히 수긍을 하더라고요. 그러면서도 몽골 판권을 포기하지는 않았습니다. 유지보수를 대행하는 권리만 내주더라고요."

그로부터 두 달 후 박 사장은 톨스토프 사장을 몽골로 초청했다. 보드카를 마시면서 다시 한번 사업권 양도를 설득했다. 톨스토프 사장에게 LG오티스 승강기 판권은 큰 쓸모는 없지만 버리기엔 아까운 사업이었다.

그런데 마침 톨스토프 사장의 블라디보스토크와 울란우데 등 극동지역 사업이 바빠지기 시작했다. 당장 몽골 사업에 큰 신경을 쓸 겨를이 없었다. 미래의 몽골 시장에 대한 전망도 그리 낙관적으로 보이지 않았다. 그런 상황에서 박 사장이 집요하게 몽골 판권을 넘겨달라는 사정을 하고 나선 것이었다. 마침내 톨스토프는 몽골 판권을 박 사장에게 넘겨주게 된다.

새로운 출발은
가족과 함께

└ 드디어 2004년 4월 박 사장은 '시그마 몽골리아 LLC'를 설립했다. 박 사장이 몽골 땅에서 쓰기 시작한 승강기 사업의 신화가 시작되는 순간이었다. 몽골 땅에 발을 디딘 지 6년 만의 일이었다.

"울란바토르 대학 인근에 남양주 몽골장학회 건물이 있습니다. 그 건물 1층에 사우나가 입주해 있습니다. 사우나 사무실 한쪽 공간을 빌렸습니다. 칸막이를 친 뒤 책상 두 개, 회의용 테이블 하나를 들여놓고 사업을 시작했습니다. 인테리어 사업을 할 때 함께 일하던 직원 세 명을 다시 불러들였지요."

새로운 출발은 가족과 함께하기로 했다. 한국에 있던 아내 최유선과 서울 도곡초등학교 1학년이던 아들 준형을 몽골로 불러들였다. 숙명

여고 1학년에 다니던 딸 혜린은 공부 때문에 할머니랑 한국에 남았다.

"당시 아내가 역삼동 이마트에서 비정규직으로 일하면서 생계를 꾸려가고 있었습니다. 가족들이 반지하 단칸방에서 살고 있었습니다. 3년 동안 생활비를 거의 보내주지 못했어요. 아내가 그러더라고요. 굶어 죽더라도 가족끼리 모여 살자. 다행히 가족이 몽골로 들어오면서 제 사업도 안정을 찾기 시작했습니다."

현재 우리가 쓰고 있는 승강기는 언제 어떻게 만들어졌을까.

승강기는 B.C. 236년경 그리스의 아르키메데스가 개발한 도르래로부터 진화했다. 도르래는 처음 우물에서 물을 길어 올리는 용도로 사용되다가 점차 사람이나 화물을 수직으로 운반하는 승강기로 발전했다. 로마 콜로세움에는 검투사나 동물들을 경기장으로 들여보내는 용도의 승강기가 설치돼 있었다고 한다. 승강기는 오랜 기간 노예나 동물, 수력을 동력원으로 이용했다. 승강기의 동력원은 18세기 산업혁명 이후 증기기관을 거쳐 전기로 발전했다.

승강기는 그러나 안전성 문제 때문에 인간의 이동수단으로는 사용되지 않았다. 줄이 끊어지면 곧바로 추락해 대형사고가 발생하곤 했기 때문이다. 이 해묵은 숙제를 해결한 것이 바로 미국 버몬트 출신의 발명가 엘리샤 오티스(1811~1861)였다.

오티스는 마흔 살이던 1851년 한 제재소를 침대 프레임 제조공장으로 개조하는 공사를 맡아서 하고 있었다. 그는 어떻게 하면 무거운 설비들을 쉽고 안전하게 공장 2층과 3층으로 옮길 수 있을까 하는 궁리를 했다.

오티스는 마침내 안전한 승강기를 고안해냈다. 운행 중 줄이 끊어지면 안전장치가 자동으로 튀어나와 승강기 양옆 가이드레일의 톱니바퀴에 걸리도록 하는 아이디어를 개발한 것이다. 오늘날 초고층 빌딩 문화를 가능하게 해준 기술이 탄생하는 순간이었다.

1853년 현대식 승강기 제조의 원조인 오티스엘리베이터가 설립됐다. 1931년 뉴욕 맨해튼에 들어선 102층짜리 엠파이어스테이트 빌딩은 오티스엘리베이터가 없었다면 탄생할 수 없었을 것이다. 오티스엘리베이터는 창립 이래 150여 년 동안 전 세계 승강기 제조업계 1위 자리를 지키고 있다.

오티스는 1991년 한국 시장에 진출한다. 한국오티스는 2000년 LG산전 엘리베이터 사업 부문을 인수해 오티스-LG엘리베이터를 설립했다. 2006년엔 아예 LG 지분을 모두 인수해 회사 이름을 오티스엘리베이터코리아로 바꿨다. '시그마'는 오티스엘리베이터코리아가 생산하는 제품의 브랜드다. 박 사장이 회사 이름을 '시그마 몽골리아'라고 지은 이유다.

박 사장은 처음에 6층짜리 나랑백화점 건설공사 업체로부터 승강기 2대를 수주받는 데 성공했다. 이후 정부종합청사 승강기 4대와 정전 시 가동되는 비상용 발전기 UPS(Uninterruptible Power Supply, 무정전 전원 공급) 시스템을 교체하는 입찰에 응모했다. 100만 달러 규모의 큰 공사였다.

7개 회사가 입찰에 참여했다. 박 사장은 이 입찰에서 경쟁상대인 몽골 기업 여섯 곳을 물리치고 공사를 수주하는 데 성공을 한다.

"중국산은 싸지만 품질이 조악합니다. 유럽산은 품질은 좋지만 너무 비쌉니다. 그러나 시그마는 유럽산과 대등한 품질을 갖추고 있으면서도 유럽산 승강기보다는 저렴하거든요. 품질과 가격 경쟁력을 모두 갖추고 있는 제품인 거지요. 이런 강점을 집중적으로 부각시켰습니다."

울란바토르 시내가
거대한 공사판이었죠

└─ 시그마의 가격 및 품질 경쟁력 이외에도 박 사장의 승강기 사업이 성공할 수 있었던 또 다른 요인은 몽골 정재계 인맥이었다. 박 사장은 특히 인테리어 사업을 하면서 몽골의회 의원들과 깊은 신뢰를 나누는 인간관계를 맺는 데 성공했다. 몽골 상류층에 신선한 바람을 일으켰던 박 사장의 인테리어 솜씨와 특유의 친화력이 결합해 만들어낸 결과였다.

때마침 골롬트 은행에서 아파트 건축사업을 시작했다. 울란바토르 서쪽의 바롱두른잠 지역에 17층짜리 고층 아파트 7동을 짓는 공사였다. 골롬트 은행 사옥 공사 때 박 사장을 통해 오티스 승강기를 납품받았던 골롬트 은행 측이 다시 박 사장을 찾았던 것이다. 아파트 각 동마다 2대씩 모두 14대의 승강기를 설치하는 공사였다. 골롬트 은행 아파트의 승강기 주문은 정부종합청사 납품에 이어 두 번째로 박 사장의 승강기 사업을 안정 궤도로 올리는 추진체 역할을 하게 된다.

순풍에 돛 단 듯 사업이 술술 풀리기 시작했다. 2004년 창업 첫해에 4만 달러에 불과했던 매출은 2008년 300만 달러를 돌파했다. 2011년부터는 몽골 대기업들이 경쟁적으로 사옥을 짓기 시작했다. 아파트 분양과 호텔 건립도 붐을 이루었다. 박 사장 회사의 매출도 가파른 상승 곡선을 이어나갔다.

"2010년부터 캐나다 광산기업인 아이반호 마인즈 등 해외 기업들이 몽골로 쏟아져 들어오기 시작했습니다. 당시 투자금 80억 달러가 한 번에 몽골로 들어왔어요. 몽골 정부의 외환보유고가 16억~20억 달러 정도에 불과했을 때였습니다. 그런 돈들이 풀리면서 MCS그룹과 지구르 그랜드, 막스 등 몽골 대기업들이 울란바토르에 사옥과 아파트, 호텔 등을 짓기 시작한 것입니다. 울란바토르 시내 전체가 거대한 공사판이었지요."

물론 위기가 없었던 건 아니다. 2008년 9월 미국의 대표적 투자은행들 중 하나였던 리먼브라더스의 파산에서 시작된 금융위기의 여파가 이듬해 몽골까지 몰려왔다. 당시 달러당 1150~1200투그릭 하던 환율이 1800까지 치솟았다. 2009년 박 사장이 벌이고 있던 공사는 서른 곳 정도였다. 그중 스무 곳 정도의 사업에 브레이크가 걸렸다.

한동안 돈이 돌지 않았다. 발주처에서 들어오는 돈보다도 인건비와 사무실 운영비 등 나가는 돈이 훨씬 많았다. 몇 해 동안 벌어놓은 돈을 까먹으면서 버텼다. 그나마 승강기는 들여올 때 선금을 받고 들여온다. 그만큼 사업의 리스크가 적은 것이다.

2010년 들어서면서 몽골에 돈이 돌기 시작했다. 시원한 장대비

가 가뭄으로 쩍쩍 갈라진 논바닥을 적시듯 울란바토르에 외국자본
이 흘러들었다. 박 사장의 승강기 사업도 다시 활기를 띠기 시작했다.

"들어오는 공사를 감당하는 게 벅찰 정도였어요. 2010년부터 3년
연속으로 매년 100대 이상씩 수주했으니까요. 2012년엔 200대를 팔
았습니다. 2013년 부랴부랴 한국에서 5명의 전문기술 인력을 모셔 왔
습니다. 막강한 전문 기술진 덕분에 샹그릴라 주상복합빌딩 공사와 뉴
울란바토르 국제공항(NUBIA) 등 몽골의 랜드마크 공사들을 모두 수주
할 수 있었습니다."

질주는 멈추지 않는다

ㄴ　　　인간은 왜 달릴까. 인간은 맨발로 달리고, 말을 타고 달리
고, 자전거와 오토바이, 차를 타고 달린다. 달리기는 인간의 DNA 속
에 깊숙이 새겨져 내려오는 원초적 본능이다.

인간과 침팬지는 500만~600만 년 전에 분화한 것으로 추정되고 있
다. 인간이 침팬지와는 다르게 만물의 영장으로 진화할 수 있었던 여
러 원인 중 하나는 바로 달리기 능력이었다. 인간은 달리기 능력을 이
용해 먹잇감을 구할 수 있었다. 인간은 달리기를 통해 무서운 맹수의
공격으로부터 자신을 지킬 수 있었다.

짙푸른 몽골초원은 질주 본능을 자극한다. 주말 이른 아침 박 사장
이 오토바이를 타고 길을 나섰다. 평소 박 사장과 함께 오토바이를 즐
기는 동호인 세 명이 동행을 했다. 한국인 두 명과 몽골인 한 명이었다.

오토바이 타는 일은 20여 년 몽골 생활을 하고 있는 박 사장이 즐기는 가장 큰 여가생활이다. 사업을 하면서 쌓이는 스트레스를 푸른 초원을 달리면서 풀어버리는 것이다.

차를 타고 박 사장 일행의 뒤를 따라 나섰다. 울란바토르 시내를 벗어난 일행은 서쪽으로 방향을 잡았다. 110km 정도 달린 끝에 도착한 곳은 '솔롱고 캠프'라는 곳이었다.

'솔롱고'란 몽골말로 무지개란 뜻이다. 예로부터 몽골에서는 우리나라 사람들을 '솔롱고'라고 불렀다. 그들의 눈에는 한반도가 무지개 뜨는 신비의 땅으로 비쳤을지도 모를 일이다.

아담한 바위산을 등지고 들어선 솔롱고 캠프는 앞쪽으로 너울거리는 초원을 내려다보고 있었다. 광활한 초원에는 점점이 게르들이 박혀 있었다. 말과 양, 염소 등이 한가롭게 풀을 뜯고 있었다. 마냥 바라만 보고 있어도 마음의 상처가 치유될 것만 같은 평화로운 풍경이었다. 박 사장이 휴식이 필요할 때마다 이곳을 찾는다고 말한 이유를 금방 알 수 있었다.

몽골의 밤은 잠들지 않는다. 어둠이 깃드는가 싶더니 어느새 별들의 아우성이 시작됐다. 캠프 앞마당에 푸짐한 술상이 차려졌다. 낮에 캠프 인근 게르촌으로 내려가 잡아 온 염소 한 마리가 통째로 올라왔다.

느긋하게 술잔이 오간다. 취흥이 오르면서 박 사장이 지난 시절 이야기를 시작했다.

"아버지는 6·25 때 반공포로 출신입니다. 평안남도 순천군 신창면 출신의 실향민이셨지요. 거제도 포로수용소에 갇혀 있다가 반공포로로 석방되셨습니다. 이곳저곳 노동판을 전전하시다가 전북 김제에서 어머니를 만나셨답니다."

박 사장은 강원도 강릉에서 8남 1녀 중 막내로 태어났다. 그러나 집 안을 떠나지 않던 지독한 가난 때문에 6명의 형님과 외동딸 누이는 일 찌감치 하늘나라로 떠나고 말았다. 9남매 중 바로 위의 형과 박 사장 만 세상에 남았던 것이다. 입에 풀칠조차 제대로 하지 못하는 가난 탓 이었다. 아버지는 이북 고향 생각 때문에 폭음을 하셨다. 술로 망가진 몸은 힘든 노동을 견디지 못했다. 아버지는 1년 가까이 각혈을 하다가 결국 세상을 등지고 말았다. 박 사장이 초등학교 5학년 때였다.

동네에서 멀지 않은 곳에 삼양통상이 있었다. 야구 글러브를 만드는 공장이었다. 박 사장보다 네 살 위인 형님이 어머니와 삼양통상에 다 니면서 생계를 꾸려나갔다. 초등학교 6학년 때부터 간간이 공장 일을 나가기 시작했던 박 사장도 졸업과 함께 삼양통상에서 시다로 일을 시 작했다. 중학교 진학은 꿈도 꾸지 못할 일이었다.

"공장 생활을 1년 정도 하다가 야학을 다니기 시작했어요. 백운실업 중학이라는 곳이었습니다. 성균관대학과 성신여대 등 서울 북부지역 대학생 형님과 누나들이 와서 가르쳤습니다. 토요일과 일요일을 빼고 매일 밤 7시부터 10시까지 3시간 정도 야학이 열렸어요. 그런데 저는 야근 때문에 빠지는 날이 많았습니다. 당시 미국 수출이 날개 돋친 듯 늘어날 때였습니다. 한 달 3000~4000원을 벌기 위해 하루 10시간 이 상 일해야 했습니다. 그러다 보니 학교는 일주일에 두세 번 정도밖에 갈 수가 없었어요."

박 사장은 그러나 손에서 책을 놓지 않았다. 공장 일을 마친 뒤에도 착실하게 공부를 했다. 중·고등학교 졸업학력 검정고시를 거쳐 1980년 국민대학 법정학부에 합격을 했다. 그야말로 눈물겨운 주경야독의 결실이었다.

당장 대학 등록금을 마련해야 했다. 검정고시를 함께 준비했던 친구 김영식과 왕십리 광무극장 뒷골목에서 포장마차를 시작했다. 매일 밤 자릿세를 요구하며 찾아오는 깡패들에게 시달려야 했다. 팔자 좋게 대학공부를 할 형편이 아니라는 걸 깨닫기 시작했다. 당장 먹고살기 위해서는 돈을 벌어야 했다. 닥치는 대로 일을 하기 시작했다.

"안 해본 일이 없어요. 처음 시작한 일은 동대문 용두동에서 수제만두 공장을 하고 있는 친구를 돕는 일이었어요. 그다음엔 식품업체에 취직을 했어요. 재래시장을 돌아다니면서 장아찌와 단무지, 액젓, 도시락 밑반찬 등을 팔았습니다. 전자부품 회사에도 다녀보고, 한동안 영업용 택시도 몰았답니다."

한평생 살면서 박 사장만큼 많은 길을 가본 사람이 또 있을까? 몽골로 무대를 옮겨서는 인테리어 사업을 거쳐 승강기 판매회사 사장으로 큰 성공을 거두었다. 그런 박 사장은 또다시 새로운 길을 모색하고 있었다.

"앞으로 건축 장식재 분야로 사업을 확장할 계획입니다. 인텔리전스 빌딩 시스템(IBS) 관련 사업도 검토하고 있습니다. 빌딩 입주자들에게 첨단 정보통신 서비스와 쾌적한 사무환경을 제공하는 사업이지요. 몽골에서는 새로운 풀밭이라고 할 수 있습니다."

돌궐족의 명장 톤유쿠크는 후손들에게 한 곳에 정착하는 순간 망하는 길로 들어서는 것이라는 경고를 남겼다. 울란바토르 외곽에 남아 있는 그의 비문에는 "성을 쌓고 사는 자는 반드시 망할 것이다. 끊임없이 이동하는 자만이 살아남을 것이다."라고 적혀 있다.

박 사장은 몇 차례 크고 작은 사업을 하면서 톤유쿠크의 금언을 몸으로 체득하고 있었다. 사업도 끊임없이 혁신하고 이동해야만 살아남는다는 사실을 잘 알고 있는 것이다. 승강기 사업의 성공에 안주하지 않고 건축 장식재 분야와 인텔리전스 빌딩 시스템 사업에 진출할 채비를 하는 이유였다.

몽골초원의 밤이 깊어가고 있었다. 별들의 현란한 우주 쇼는 여전히 이어지고 있었다. 이 거대한 우주 속에 인간은 어떤 의미로 존재하는 것일까. 억겁의 시간 속 찰나를 사는 인간은 어떤 존재인가. 어떻게 살아야 잘 사는 걸일까. 몽골 솔롱고 캠프의 잠 못 이루는 밤이었다.

04

빅 두리안의 속살로 뛰어든 한국인

이호덕

INDONESIA

"훌륭한 사업가는 상대방에게 유익을 안겨주는 사람입니다. 힘을 바탕으로 한 갑을 관계가 아닌 상생의 관계가 사업거래의 기본이지요. 상대방 덕으로 내가 돈 벌 궁리만 하면 거래가 지속될 수 없습니다. 사업은 덧셈의 예술입니다."

빅 두리안의 속살로
뛰어든 한국인

이 호 덕

지옥의 냄새와 천국의 맛을 함께 지닌 과일이 있다. '열대과일의 왕'이라고 불리는 두리안이다. 두리안은 도깨비 방망이 같은 모습을 하고 있다. 표면에 온통 삐죽삐죽한 굵은 가시들로 덮여 있다.

거친 껍질을 쪼개면 코를 싸매야 할 정도로 역한 냄새가 풍겨 나온다. 재래식 화장실의 구린내나 고기 썩는 악취를 닮았다. 그런데 놀랍게도 그 안에는 크림처럼 부드럽고 달콤한 과육이 가득 들어차 있다. 코를 틀어막고 일단 한 조각 입에 넣는 순간 영원히 잊을 수 없는 천상의 맛을 접할 수 있게 된다. 두리안은 겉 다르고 속 다른 과일이다.

천상의 과일
두리안을 닮은 나라

└   두리안의 주요 산지 중 하나인 인도네시아는 두리안을 닮은 나라다. 겉으로 드러난 모습은 투박하고 거칠지만, 그 속살로 들어갈수록 진가를 드러내는 '빅 두리안'이다.

인도네시아는 세계 4위를 자랑하는 2억5000만 인구를 지닌 나라다. 석유와 천연가스, 고무, 목재, 주석, 보크사이트, 망간, 구리, 니켈, 금, 은 등 풍부한 천연자원들은 인도네시아를 이미 주요 20개국(G20)의 반열에 올려놓았다.

1950년대 중반 이후 아시아와 아프리카 등 제3세계 정상들의 모임인 반둥회의의 구심 역할을 해온 나라도 인도네시아다. 인도네시아는 또 동남아국가연합(ASEAN)의 리더로서 미국의 환태평양(Trans-Pacific) 구도 혹은 중국의 중화패권주의를 경계하는 동남아의 균형자 노릇도 하고 있다.

40여 년 전 '빅 두리안' 인도네시아의 속살 속으로 뛰어든 인물이 있었다. 부동산 종합개발 기업인 '로얄 수마트라'와 의료기기 유통 및 특수장비 판매회사인 '메디슨 자야리야'를 경영하고 있는 이호덕(69) 회장이다.

로얄 수마트라는 아파트와 주택단지, 골프장 건설과 택지개발 등 부동산 개발과 분양을 하면서 연간 1500만~2000만 달러 정도의 매출을 올리고 있다. 병원 의료기기와 특수장비를 수입 판매하는 메디슨 자야리야는 1000만 달러 정도의 매출을 올리고 있다. 인도네시아 중산층들을 중심으로 점증하고 있는 웰빙 욕구를 파고드는 것이다.

이 회장은 최근 캄보디아로까지 투자를 확대하고 있다. 앙코르와트와 바이온 사원 등 세계적 유적의 관광 거점인 시엠리아프에 'SNMDC'라는 합작회사를 설립, 160만m² 규모의 종합레저타운을 건설 중이다. SNMDC는 이미 일차적으로 완공한 1만m² 규모의 컨벤션센터를 운영 중이다. 전시장과 상가, 식당, 사무실 등의 임대운영을 통해 연간 100만 달러 안팎의 초기매출을 올리고 있다.

이 회장은 또한 인도네시아의 풍부한 자원개발에도 참여를 하고 있다. 석탄과 석유 개발을 하는 현지 업체에 지분참여 형식으로 500만 달러를 투자하고 있다.

자카르타 시내 한복판을 싸고도는 내부 순환도로를 남쪽으로 살짝 벗어난 자카르타 셀라탄 지역의 캡틴 텐디안 대로변. 반듯한 대지 위에 지상 5층 지하 1층의 아담한 건물이 자리를 잡고 있다. 이 회장이 경영하는 메디슨 자야리야 본사와 로얄 수마트라 지사가 입주해 있는 건물이다. 2004년 이 회장이 직접 세운 연건평 4000m² 규모의 빌딩이다.

이 회장을 따라 1층 로비 오른편에 있는 한 사무실로 들어섰다. 초음파 내시경과 컴퓨터 단층촬영(CT), 자기공명영상(MRI) 등 의료장비들이 전시돼 있는 방이었다. 방 한가운데 널찍한 테이블에는 직원들 몇몇이 둘러앉아 의료장비들을 정비하고 있었다.

"메디슨 자야리야는 큰아들 주한에게 경영을 맡겨놓았습니다. 제가 큰 신경을 쓰지 않아도 될 정도로 사업을 제법 잘하고 있어요. 이곳은 의료장비 수리 작업을 하는 공간입니다. 지금 엔지니어들이 손보고 있는 것들은 내시경 부속품들입니다."

인도네시아 사람들은 튀김과 볶음요리, 설탕으로 범벅을 한 단 음식을 많이 먹는다. 밥도, 고기도, 만두도, 바나나도, 기름에 볶거나 튀겨서 먹는다. 매콤달콤한 볶음밥인 나시고렝을 비롯해 면 볶음요리인 미고렝, 두부를 바싹 튀긴 타후고렝 등의 기름진 요리들을 즐겨 먹는다. 이 지역의 주산물인 사탕수수나 망고, 바나나, 파인애플 등을 통해 당분도 많이 섭취한다. 중년에 접어들면서 혈관계 질환과 당뇨 등의 질병에 시달리는 사람들이 많은 이유다.

그런데 최근 인도네시아의 국민소득이 높아지면서 건강에 대한 관심이 부쩍 늘고 있다. 그동안 엑스레이 정도의 의료장비만 갖춰놓았던 병원들이 CT와 MRI 등 고가의 장비들을 구비하기 시작했다. 이 회장의 의료기기 사업은 인도네시아 중산층을 중심으로 불기 시작한 웰빙 열풍을 겨냥한 것이었다.

"요즘 인도네시아에서는 고급 의료장비에 대한 수요가 급증하고 있습니다. 3만~10만 달러 정도 하는 내시경은 물론 대당 150만~200만 달러나 하는 MRI 장비들을 들여놓는 병원들이 적지 않습니다."

칼리만탄 섬 밀림 속으로

이 회장은 1949년 11월 10일 전남 화순군 능주면에서 5남

2년 중 넷째로 태어났다. 능주북초등학교와 광주북중학을 거쳐 광주일고에 진학했다. 명문 광주일고에서도 상위권 성적이었지만 서울대 시험에 두 번 고배를 마셨다. 비슷한 성적권의 친구들은 대부분 서울법대나 상대, 의대에 합격을 했으니 상심이 클 수밖에 없었다.

서울대 문리대에 낙방을 한 뒤 차마 고향에 내려가지도 못하고 안국동에 있는 친구 자취방에서 뒹굴뒹굴하고 있었다. 그때 그에게 세계무대로 눈을 돌릴 수 있도록 깨우침을 준 인물이 있었다. 바로 고흥 출신 정치인이었던 월파 서민호 의원이었다. 서민호 의원은 일본 와세다 대학과 미국 컬럼비아 대학 등에서 유학을 하면서 일찌감치 세계무대에 눈을 뜬 인물이었다.

"1969년 겨울 서민호 의원이 고향 선후배들을 모아놓고 식사를 함께하는 자리를 마련했습니다. 그때 저도 참석을 했습니다. 서 의원이 서울대 낙방 후 의기소침해하고 있는 저를 보시더니 앞으로 동남아를 주목해보라고 하시더군요. 그때 이상하게도 느낌이 확 오더라고요. 한국외대 말레이·인도네시아어(마인어)학과를 선택하게 된 계기였어요."

1975년 봄 이 회장은 대학 졸업과 결혼, 취업 세 가지를 동시에 하게 된다. 결혼 상대는 대학 4학년 때 상명여대 무용과 1학년 학생들과의 미팅을 통해 만난 지금의 아내 채영애 여사였다. 같은 달 경남기업에 입사했다. 인도네시아 근무인력을 특채하는 신입사원 공모에 합격을 한 것이다.

입사한 지 석 달 만인 1975년 6월 이 회장은 처음으로 인도네시아 땅을 밟게 된다. 지금이야 직항 편으로 7시간이면 갈 수 있는 곳이지만 당시만 해도 인도네시아의 수도인 자카르타까지 가기 위해서는 홍콩에서 1박을 한 뒤 싱가포르를 경유해야 갈 수 있는 먼 나라였다.

이 회장은 칼리만탄(말레이시아 이름으로는 보르네오) 섬의 현장근무를 자원했다. 편안한 자카르타 사무소에서 근무를 할 수도 있었지만 현장의 일부터 배워야겠다는 생각을 한 것이다. 칼리만탄 섬의 73% 정도에 해당하는 남쪽 땅은 인도네시아, 나머지 북쪽 땅은 말레이시아에 속해 있다.

당시 경남기업에서는 칼리만탄 섬에서 10만ha 규모의 벌목사업을 벌이고 있었다. 1970년대 '한강의 기적'이라고 불리던 한국의 경제개발에 사용되는 목재와 합판을 만드는 나무를 벌목하던 현장이었다.

이 회장이 일을 시작한 곳은 칼리만탄 동부해안에 있는 작은 섬 타라칸이었다. 칼리만탄 섬에서 생산되는 목재 등 임산물과 천연가스를 실어 내는 인구 4만 명 정도의 작은 수출항이었다.

'산판'으로 불리는 벌목현장은 타라칸에서 강줄기를 따라 스피드보트로 6시간 이상을 가야 닿을 수 있는 오지였다. '마리나오'라는 작은 마을에 현장사무소가 마련돼 있었다. 하루 두 차례 교신을 할 수 있는 단파 라디오가 문명사회와의 유일한 연결고리였다.

하늘을 덮는 울창한 숲속에는 독충과 맹수가 우글거렸다. 가장 괴로운 건 나뭇잎이나 풀에 숨어 있다가 지나는 사람에게 들러붙어 피를 빠는 거머리였다. 손가락 굵기만 한 거머리가 사람 살을 파고들며 피를 빠는 모습은 오싹 소름이 끼칠 정도였다. 우기 때는 누런 흙탕물로 강물이 넘실거렸고, 건기 때는 나뭇잎 썩은 탁한 갈색 물이 흘러내렸다.

그러나 20대 후반의 젊은 이 회장은 인도네시아 밀림에서 가슴 두근거리는 삶의 에너지를 느낄 수 있었다. 인도네시아의 밀림은 넘치는 생명력과 묘한 설렘으로 가득한 공간이었다.

　어학능력은 소통이자 권력이다. 영국의 심리학자 콜린 트레바덴은 "언어는 단지 의도나 정보를 전달하기만 하는 것이 아니라 사람들 사이의 관계, 지위, 역할, 서열 등을 조절하기도 한다"고 간파했다.

　1970년대 중반 마인어를 제대로 공부한 사람은 귀한 인재였다. 인도네시아 현지에 파견된 직원들 중 현지어를 구사하는 이들은 드물었다. 그나마 경남기업 인도네시아 지사에는 이 회장과 함께 마인어 어학자원으로 선발된 입사동기 두 명이 함께 발령을 받았지만 두 사람모두 1년도 채 안 돼 사직을 하고 말았다. 인도네시아 현지인 직원들및 거래처 사람들과 정확하게 소통할 수 있는 사람은 사실상 이 회장만 남게 된 셈이었다.

　"저보다 오래 근무를 한 선임들이 있었지만 마인어가 서툴렀어요. 간단한 생활회화는 됐지만 공문서 작성을 할 정도는 아니었어요. 그러다 보니 터줏대감 격인 현지인 사무직들의 농간이 심했습니다. 중장비에 사용하는 디젤이나 사무실 비품, 식재료들을 사들일 때 돈을빼돌렸습니다. 물품구매 공문을 아예 소장 이름이 아니라 구매 담당자 이름으로 내보내면서 개인 커미션을 챙겼습니다. 회사 선임들도그들의 비리를 짐작은 하고 있었지요. 하지만 그 잘못을 콕 집어낼만큼 현지어에 능통하지 못했던 겁니다. 자칫 터줏대감들의 비위를건드렸다가 업무차질을 빚지나 않을까 걱정을 했던 거지요. 그렇지만 저의 경우는 눈에 뻔히 보이는 부정을 그냥 두고 볼 수 없었어요. 담당자들을 싹 정리 해고해버렸습니다. 그랬더니 한바탕 난리법석을 피우더라고요. 본사 임원들에게 편지를 보내는 친구도 있었어요. 그들의 부정을 증명하는 똑 떨어지는 자료들을 본사에 보냈습니다. 그랬더니 본사에서도 뭐라고 할 수가 없었지요. 무엇보다도 기세등등하던 터줏대감들 없이도 업무차질을 빚지 않았습니다. 그만큼 뒷감당도 깔끔하게 해냈으니까요."

입사 4년 만에 만들어낸
샐러리맨 신화

└ 낭중지추(囊中之錐)라고 했던가. 주머니 속의 송곳은 언젠가 반드시 그 존재감을 드러내기 마련이다. 칼리만탄 섬의 타라칸 사무소에서 묵묵히 일을 하던 이호덕 회장이 자신의 존재감을 확실하게 드러내는 사건이 발생하게 된다.

그가 인도네시아 근무를 시작한 지 만 2년을 조금 넘어선 즈음인 1977년 8월, 본사 자매회사였던 건원기업의 이영재 회장이 칼리만탄 산판 현장을 전격 방문했다. 타라칸 사무소장조차 하루 전날 통보받았을 만큼 예고 없는 깜짝 방문이었다.

이 회장에게 보고할 자료를 만드는 일이 당시 말단 사원이었던 이호덕 총무에게 떨어졌다. 이 총무는 밤을 꼴딱 새우면서 칼리만탄 산판 현장에 대한 보고서를 작성했다.

이 회장은 타라칸 공항에 내리자마자 곧바로 사무소로 들이닥쳤다. 사무소장이 산판 현장에 관한 업무 브리핑을 시작했다. 이 회장은 현장경험이 많은 전문경영인이었다. 브리핑 중간에 구체적이고 날카로운 질문들을 던졌다. 현장소장이 제대로 답변을 못 하고 쩔쩔매는 상황이 벌어지고 말았던 것이다.

말단 직원이었던 이 총무는 브리핑 자리에도 배석을 하지 못한 채 문밖에서 대기를 하고 있었다. 그때 갑자기 회의장 문이 열리더니 이 총무를 들어오라고 했다. 이 회장이 자료를 만든 담당자를 호출했던 것이다.

최고경영자가 최고 말단 직원을 앞혀놓고 질문을 던지는 초유의 사태가 벌어진 것이었다. 철두철미한 성격의 이 총무는 어떤 질문에도 막힘없이 척척 대답을 내놓았다. 최고경영자의 눈길을 단박에 사로잡는 순간이었다.

1977년 말 정기인사에서 회사를 발칵 뒤집어놓는 일대사건이 벌어지게 된다. 말단 사원이었던 이 총무가 대리 진급과 함께 타라칸 사무소장 직무대행으로 발령을 받은 것이었다.

충격은 그것으로 그치지 않았다. 대리가 된 지 불과 두 달 만에 다시 과장으로 진급을 하면서 정식 소장으로 임명되었다. 20대 후반의 새파란 소장이 탄생하는 전무후무한 일이 벌어진 것이다. 요즘이야 사업 아이디어나 능력만 탁월하면 인턴 사원이 하루아침에 임원으로 발탁되는 경우도 있다고는 하지만, 1970년대는 연공서열을 금과옥조처럼 여기던 시절이었다.

"그야말로 경천동지할 일이었지요. 제가 모시던 과장님과 대리 두 분에게 하루아침에 제가 지시를 하는 입장으로 바뀌었습니다. 까마득한 입사 선배들을 지휘하는 입장이 된 거지요."

그러나 이는 예고편에 불과했다. 소장으로 진급한 지 2년 만인 1979년 3월, 그는 다시 차장으로 승진을 하면서 인도네시아 본부 사무소장으로 임명된다. 수마트라와 칼리만탄 산판 현장의 인부들까지 합치면 1000여 명이나 되는 직원들을 통솔하는 자리였다.

해외 본부 사무소장은 경영과 총무, 재무, 회계, 영업, 인사 등을 총괄하는 자리다. 한 기업의 최고경영자와 유사한 일을 하는 위치인 것이다. 입사한 지 불과 4년 만에 만들어낸 '샐러리맨 신화'였다.

인도네시아의
꿈틀거리는 가능성

"이제 불과 서른 살밖에 안 된 젊은 사람이 자카르타 사무소장의 방을 차지하게 된 겁니다. 처음엔 온갖 쑥덕공론이 일더군요. 저보고 로열패밀리라고 하는 사람들도 있었고, 오너와 연결된 큰 줄이 있을 거라고 하는 이들도 있었어요. 무엇보다도 인도네시아 근무 경험이 짧았기 때문에 현지인들을 통솔하기 힘들 거라고 보는 사람들이 많았습니다."

인도네시아 사람들은 다른 열대지역 사람들처럼 행동이 느린 편이다. 그러나 자존심이 굉장히 강한 사람들이다. 공개된 장소에서 자기 잘못을 지적하는 걸 아주 싫어했다. 이 소장은 칼리만탄 섬의 타라칸 현장사무소 생활을 하면서 인도네시아 사람들의 이런 특성을 일찌감치 간파하고 있었다. 현지인들에게 말로 잘못을 지적하기보다는 솔선수범 행동으로 보여주는 게 훨씬 효율적이라는 사실을 잘 알고 있었다.

이 소장은 오히려 그들을 가르치려 들기보다는 겸손하게 배우는 자세로 임했다. 조직은 금방 안정을 찾기 시작했다.

그는 현지인 거래업체 사람들로부터도 인도네시아 사회와 문화에 관해 많은 것을 배웠다. 현지인 거래업체 사장들은 중장비 부품업체에서부터 부식 혹은 의류 납품 등 중소 규모의 가게에 이르기까지 인도네시아의 속살을 배울 수 있는 다양한 부류로 구성돼 있었다. 놀랍게도 그들 대부분은 크게 배운 건 없는 저학력의 사람들이었다. 그럼에도 불구하고 특유의 상술로 나날이 사업을 키워나가고 있었다.

점점 꿈틀거리는 인도네시아 시장의 모습이 눈에 들어오기 시작했다. 풍부한 천연자원을 품은 광대한 영토와 2억5000여만 명의 인구, 동남아의 한가운데 자리 잡은 지정학적인 위치뿐 아니라 그 속에서 활기차게 사는 인도네시아 사람들의 모습이 가슴에 들어차기 시작한 것이다.

갑자기 직장인이라는 굴레가 갑갑하게 느껴지기 시작했다. 본사의 훈령을 받아 일을 하는 월급쟁이의 틀을 벗어나 자유롭게 자신의 구상대로 사업을 일으켜보고 싶은 욕망이 일기 시작한 것이다.

타오르는 그의 열정에 결정적으로 불을 댕긴 사람이 있었다. 본사

거래처 중 하나였던 한국의 모 대기업 사장이었다. 자카르타로 출장을 온 그와 저녁식사를 한 적이 있었다. 그 자리에서 대기업 사장이 무심코 던진 한마디가 이 소장의 인생 진로를 바꾸어놓게 된 것이다.

"저보다 스무 살 정도 나이가 많은 분이었습니다. 제가 평소 존경하는 인물이었어요. 그 사장님이 저에게 이런 말씀을 하시더라고요. 당신은 월급쟁이로서는 최고 자리까지 오를 것이다. 다른 누구보다도 빨리 임원도 하고 대표이사 자리까지 차지할 거다. 그렇지만 월급쟁이는 빨리 올라가면 빨리 내려와야 한다. 그게 월급쟁이들의 비애다. 저의 가슴에 뜨거운 불길을 당기는 말씀이었어요."

박수 칠 때 떠나라고 했던가. 1981년 겨울 과감하게 사표를 던졌다. 입사한 지 7년여 만이었다. 아무런 사전준비나 대안도 없이 무작정 사직을 한 것이다. 인도네시아의 막연한 가능성만 믿고 승부를 걸어보기로 한 것이었다.

영문을 모르는 본사에서는 펄쩍 뛰면서 사표를 반려했다. 본사에서는 곧바로 임원 발령을 내주겠다면서 그를 주저앉히려고 했다. 고집을 꺾지 않자 나중에는 혹시라도 무슨 비리를 저질렀는지 조사까지 벌였다. 그러나 그가 떠난 자리는 깔끔하기 짝이 없었다.

더군다나 그는 회사를 떠나면서 자신이 새로 사업을 시작하더라도 경남과 경쟁관계에 있는 품목을 취급하는 일은 절대로 없을 것이며, 회사의 거래처 정보를 이용하는 일도 없을 것이라고 약속했다. 하얀 백지 위에 자신만의 그림을 그리기로 한 것이다.

파사르 파기
새벽시장에서

└ 　시장은 삶에 대한 욕구가 날것으로 펄펄 튀어 오르는 공간이다. 시장 골목에 들어서면 날생선의 퍼덕임 같은 활력으로 가득하다. 시장은 손님의 발길을 붙잡으려는 상인들의 눈길과 마음에 드는 상품을 구입하려는 고객들의 눈길이 뜨겁게 맞닥트리는 공간이다.

자카르타의 새벽 도매시장인 '파사르 파기' 역시 뜨거운 삶의 열기로 충만했다. 비좁은 시장 골목길엔 사람과 짐수레, 오토바이들이 뒤엉켜 혼잡하기 이를 데 없었다. 상점마다 온갖 물건들이 산더미처럼 쌓여 있었다.

이호덕 회장과 함께 파사르 파기 시장을 둘러보았다. 파사르 파기 시장은 인도네시아 전역에서 몰려든 크고 작은 바이어들이 물건을 구입하는 새벽 도매시장이다. 이 회장이 회사를 그만둔 뒤 매일 출근하다시피 들른 곳이다.

이 회장은 아침 4시쯤 일어나 넥타이까지 맨 정장을 하고 시장으로 나갔다. 5시쯤 도착해서 2시간 정도 이 가게 저 가게를 기웃거렸다. 사업 구상을 하는 데 시장만 한 곳이 없다는 판단을 했기 때문이다. 이곳 사람들이 어떤 물건을 좋아하고, 유행하는 상품은 무엇인지 알아보기 위한 시장조사를 시작한 것이었다.

시장 순례를 마치고 나면 시장 골목의 작은 식당에 가서 아침을 먹었다. 파사르 파기 시장을 돌기 시작한 지 한 달쯤 됐을 무렵이었다.

그날도 다른 날처럼 시장을 한 바퀴 돌아본 뒤 골목 식당에서 '미아얌'을 먹고 있었다. 닭 육수로 끓여 낸 국수에 데친 야채를 올린 음식이었다. 옆자리에 이 회장과 비슷한 또래의 현지인이 아침을 먹고 있었다.

정장 차림으로 시장통에서 막국수를 먹고 있는 외국인에 대한 호기심이 발동한 것일까. 흘끗흘끗 곁눈질하던 그가 이 회장에게 말을 붙여왔다. 외국인 같은데 어느 나라에서 오신 분이냐, 무슨 일로 아침 일찍 이런 곳에서 식사를 하고 있느냐고 물었다. 경남과 무관하게 처음으로 인도네시아 현지인과 인연을 맺게 되는 순간이었다.

그가 내미는 명함에는 인도네시아 종합상사의 이름이 찍혀 있었다. 홍콩과 대만, 싱가포르 등지에서 옷과 신발, 문방구 등을 수입하는 일을 담당하고 있는 인물이었다. 그를 통해 '메이와 트레이딩'이라는 작은 무역회사를 소개받았다. 싱가포르를 통해 잡화를 수입하는 회사였다.

메이와 트레이딩 이름으로 명함도 하나 만들어 시장 상인들에게 돌리기 시작했다. 그가 한국인이라는 사실을 안 상인들이 관심을 보였다. 한국산 제품을 들여올 수 없느냐고 묻는 이들이 생겨나기 시작한 것이다. 이 회장은 자연스럽게 오퍼상 일에 뛰어들었다. 인도네시아 시장이 이 회장에게 새로운 길을 내주기 시작한 것이다.

"1982년 7월쯤 화교인 행키 형제가 하는 도매상에 양말 500켤레를 납품했습니다. 첫 거래를 튼 거지요. 그다음엔 양말 500켤레에 손수건 1000장을 팔았습니다. 그리고 점점 속옷 등 다른 품목으로 넓혀갔습니다."

상인들과 친해지면서 파사르 파기 시장의 속살들도 하나씩 눈에 들어오기 시작했다.

상인들은 행키 형제처럼 대부분 화교들이었다. 동남아시아 화교는 당나라 말기 이후 중국 북방민족의 침략과 전란을 피해 남쪽으로 이주한 한족들을 그 원조로 하고 있다. 인도네시아 화교는 네덜란드 식민 당시 중국에서 건너온 노동자들을 조상으로 하는 사람들이다. 지금은 인도네시아 인구의 약 4%에 불과한 화교들이 전체 경제를 좌지우지할 정도로 막강한 영향력을 행사하고 있다. 인도네시아 100대 부자 중 80%를 화교가 차지하고 있다. 상장기업 가운데 70% 이상이 화교 소유다.

화교들은 꽌시로 똘똘 뭉쳐 있다. 꽌시란 연줄과 인맥, 신뢰 등을 통한 인간관계를 뜻한다. 나관중의 소설 《삼국지연의》에 나오는 유비와 관우, 장비의 '도원결의'가 바로 꽌시의 원형이다. 일단 꽌시의 울타리 속에 들어가면 자신의 목숨까지 내놓고 도와주는 끈끈한 관계를 맺게 된다.

중국인들의 꽌시 울타리 안으로 들어가는 열쇠는 무엇보다도 신뢰였다. 화교 상인들은 거래를 할 때 계약서를 쓰지 않았다. 거래를 하기로 합의를 봤으면 함께 식사를 하면서 자축을 하면 그걸로 끝이었다. 그러나 한번 한 약속은 하늘이 두 쪽 나도 지켜졌다. 신뢰를 지키는 건 종이쪽이 아니라 행동이라고 믿는 것이다.

화교들이 장악하고 있는 인도네시아 시장에서 사업을 수월하게 하려면 그들의 꽌시 울타리 안으로 들어가야 했다. 이 회장이 화교들의 꽌시 네트워크 속으로 들어갈 수 있는 길을 열어준 사람은 첫 거래 상대였던 행키 형제였다.

"행키 형제의 부탁으로 들여온 한국산 양말의 반응이 참 좋았습니다. 이 친구들이 아예 인도네시아에서 양말을 생산하고 싶어 하더라고요. 한국에서 양말 기계를 들여와 달라고 했습니다. 수소문을 해서 서울 성수동에 있는 부성기계라는 곳과 연락이 닿았습니다. 그곳을 통해 양말 짜는 기계를 들여올 수 있도록 주선을 해주었어요. 덜렁 기계만 들여온 게 아니라 6개월 동안 기술자까지 모셔 와서 생산기술을 전수받을 수 있도록 도와주었습니다. 그때까지 수입을 해서 팔던 양말을 자신들이 직접 만들어 팔기 시작하면서 행키 형제는 큰 성공을 거둘 수 있었지요."

롯데호텔 잠바 군단과
석탑산업훈장

└ 시장바닥에서 입소문처럼 빠른 소식통이 없다. 행키 형제가 한국에서 들여온 기계로 대박을 쳤다는 소문이 삽시간에 파사르 파기 시장의 골목골목으로 퍼졌다. 그러면서 기계를 사달라고 하는 사람들이 몰려오기 시작했다. 양말 기계뿐 아니라 밀링, 에어 프레셔, 스팀 보일러 등의 주문이 줄을 이었다. 자연스럽게 '메이와 트레이딩'과 동업 형태로 무역업을 시작하게 된 것이다.

"초창기 나를 키워준 것은 파사르 파기의 인맥이었습니다. 그들의 꽌시 울타리 속에 들어가면서 세계 최고라는 화교 상술을 배울 수 있었습니다."

화교 상술이란 게 뭘까. 화교는 사업을 절대로 혼자 하지 않는다. 마음에 맞는 사람들끼리 함께 어울려 일을 도모한다. 큰돈이 드는 사업도 십시일반으로 함께하면 위험을 분산시킬 수 있을 뿐 아니라 힘도 모을 수 있다고 믿기 때문이다.

또한 한 분야에 성공하여 돈을 번 화교들은 능력과 성실함을 갖춘 다른 화교에게 투자를 한다. 새로운 기회를 얻은 화교가 성공을 하면 또 다른 화교에게 투자를 한다. 혼자 잘 먹고 잘 살기 위해 돈을 버는 게 아니라 공동체의 성공을 위해 공동의 노력을 하는 것이다.

"화교들과 같이 어울리면서 많은 걸 배웠습니다. 사업 혹은 장사를 잘하는 비결은 상대방에게 이익을 안겨주는 데서 출발한다는 사실도 깨우쳤지요. 수입업자로서 물건을 팔더라도 상대방이 이문을 남길 여지까지 고려를 하기 시작했습니다."

파사르 파기 시장의 상인들은 맨손으로 뛰어들어 성실하고 양심적인 태도로 사업을 하는 이 회장을 눈여겨보기 시작했다. 그리고는 마침내 자신들의 꽌시 울타리 속으로 받아주었다.

화교들을 중심으로 꾸준하게 양말 기계 주문이 이어졌다. 사업을 시작한 첫해인 1982년부터 3년 연속 50만 달러 이상의 연 매출을 올렸다.

이 회장이 공공기관 납품의 길을 뚫을 수 있었던 것도 화교 인맥을 통한 정보 때문에 가능한 일이었다. 공공기관 납품 사업이 있을 때마다 화교 친구들이 이 회장에게 입찰을 권하고는 했던 것이다.

화교들을 따라다니며 몇 차례 공공 입찰을 기웃거리던 그는 1985년 5월 마침내 사업의 도약을 이루는 큰 사업을 하나 따내게 된다. 인도네시아 정부 직업훈련소에 기계를 납품하는 3000만 달러 규모의 입찰에 성공을 한 것이었다. 선반과 밀링 등 직업훈련용 공작기계를 납품하는 일이었다. 사업을 시작한 지 불과 3년 만에 인도네시아 정부에서도 신뢰를 하는 기업으로 발돋움한 것이다.

이 회장 덕에 밀링과 선반 등을 제작하는 한국의 중소기업들도 갑자기 대목을 만나게 된다. 1980년대 중반 3000만 달러 규모의 사업 수주는 창원과 대구, 울산, 대전 등 공작기계 생산공장들을 들썩이게 할 정도로 대규모였기 때문이다.

"제가 공작기계를 주문하기 위해 한국으로 들어가면 서울 명동에 있는 롯데호텔에 묵었습니다. 그때마다 갑자기 호텔 로비에 잠바 차림을 한 사람들이 우르르 몰려와 진을 치고는 했습니다. 저에게 기계 납품 주문을 받으려고 전국에서 몰려온 중소기업 사장과 공장장들이었습니다. 인근 경찰서 정보과에서 조사를 나왔을 정도였어요. 평소 말쑥한 정장 차림의 사람들이 드나드는 호텔인데 잠바 차림의 공장 사람들이 몰려오니까 수상했던 거지요."

1985년 이 회장은 한국 정부로부터 석탑산업훈장을 받았다. 사업을 시작한 지 불과 4년 만에 이룬 놀라운 쾌거였다.

자신감을 얻은 이 회장은 각종 특수장비와 중계기기, 섬유원단, 의류 등으로 수입 품목을 다변화했다. 목재와 고무 등 인도네시아 특산품들을 한국과 싱가포르에 수출하는 일도 시작했다.

성공과 실패는
동전의 양면이다

발명왕 에디슨의 말대로 실패는 성공의 어머니다. 에디슨은 전등을 발명하는 과정에서 무려 2000여 번의 실패를 겪었다. 그러나 에디슨은 이런 숱한 실패를 목표 지점에 도달하기 위한 2000여 개의 계단이었을 뿐이라고 말했다.

미국 메이저리그의 신화인 베이브 루스는 홈런 714개를 날렸지만, 그 배에 가까운 1330번이나 되는 삼진을 당했다. 김연아 선수가 세계 피겨 여왕으로 등극하기까지는 아름다운 점프 동작 하나하나를 익힐 때마다 1만 번 이상의 고통스런 연습을 거쳐야 했다. 성공과 실패는 동전의 양면인 것이다.

한밤중에 드는 밤손님처럼 시련은 예고 없이 찾아온다. 손대는 사업마다 성공을 하며 승승장구하던 이 회장에게 1986년 어느 날 갑자기 고난이 닥쳤다. 하루아침에 길바닥에 나앉아야 할 정도로 어려운 상황을 맞게 된 것이었다.

"동업자인 화교가 거액의 회삿돈을 챙겨 잠적을 해버렸어요. 바이어들의 물품대금까지 중간에서 가로챈 뒤 도주를 했더라고요."

당장 현금 유동성에 문제가 생기기 시작했다. 물건을 들여올 자금은커녕 당장 자동차 기름 넣을 돈이 없을 정도였다. 좁은 시장바닥에 금방 소문이 돌았다.

기존의 바이어들이 물건 주문을 꺼리기 시작했다. 마치 가파르게 하늘로 치솟던 연이 급전직하 땅으로 처박힌 형국이었다. 불과 1년 전

한국 정부의 석탑훈장까지 받을 정도로 기세를 떨치던 그가 직원들의 월급을 주지 못할 정도로 궁핍한 처지에 몰린 것이다.

"사업이 잘 풀리니까 저도 모르게 교만해졌던 거예요. 직원들에 대한 관리가 느슨해지고 경계심도 없어졌던 겁니다."

그사이 직원들은 30여 명으로 불어나 있었다. 꼭 필요한 직원 5명만 남겨놓고 모두 정리했다. 7대나 되던 회사 차량도 한 대만 남기고 팔아 치웠다. 바닥부터 다시 시작해야 하는 상황이었다.

평소 친분이 있던 한국 기업인들에게 도움을 청했지만 하나같이 외면했다. 고립무원의 절박한 상황이었다. 자신의 회사가 입주해 있던 19층 사무실에서 투신하고 싶을 정도로 절망감이 엄습했다. 그러나 그때마다 사랑하는 아내와 어린 두 아들의 얼굴이 어른거렸다. 죽을 용기로 다시 한번 일어서기로 결심을 했다.

깜깜한 어둠 속에서 한줄기 빛을 던져준 것은 이 회장이 거래하던 인도네시아 현지 은행이었다. 회사를 되살리기 위해 이리 뛰고 저리 뛰던 그에게 선뜻 담보 없는 신용대출을 해주었던 것이다. 이번에도 이 회장이 은행거래를 하면서 쌓아두었던 신뢰가 빛을 발했던 것이다.

주거래 은행의 신용대출을 받게 되면서 화교들도 하나둘 도움의 손길을 내밀기 시작했다. 자금의 숨통이 트이며 인도네시아 정부 사업의 입찰에도 다시 참여할 수 있게 되었다. 사업은 금방 안정을 되찾았다. 1년여 만에 은행 빚을 청산할 수 있었다.

선택과 집중

L   자신감을 되찾은 이 회장은 새로운 사업영역으로 투자를 늘려갔다. 1987년 인도네시아 사람과 공동으로 '보카치타'라는 식품회사를 설립했다.

보카치타는 첫 사업으로 망고와 망고스틴 등 인도네시아의 과일을 싱가포르에 수출하는 사업을 시작했다. 보카치타가 벌인 두 번째 사업은 한식당이었다. 자카르타 한복판에 고급 한식 전문점을 열었다. 한국의 최고 요리사를 영입한 덕인지 식당은 곧바로 자리를 잡았다.

1991년에는 지금의 메디슨 자야리야를 설립해 의료기기 수입판매 사업을 시작했다. 당시 한국의 독지가들이 칼리만탄 원주민들을 위한 병원을 세우고 있었다. 봉사단의 일원으로 참가를 했던 이 회장이 병원 설비를 갖추는 일을 맡으면서 의료기기 수입 쪽으로 눈을 돌리게 된 것이다.

1992년엔 한국의 유명 의류회사와 손을 잡고 봉제공장을 차렸다. 한국의 동업자가 기술지원과 판매, 영업을 전담하는 것은 물론 적정 이윤까지 보장해주겠다고 약속을 했다. 이 회장은 공장 설립에 필요한 시설투자와 운영을 책임지는 조건이었다. 종업원을 1500명이나 고용하는 큰 규모의 투자였다. 그러나 적정 이윤을 보장해주겠다던 한국 동업자의 말은 공수표였음이 드러났다. 공장은 수익을 한 푼도 내지 못한 채 밑 빠진 독에 물을 들이부어야 하는 상황이 이어졌다.

고대 중국의 병법서인 《손자병법》은 현대 자본주의의 생존경쟁에도 그대로 적용된다. 《손자병법》의 마지막 자리를 차지하고 있는 36계는

'주위상(走爲上)', 즉 줄행랑이다. 상황이 여의치 않을 경우 도망가는 것이 최고의 방책이라는 뜻이다.

훌륭한 경영자는 적기에 투자를 감행하는 판단도 잘 내리지만, 미래 가능성이 불투명한 사업을 과감하게 접는 결단도 신속하게 내린다. 이 회장은 봉제공장에서 손을 떼기로 결심을 한다. 초기 시설비용과 운영자금 등 모두 200만 달러의 자금이 물려 있는 상황이었지만, 발을 담글수록 더욱 수렁으로 빠져들 것이라는 판단을 했던 것이다.

"훌륭한 사업가는 상대방에게 유익을 안겨주는 사람입니다. 힘을 바탕으로 한 갑을 관계가 아닌 상생의 관계가 사업거래의 기본이지요. 상대방 덕으로 내가 돈 벌 궁리만 하면 거래가 지속될 수 없습니다. 사업은 덧셈의 예술입니다. 중간 어느 단계에서도 뺄셈이 발생하면 무너집니다. 덧셈의 과정이란 반드시 물질적 부가가치 창출을 말하는 게 아닙니다. 인간관계의 부가가치 창출이나 정보제공, 재능기부 등 여러 형태의 덧셈이 있습니다. 봉제공장 사업은 저에겐 뺄셈의 과정이었어요. 당시 큰돈을 날렸지만 큰 교훈도 얻었습니다. 새로운 사업을 할 때는 자본, 기술, 판매 등 세 가지 중 두 가지는 자기가 알고 있는 분야여야 한다는 사실입니다. 내가 사업의 열쇠를 쥐고 있어야 해요. 자기의 힘으로 통제하지 못하는 외부변수들이 많은 사업은 언젠가 실패할 수밖에 없습니다."

2005년 한식당과 과일 수출 사업도 접었다. 두 사업 모두 제법 흑자를 내고 있었지만, 자기의 힘으로 통제할 수 없는 외부변수들이 너무 많다는 판단을 내린 것이다. 우선 한식당에는 달러 기준으로 월급을 주는 한국인 직원들이 여럿 있었다. 환율의 등락에 따른 급여의 변

124

동폭이 너무 들쭉날쭉했던 것이다. 음식점과 과일 수출 사업은 시간과 열정을 많이 소모해야 하는 사업이기도 했다. 사장이 맛과 서비스의 질을 직접 챙겨야 한다. 사장이 잠깐 한눈을 팔아도 여기저기 구멍이 나는 분야인 것이다.

사람의 시간과 열정, 능력은 한정돼 있는 자산이다. 이 회장은 자신이 식당업과 과일 사업에 쏟아붓는 시간과 열정, 그에 따른 경영 결실을 따져보기 시작했다. 당장 수중으로 들어오는 수익을 생각할 것인가, 아니면 지속가능성이 높은 핵심 사업에 역량을 집중할 것인가. 2005년 고민 끝에 보카치타의 지분을 모두 동업자에게 넘겨버렸다.

그러나 이 회장이 곁가지 사업을 정리하게 된 또 다른 이유는 그 무렵 야심적으로 시작한 부동산 개발사업 때문이었다. 2004년 12월 인도네시아 수마트라 섬의 최대 도시인 메단에서 진행 중이던 '로얄 수마트라 택지개발 사업'을 인수했던 것이다. 260ha나 되는 대단지 안에 골프장과 고급주택, 아파트, 상가, 호텔, 리조트, 학교 등을 건설해 분양하는 대규모 사업이었다. 기존의 사업들을 정리하고 의료기기 사업과 부동산 개발사업 등 중산층을 겨냥한 분야로 선택과 집중을 단행한 것이었다.

아침 일찍 이 회장과 함께 자카르타의 수카르노 하타 국제공항에서 비행기에 올랐다. 북서쪽으로 2시간 남짓 날아가 닿은 곳은 수마트라의 중심 도시인 메단이었다.

메단은 1860년대 네덜란드가 이 지역에서 대규모로 재배하던 잎담배를 반출하기 위해 건설한 항구도시다. 그 이후 고무와 차, 커피, 야자유 등의 농산물이 집산되는 상업도시로 번성했다. 1929년에는 유전까지 발견돼 석유도시로서의 명성까지 더해졌다. 지구촌의 감춰진 비경 중 하나로 꼽히는 토바 호수를 찾는 사람들이 반드시 거쳐야 하는 관광 거점도시이기도 하다.

차를 타고 30여 분 달렸을까. 메단의 중심가를 살짝 벗어난 한가로운 도로가에 'Royal Sumatra'라는 대형 입간판이 붙어 있었다. 늘씬한 야자수들의 사열을 받으며 정문으로 들어섰다.

도로 좌우로 상가와 식당가, 사무실 빌딩의 마무리 공사들이 한창이었다. 고풍스런 유럽의 거리를 연상케 하는 건물들이었다. 삼각형의 뾰족한 지붕을 한 멋들어진 건물 앞에 차가 멈추어 섰다. 단지의 한가운데 위치한 골프장 클럽하우스였다.

골프장 페어웨이가 내다보이는 클럽하우스 테이블에 앉았다. 이 회장이 직원에게 시원한 냉커피를 주문했다.

인도네시아는 아시아 최대의 커피 생산국이다. 전 세계적으로 따져봐도 다섯 손가락 안에 드는 커피 산지다. 네덜란드 사람들이 1696년 자바 섬으로 커피를 들여와 재배를 시작했다. 현재 인도네시아 최대의 커피 생산지는 바로 수마트라 섬이다.

직원이 내온 시원하고 달콤한 냉커피를 마시면서 이 회장의 이야기를 들었다.

"이곳 수마트라 골프장은 제가 인수를 하기 전인 1998년 개장을 했어요. 세계적인 골프장 설계업체인 미국 캘리포니아의 'JMP 골프 디자인 그룹'의 작품입니다. 전체 단지 규모는 260만m²입니다. 골프장을 중심으로 총 6개 주택단지를 조성했어요. 아파트는 1000세대, 단

독주택 1125세대입니다. 단지 안에서 모든 일을 해결할 수 있도록 호텔과 쇼핑센터, 식당가, 스포츠센터 등 각종 편의시설을 다 갖추고 있어요. 2008년엔 초중고 학생 600명 규모의 싱가포르 인터내셔널스쿨도 유치를 했습니다."

인도네시아는 깊은 밀림 속에 아직도 원시적 생활을 하는 부족들이 일부 남아 있는 나라다. 하지만 경제발전에 따른 도시화가 빠르게 진행되고 있다. 1990년대 말 금융위기 여파로 오랜 기간 침체의 늪에 빠져 있던 부동산 경기가 2010년부터 기지개를 켜기 시작했다. 주머니가 두툼해진 중산층들은 너도나도 내 집과 내 차, 텔레비전, 휴대전화 등을 갖추기 시작했다.

수마트라 최대 도시인 메단 역시 팽창을 하면서 주택 부족 현상을 보이기 시작했다. 메단의 지정학적 위치 또한 부동산 개발의 사업성을 높여준 요인이었다.

"메단은 싱가포르와 말레이시아 쿠알라룸푸르에서 비행기로 40분 거리입니다. 인도네시아 자국민들뿐 아니라 이웃 싱가포르와 말레이시아 사람들도 메단에 집을 사놓는 경우가 있어요. 메단은 또한 세계 20대 비경으로 꼽히는 토바 호수로 가는 거점도시입니다. 관광객들을 겨냥한 호텔과 골프장 사업도 전망이 매우 좋다고 할 수 있어요."

커피를 마신 뒤 단지를 둘러보기로 했다. 골프장 전동차를 타고 골프코스를 따라 달리기 시작했다. 아름드리나무들을 가득 보듬은 우거진 숲과 물새들이 한가롭게 노니는 호수들 사이로 펼쳐진 골프코스는 매 홀마다 한 장의 그림엽서를 만들어내고 있었다.

골프장 주변으로 6개의 마을이 자리를 잡고 있었다.

"골프장에 접한 집들은 중대형 단독주택들입니다. 도심 속 전원생활을 원하는 고객들을 겨냥한 설계입니다. 단지 입구 쪽으로는 중소 평형의 연립주택과 아파트를 지었습니다. 젊은 부부들의 쇼핑과 출퇴근 동선을 고려한 배치입니다."

평일 한낮인 탓인지 골프장 내장객들은 거의 보이지 않았다. 잡초를 제거하는 직원들의 모습만 눈에 띌 뿐이었다. 이 회장은 골프장 잡초를 없애는 데 가급적 농약을 쓰지 않고, 사람의 손으로 작업을 한다고 했다. 환경도 보호하고 지역주민들을 위한 일자리도 만들어내는 일석이조의 방법이기 때문이라고 했다.

"제가 돈을 번 것은 인도네시아 사람들 덕입니다. 이곳 주민들에게 유익을 줄 수 있는 방법이 있다면 뭐든 해야지요. 앞으로 사회기여 차원에서 육영사업을 하려고 합니다. 우선 초중고를 지어서 운영을 해보고 잘되면 대학까지 확대를 할 생각입니다."

세상은 도전하는 사고뭉치에게 기회를 열어준다

자카르타의 잘란 수디르만은 서울의 세종로 혹은 테헤란로쯤에 해당하는 중심도로다. 잘란 수디르만을 중심으로 하늘을 찌르는 마천루 빌딩들과 붕 카르노 종합경기장, 대형 쇼핑센터 등이 몰려 있다. 잘란 수디르만에 위치한 '수디르만 센트럴 비즈니스 디스트릭트

(SCBD)'는 자카르타 최고의 상업시설들이 들어서 있는 곳이다.

이 회장은 잘란 수디르만에 있는 고급 아파트에 살고 있었다. 집으로 들어서자 거실엔 30여 명의 학생들이 북적북적 모여 있었다. 자카르타 빈민촌에서 봉사활동을 하기 위해 온 충북 음성의 글로벌선진학교 학생들이었다. 식당에서는 채영애 여사가 각종 한식요리를 푸짐한 뷔페식으로 차려 내고 있었다. 한국의 교회나 학교의 봉사단체들이 올 때마다 이 회장 집에서 벌어지는 풍경이었다.

인도네시아로 봉사를 오는 단체들을 초청해 식사 대접을 하는 것은 물론 체재비 및 활동비까지 꾸준하게 지원을 하고 있다. 자카르타 한인연합교회 장로인 그는 인도네시아 한인기아대책기구 이사장을 맡는 등 각종 봉사활동에 직접 나서고 있다.

이 회장에게 한국 젊은이들에게 꼭 전하고 싶은 이야기를 한마디 청했다.

"정든 고향을 떠나 새로운 삶을 개척한 아브라함을 본받아야 합니다. 요즘 우리 젊은이들에게는 모험심과 도전정신이 너무 부족해요. 한국의 부모들이 문제입니다. 자녀들을 너무 모범생으로 키우려 합니다. 젊은이들은 모범생으로 크는 것보다 뭔가에 몰두하고, 도전하고, 미쳐야 합니다. 비록 문제를 만들고 실패를 하더라도 도전을 하는 용기를 지녀야 합니다. 그런 친구들에게 발전 가능성이 있어요. 우리 사회에 널려 있는 게 모범생들입니다. 직장에서도 모범생들은 조기퇴직 대상 1호가 될 뿐입니다. 세상은 모범생보다는 도전하는 사고뭉치들에게 더 많은 기회를 부여합니다."

겨자씨는 아주 작은 씨앗이지만, 나중엔 하늘의 새들이 깃드는 큰 나무로 자란다. 그의 집에서 맛있게 식사를 하는 학생들을 보면서 이 회장이야말로 숱한 새들을 품는 한 그루 무성한 겨자나무로 성장한 게 아닐까 하는 생각이 들었다.

정든 고향을 떠나 먼 타향에서 새로운 터전을 일군 아브라함처럼 그 역시 낯선 땅 인도네시아에서 멋진 삶을 일군 것이다. 이호덕 회장에겐 인도네시아야말로 젖과 꿀이 흐르는 기름진 가나안 땅이었던 셈이다.

05

남미의 K-푸드 전도사
하윤상 강승은 부부

BRAZIL

BRAZIL

"시식행사에서 고추장으로 버무린 닭강정을 먹어본 브라질 사람들이 고추장을 찾기 시작했어요.
우리나라 고추장이 매콤달콤하고, 아주 개운하면서도 깊은 맛을 지니고 있잖아요. 맵고 단 것을
좋아하는 브라질 사람들이 거부감 없이 받아들일 수 있는 새로운 맛을 발견한 거지요."

KOREAN

남미의 K-푸드 전도사

하윤상 강승은 부부

DIASPORA

싱그러운 나무들로 들어찬 완만한 구릉이 물결치듯 부드럽게 흐르고 있었다. 그림 같은 집들이 숲속에 점점이 박혀 있었다. 말끔하게 포장된 도로가 마을들을 연결하고 있었다. 한눈에 중산층 이상의 부자들이 사는 아름다운 전원도시임을 알 수 있었다.

브라질 수도 상파울루에서 북서쪽으로 80km 떨어진 인구 50여만 명의 빙예도라는 곳이다. 시내 한가운데 대형 쇼핑센터 하나가 들어서 있다. 브라질 전역에 96개의 체인점을 지니고 있는 후시(Russi)였다.

차를 대기 위해 노상 주차장으로 들어섰다. 그런데 이게 무슨 일일까. 반갑게도 귀에 익은 한국말 노래가 큰소리로 울려 퍼졌다. 우리나라 인기 걸그룹인 2NE1의 〈내가 제일 잘나가〉라는 노래였다. 주차장 입구엔 브라질어로 '싸볼 다 꼬레아(진정한 한국의 맛)'라고 쓰인 큼지막한 휘장이 걸려 있고, 그 옆엔 태극기가 나란히 붙어 있다.

야외 조리대에서는 하얀 가운을 입은 한국인 요리사 두 명이 불고기와 닭강정, 야채튀김을 만들고 있었다. '파이팅 코리아'라고 새겨진 붉은 티셔츠를 입은 사람들이 방금 만들어낸 불고기와 닭강정, 잡채를 작은 시식용 접시에 담아 손님들에게 권하고 있었다. 시식코너 앞에는 우리나라에서 들여온 라면과 과자, 음료수, 소주 등이 예쁘게 진열돼 있었다.

음식 이외에도 손님들의 눈을 끄는 게 한 가지 더 있었다. 한쪽 테이블 위에 노트북과 프린터를 갖추어놓고 손님들의 이름을 한글로 타이핑해 프린트를 해주고 있었다. 손님의 이름을 한글 궁서체로 큼지막하게 타이핑하고 그 밑에 작은 활자로 알파벳 이름을 병기한 뒤 A4용지로 프린트해 나눠 주고 있었다. 손님들은 한글로 적힌 자신의 이름을 신기한 듯 바라보며 기뻐했다.

브라질 사람들의 이목구비를 한꺼번에 자극하는 한국 음식 시식행사였다. 귀로 K-팝을 들으며 행사장에 들어선 손님들이 눈으로 한국 요리를 하는 과정을 보고, 코로 맛있는 냄새를 맡고, 입으로 직접 맛을 보고, 아름다운 한글까지 소개받는 공감각적인 이벤트였다.

브라질 한복판에서
한식 축제를?

　　50대 중반의 한 남자가 시식행사장을 돌며 고객들의 반응을 유심히 살피고 있었다. 고객들의 손이 어느 음식으로 더 가는지를 세심하게 살피는 중이었다. 토요일과 일요일마다 상파울루 인근의 대형마트들을 돌며 '진정한 한국의 맛' 행사를 벌이고 있는 하윤상(58) OG컴퍼니 사장이었다.

　　1994년 봉헤치로의 '오뚜기슈퍼'라는 작은 구멍가게에서 출발한 하 사장과 그의 부인 강승은(55) 여사는 지난 20여 년 동안 우직하게 한국 식품을 브라질에 전하는 'K-푸드의 전도사' 역할을 해오고 있다.

　　OG컴퍼니는 라면과 소주, 고추장, 된장, 새우깡, 초코파이, 봉봉 주스 등 1500여 종의 한국 제품을 브라질로 들여와 판매하는 식품 도소매 기업으로 연간 800여 만 달러의 매출을 올리고 있다. 한 해 한국에서 브라질로 들여오는 한국 식품이 무려 200~250개 컨테이너 분량이다. 2016년 리우데자네이루 올림픽 당시에는 국제올림픽위원회(IOC)에 한국산 김치를 두 컨테이너 납품 판매하기도 했다.

　　상파울루 시내 한복판인 아클리마사웅에 자리한 한식집 '빛고을'과 한인 동포들의 밀집 거주지역인 봉헤치로에 있는 '종로떡집'과 K-팝을 즐길 수 있는 한국식 노래방 '드림21'도 하 사장 부부가 운영하는 곳들이다.

　　하 사장은 특히 포도와 오렌지, 커피의 나라인 브라질에 한국산 포도주스와 오렌지주스, 커피믹스를 팔고 있는 수완가이다. 2011년 3월

11일 일어난 후쿠시마 원전사고 이후엔 일본인 마켓을 한국 식품으로 뒤덮다시피 하고 있다.

한동안 한국 음식 시식행사를 지켜보다가 하 사장과 함께 슈퍼마켓 매장 안으로 들어섰다. 토요일 오후 장을 보러 온 쇼핑객들로 북적이고 있었다. 놀랍게도 사람들 눈에 가장 잘 띄는 입구 쪽에 한국산 과자와 음료수, 식품들이 빽빽하게 진열돼 있었다. 한국산 라면과 우동, 소주, 주스, 새우깡과 초코파이, 사탕 등이 한글 포장 그대로 버젓이 자리를 잡고 있었다.

고추장과 된장, 미역, 냉동만두, 부침가루 등 한국 음식 식재료들도 판매대의 널찍한 공간을 차지하고 있었다. 도대체 한국 사람이라곤 그림자도 보이지 않는 상파울루 외곽의 한적한 전원도시에서 번듯한 규모로 우리나라 식료품들을 팔고 있다는 게 신기하기조차 했다.

매장 안쪽으로 들어서자 그곳에도 한국 식품 코너가 따로 마련돼 있었다. '남해안산 청정미역'이라고 쓰인 미역을 비롯 라면과 당면, 국수, 고추장 등이 진열돼 있었다.

"시식행사에서 고추장으로 버무린 닭강정을 먹어본 브라질 사람들이 고추장을 찾기 시작했어요. 우리나라 고추장이 매콤달콤하고, 아주 개운하면서도 깊은 맛을 지니고 있잖아요. 맵고 단 것을 좋아하는 브라질 사람들이 거부감 없이 받아들일 수 있는 새로운 맛을 발견한 거지요. 시식행사를 통해 고추장 맛을 선보인 이후 500mg짜리 고추장의 매상이 부쩍 늘기 시작했습니다. 미역은 주로 일본 사람들이 가끔 찾더라고요."

한국 사람들 그림자도 찾아보기 어려운 브라질 외딴 도시에서 고추장을 판다는 건 아프리카에서 밍크코트를 팔고, 에스키모 사람들에게 냉장고를 파는 일보다 더 어려운 일이 아닐까. 그런데 후시처럼 브라질 전국에 매장을 갖춘 대형 슈퍼마켓을 어떻게 뚫을 수 있었을까. 언제부터 하 사장은 'K-푸드 전도사'로 브라질 지방도시까지 공략하기 시작했을까.

"매년 5월이면 '브라질 슈퍼마켓 박람회(APAS)'가 열립니다. 1985년부터 시작한 행사인데 브라질의 대형 슈퍼마켓 550여 개 회사가 참가를 합니다. 슈퍼마켓에서 판매하는 모든 제품들을 소개하는 어마어마한 박람회예요. 저희 OG컴퍼니는 2000년부터 참가하기 시작했어요. OG컴퍼니 부스를 만들어 고추장과 된장, 라면, 주스, 사탕, 과자 등을 전시하기 시작했습니다. 그런데 2002년 한일 월드컵이 열렸잖아요. 브라질 사람들이 한국에 대해 부쩍 관심을 갖기 시작하더라고요."

하 사장은 그 관심을 한국 식품 마케팅으로 연결해야겠다는 생각을 했다.

"한국의 맛을 대표하는 음식이 뭡니까. 바로 고추장이죠. 2002년 한일 월드컵이 열리기 직전에 열린 APAS 박람회 때 오이를 고추장에 찍어 먹는 시식행사를 했습니다. 브라질 최고 모델을 시식행사 도우미로 고용을 했어요. 매우면서도 달콤하고 깔끔한 고추장 맛을 브라질 사람들에게 소개하기 시작한 거지요. 그 이후로 한 번도 빠지지 않고 꾸준히 APAS 박람회에 참가를 했습니다. 이번 한국 음식 시식행사인 '싸볼 다 꼬레아'는 2014 브라질 월드컵을 계기로 기획한 마케팅 행사입니다. 월드컵 기간 동안 상파울루 인근 대형 슈퍼마켓 매장들을 선정해서 매주 토요일과 일요일 오후 4시부터 8시까지 한국 음식을 소개했지요. 그런데 슈퍼마켓 여러 곳에서 시식행사를 연장해달라는 요청이 들어오고 있습니다. 시식행사 이후 한국 식품 주문량이 제법 늘고 있어요."

고향의 맛이 그리울 때

처음 브라질 땅을 밟은 한국 동포들은 6·25 전쟁 반공포로들이다. 최인훈 소설 《광장》의 주인공인 이명준처럼 남북한행 모두를 거절한 반공포로들 중 일부가 UN의 주선으로 당시 중립국이었던 브라질로 오게 된 것이었다. 1956년 2월 4일 인도항공 특별기 편으로 뉴델리를 출발한 반공포로 55명이 이틀 후인 6일 리우데자네이루에 도착했다.

반공포로에 이어 브라질행을 택한 한국인들은 농업이민단이었다. 1962년 12월 18일 1차 농업이민자 107명이 부산항을 출발했다. 이들은 일본과 싱가포르, 인도양, 케이프타운, 대서양을 돌아 56일 만인 이듬해 2월 12일 브라질 산투스 항에 도착한다.

그러나 1차 브라질 이민자들 대부분이 농민이 아니었던 데다가 준비 부족과 현지적응 부족 등으로 영농이민은 실패로 끝나고 만다. 이후 1966년까지 1300여 명의 농업이민자들이 브라질로 들어오지만 이들 대부분은 상파울루 인근에 자리를 잡고 봉제업과 의류 도소매 분야에 종사를 하게 된다.

이민 51주년이 되는 2014년 현재 브라질 한인은 6만여 명으로 불어
났고, 이젠 의류업계뿐 아니라 기업인과 의사, 법조인, 교수 등 다양한
분야에서 두각을 드러내고 있다.

우리나라의 서울역에 해당하는 고풍스런 루스(Luz) 역을 지나 5분
정도 걸었을까. 프라테스 거리와 조세 파울리노 거리 코너에 '봉헤치
로(Bom Retiro)'라고 새겨진 대형 조형물이 우뚝 자리를 하고 있었다.
1500여 개의 한인 의류업체들이 밀집해 있는 패션타운의 시작을 알려
주는 표지판이었다.

거리엔 서로의 어깨가 부딪칠 정도로 인파가 넘쳤고, 쇼윈도마다
형형색색의 의상을 걸친 마네킹들이 지나가는 행인들을 유혹하고 있
었다. 이리 기웃 저리 기웃하는 사이에 길을 잃었다. 상파울루에 사
는 한인 동포 중 오뚜기슈퍼를 모르는 사람이 없다는 하 사장의 말이
떠올랐다. 지나가는 젊은 한인 한 분을 붙잡고 오뚜기슈퍼 가는 길을
물었다.

봉헤치로 한인들에게 OG컴퍼니는 여전히 오뚜기슈퍼로 통한다.
타국살이를 하는 한인 동포들이 고추장과 된장, 김치, 라면, 무, 배추
는 물론 새우젓, 오이지 등 고향의 맛을 구할 수 있는 곳이 바로 오뚜
기슈퍼였기 때문이다.

오뚜기슈퍼는 패션거리와 바로 어깨를 맞댄 조아낑물찡요 거리에
있었다. 작은 주차장이 딸린 건평 300m² 크기의 아담한 3층짜리 건물
이었다. 연건평으로 따지면 1000m² 정도 되는 공간이었다. 나란히 붙

어 있는 주차장 건물과 또 다른 3층짜리 상가 건물까지 모두 하 사장이 사들였다. 3개 동을 모두 합치면 건평만 1300m² 규모가 된다.

슈퍼마켓은 장을 보려는 사람들로 붐비고 있었다. 대부분 한국 동포들이었지만 브라질 현지인들의 모습도 제법 눈에 띄었다. 진열대의 제품들은 한국의 슈퍼마켓을 그대로 옮겨놓은 것처럼 국산 제품들로 채워져 있었다. 냉장고엔 매일매일 담가서 내놓는다는 김치들이 가지런히 놓여 있었다.

슈퍼마켓 카운터에서는 하 사장의 아내인 강승은 여사가 다른 직원 3명과 함께 밀려드는 손님들을 맞이하고 있었다. 2007년부터 남편이 벌이기 시작한 한국식품 도매사업 규모가 커지면서 슈퍼마켓 일은 강 여사가 전담을 하고 있었다. 카운터에 쌓이는 물건들의 바코드를 능숙한 손놀림으로 찍으면서 강 여사가 말했다.

"지난 이십 수년 동안 일 년 365일을 하루같이 주말도 없이 이 자리를 지켜왔어요. 일주일 내내 아침 8시에서 밤 10시까지 꼬박 가게 문을 열었습니다. 쉬고 싶어도 쉴 수가 없었어요. 상파울루뿐 아니라 브라질 지방도시에 사는 우리 동포들이 한국 음식을 사러 왔다가 발걸음을 돌리게 할 수가 없었기 때문입니다. 주말을 이용해 상파울루에 들른 김에 장을 봐서 내려가는 분들이 많았거든요. 그분들은 항상 이렇게 늦게까지 가게 문을 열어줘서 고맙다고 인사를 하셨어요. 지금은 늦게까지 하는 조그만 가게들이 몇 군데 생겼어요. 그런 영세한 가게들을 배려해서 지금은 저녁 8시까지만 영업을 합니다. 매달 셋째 주 일요일도 문을 닫고요."

사랑을 찾아
지구 반대편으로

하 사장 부부는 무슨 사연으로 지구 정반대편인 브라질 까지 와서 살게 된 걸까. 어쩔 수 없는 상황 때문에 흘러온 걸까, 아니면 적극적인 의지와 계획에 따라 이민을 온 걸까.

깊은 사연을 들으려면 아무래도 술을 한잔 함께하는 자리를 해야 한다. 오뚜기슈퍼에서 도보로 3~4분 거리에 있는 한 와인바에서 하 사장 부부와 함께 마주 앉았다. 1층과 2층은 '드림21'이라는 이름의 노래방이 자리하고 있었고, 3층 옥상 자리에 들어선 운치 있는 와인바였다. 노래방과 와인바 모두 2010년 5월 하 사장이 건물을 사들여 문을 연 업소들이라고 했다.

'드림21'은 브라질 최초의 노래방이다. 브라질에 K-팝 바람이 불기 시작할 무렵이었다. 한인 청소년들에겐 모국어 노래를 즐기고, 브라질 사람들에겐 K-팝을 배울 수 있는 장을 마련해준 것이었다. K-팝뿐 아니라 브라질과 중국, 일본 노래들을 깔아놨더니 금방 젊은이들이 어울려 노는 문화공간으로 자리를 잡았다.

하 사장에게 브라질에 오게 된 사연을 청했다.

"내가 브라질에 오게 된 건 순전히 첫사랑을 찾아서 온 겁니다. 저와 아내는 한 동네에서 살았어요. 제가 고등학교 2학년 때 서울 강남구 은마아파트로 이사를 갔는데 거기서 중학교 3학년이던 아내를 만났어요. 한 동네 오빠 동생으로 친하게 지냈습니다. 모르몬교 선교사들이 하는 영어 성경공부에도 함께 다니고 그랬으니까요. 그런데 어느 날 아내 가족이 훌쩍 파라과이로 이민을 가버리더라고요. 아내가 재수를 하면서 대입준비를 할 때였어요. 그때까지는 오빠 동생 사이인 줄로만 알고 있었습니다. 그런데 갑자기 떠나고 나니까 제 인생이 텅 비어버리더라고요. 그게 사랑이었다는 걸 깨닫게 된 거지요. 그래서 아내가 이민을 간 파라과이로 따라가게 된 겁니다."

강 여사가 당시를 회상하며 말을 이었다.

"몸은 한국과 파라과이에 뚝 떨어져 있었지만 계속 연락을 주고받았어요. 파라과이 이민 생활 때 저의 가장 큰 낙은 이 사람이 보내주는 연애편지를 받아 보는 일이었습니다. 우리 신랑이 참 다정다감한 사람이에요. 당시 가수 이장희의 〈나 그대에게 모두 드리리〉나 산울림의 〈내게 사랑은 너무 써〉 같은 히트곡들을 녹음한 테이프를 보내주고는 했지요. 녹음 테이프 마지막 부분에 '사랑한다, 보고 싶다'는 자기 목소리를 담아 저에게 보내주고는 했습니다. 그러던 어느 날 갑자기 일본으로 나가게 됐다는 편지를 보내왔더라고요. 느낌이 이상했습니다. 그러다가 영영 헤어지게 될 거 같았어요. 만사 제쳐두고 한국으로 들어갔습니다. 일본 대신 나랑 같이 파라과이로 가자고 설득을 했지요."

하 사장은 경기도 가평군 설악면에서 교육자 집안의 3남 2녀 중 막내로 태어났다. 고향 설악중학을 다니다가 2학년 때 서울로 전학을 했다. 휘경중학교와 경신고교를 거쳐 인하공대 건축과에 입학했다. 5·18 광주민주화운동 등 반독재 투쟁이 거세게 일던 1980년 대학에 입학한 하 사장은 학생운동에 가담했다가 군으로 강제징집을 당한다. 1982년 9월 제대를 한 하 사장은 복학을 하지 않고 취업을 하게 된다.

"대학으로 돌아가고 싶지가 않았어요. 우선 사회생활을 좀 하고 싶었습니다. 저보다 열두 살 많은 큰형님이 전자제품 수출업을 하고 있었어요. 큰형님 거래처인 일본 기쇼전자 한국 지사에 취직을 했습니다. 경북 의성군 탐리에 있는 기쇼전자 자재과에 배치를 받았습니다. 거기서 근무를 하다 보니 일본에 나가서 일을 해보고 싶더라고요. 저는 어린 시절부터 외국에 대한 동경이 많았습니다. 자주 외국 출장을 다니는 큰형님이 참 부러웠어요. 기쇼전자에 취직을 한 지 1년쯤 됐을 무렵 회사에 일본으로 보내달라고 청을 넣었지요. 선뜻 보내준다고 하더라고요. 그래서 파라과이에 있던 이 친구에게 일본으로 가게 될 거 같다고 편지를 썼지요. 그랬더니 화들짝 놀라서 한국으로 날아오더군요."

강 여사는 1녀 2남의 장녀로 서울에서 태어났다. 아버지는 오랜 세월 서울시청 공무원을 하다가 건설회사 임원으로 자리를 옮겼다. 그러던 와중에 수십 년 퇴직금을 엉뚱한 곳에 투자를 하는 바람에 몽땅 날리고 만다. 상심한 부모님은 남미 이민을 결심하게 된다. 마침 어머니의 친구 중 파라과이로 이민을 간 분이 있었기 때문이다. 서울 영동여고를 졸업한 뒤 재수를 하면서 대입시 준비를 하던 강 여사는 1983년 부모님을 따라 파라과이로 가게 된다.

"파라과이에 도착하자마자 식당을 시작했어요. 수도인 아순시온의 버스터미널 바로 앞에 파라과이 전통 고깃집인 파릴야다 전문점을 인수했습니다. 그릴에 구워 낸 각종 고기와 소시지, 밥, 감자튀김 등을 파는 식당이었어요. 사람들의 왕래가 많은 버스터미널 앞이어서 손님들이 정신없이 몰려들었습니다."

부모님과 강 여사, 그리고 남동생 두 명 등 다섯 식구가 달라붙어서 식당 일에 매달렸다. 자정 무렵에나 문을 닫아야 하는 고달픈 생활이었다.

"눈코 뜰 새 없이 바쁜 와중에 신랑으로부터 편지가 왔어요. 일본으로 가고 싶다고 하더라고요. 그러다가 사랑하는 사람을 놓칠 거 같은 조바심이 일었습니다. 1987년 5월 만사 제쳐놓고 한국으로 날아왔습니다. 일본으로 갈 바에야 저랑 같이 파라과이로 가자고 했지요. 신랑이 두 달 정도 고민을 하더니 일본 회사를 그만두더라고요. 한국으로 나온 김에 아예 결혼을 서둘렀습니다. 그해 9월 13일 결혼을 했지요."

봉헤치로 상권을 거머쥔 한국인들

ㄴ 1987년 11월 22일 하 사장 부부는 파라과이 아순시온에 도착했다. 낮에는 아내랑 같이 스페인어를 배우러 아순시온 문화원에 다니고, 저녁시간에 둘이서 식당 일을 도왔다.

아내가 첫딸인 설희(브라질 명 하모니카)를 임신했다. 아내를 데리고 병원을 찾았던 하 사장은 큰 실망을 하고 만다. 의사와 간호사들의 가운은 땟국물이 낀 채 꾀죄죄했고, 의료시설들도 열악하기 짝이 없었다. 이런 곳에서 아이를 낳는다는 게 불안하기만 했다.

그러던 중 식당을 이용하는 한국 동포들로부터 솔깃한 이야기들이 들려왔다. 브라질을 왕래하는 한국인들 중 터미널 바로 앞에 있는 강

144

여사네 식당을 이용하는 이들이 많았다. 그들에게서 들은 브라질은 사람도 물자도 넘치는 큰 나라였다.

"브라질을 왔다 갔다 하는 사람들이 말하는 상파울루는 별천지였어요. 거리에 사람들도 넘치고, 물자도 풍족하고, 장사도 너무 잘된다는 거였습니다. 아무래도 상파울루에 한번 가봐야겠다는 생각이 들더라고요. 1988년도 8월 혼자 브라질로 밀입국했습니다. 상파울루에 왔더니 사람 사는 곳 같더라고요. 파라과이랑 천양지차였어요."

듣던 대로 상파울루는 휘황찬란한 대도시였다. 봉헤치로의 거리를 가득 메운 옷가게, 액세서리와 신발 가게, 음식점 등의 주인이 놀랍게도 한국인들이었다. 재봉틀 몇 대로 봉제공장을 시작했던 한국인들이 1980년대 후반에 들어서면서 봉헤치로의 상권을 거머쥐기 시작했기 때문이었다. 하 사장은 비로소 사업가로서의 꿈을 마음껏 펼칠 수 있는 무대를 찾았다는 느낌에 부르르 몸을 떨었다.

하 사장은 우선 봉헤치로에서 작은 봉제공장을 하고 있던 고우석 사장과 공용구 사장을 찾았다. 장인과 장모님이 파라과이로 올 때 함께 온 '이민동창'들이었다.

"처갓집 식구들이 이민을 오기 전 서울 은마아파트에서 살았어요. 고우석 사장님은 그 아파트 상가에서 전파상을 하셨고, 공용구 사장님은 사진관을 하셨답니다. 장인 장모님과 함께 이민을 왔지만 두 분은 파라과이에 잠깐 있다가 곧바로 브라질로 건너오셨던 거지요. 두 분 모두 지금은 큰 패션의류 사업체를 운영하고 계시지만 당시엔 작은 봉제공장을 하고 있었어요. 그때 고우석 사장님과 공용구 사장님을 찾아가 상의를 드렸더니 당장 파라과이 생활 정리하고 브라질로 건너오라고 하시더라고요. 고우석 사장님은 자신의 매출장부까지 꺼내 보여주면서 장사가 엄청 잘된다고 자랑하셨습니다. 영주권 문제를 걱정했더니, 아이 하나만 낳으면 한 방에 해결된다고 했습니다."

강 여사가 말했다.

"마침 제가 첫아이를 임신 중이었어요. 1989년 1월 만삭의 몸으로 브라질로 밀입국을 했지요. 봉헤치로에 있는 공용구 사장님의 집이 제법 넓었습니다. 저희에게 방을 하나 내주시더라고요. 곁방살이 한 달여 만인 2월 9일 첫딸 설희가 세상에 나왔습니다. 온 가족의 영주권 문제를 한 방에 해결해준 효녀였지요. 설희를 낳은 다음 지금 오뚜기 슈퍼 바로 옆에 있는 아파트에 방 두 개짜리 작은 집을 얻었답니다."

1980~1990년대 브라질 경제는 개방화와 민영화 정책의 시행으로 고도성장을 이루고 있었다. 한 해 1000%를 오르내리는 인플레가 골칫거리였지만 물건은 없어서 팔지를 못할 만큼 장사는 잘됐다.

고 사장은 하 사장 부부에게 의류 행상인 '벤데'부터 시작하라고 했다. 벤데는 가가호호 방문하면서 물건을 파는 행상을 일컫는 말이다. 밑천 없이 곧바로 시작할 수 있는 일이었기 때문에 빈손으로 이민을 간 한국 동포들은 대부분 벤데로 초기 기반을 다졌다.

"벤데는 돈도 벌고, 말도 배우고, 길도 익히는 일석삼조의 일이었어요. 브라질 시장을 배우고, 브라질 사람들의 기호를 파악하는 데에도 벤데만 한 일이 없었습니다. 봉헤치로에 한국 동포가 운영하는 '우아미'라는 봉제공장이 있었습니다. 거기서 블라우스와 치마 등 여성의류를 떼다가 상파울루의 옷가게들을 돌면서 파는 일을 시작했어요. 아침 8시에 봉제공장으로 가서 견본제품을 챙겨서는 우리나라 남대문과 동대문 시장 격인 브라이스와 봉헤치로 일대의 옷가게들을 돌았습니다. 포르투갈어라고는 '봉지아(굿모닝)', '뚜두벵(잘 지내셨어요?)', '께레 꼼프라(사실래요?)' 등 고작 서너 마디밖에 못 하는 상황에서 손짓발짓으로 의사소통을 했습니다. 물건을 살 것 같은 기미를 보이면 봉제공장 사장님과 전화로 연결을 시켜주고는 했지요."

강 여사는 친정 식구들도 브라질로 불러들였다.

"1989년 10월 저희 부모님이랑 동생들도 아순시온의 식당을 정리하고 상파울루로 왔어요. 저희 부부가 브라질로 온 이후 식당 일을 꾸려가는 걸 힘들어하셨습니다. 뭘 하더라도 브라질이 파라과이보다는 더 나을 것 같아서 오시라고 했지요. 상파울루로 온 부모님은 작은 옷가게를 시작했습니다."

오뚜기슈퍼의 탄생

└ 브라질에서 봉헤치로 다음으로 한국 동포들이 많이 사는 지역은 아클리마사웅이다. 완만한 구릉 위에 조성된 아클리마사웅 거리는 봉헤치로에 비해 훨씬 깔끔해 보였다. 아클리마사웅은 모룸비, 이지에노폴리스 등과 더불어 상파울루의 부자들이 사는 동네 중하나다.

하 사장과 둘이서 저녁식사를 하기 위해 찾은 곳은 아클리마사웅에 있는 한식당 '빛고을'이었다. K-푸드와 K-팝의 전도사를 자처하는 하 사장이 운영하는 곳이다.

널찍한 홀 안으로 들어서자 빈자리를 찾을 수 없을 만큼 손님들로 가득했다. 하 사장이 미리 예약을 해둔 테이블에 앉아 수육 한 접시와 설렁탕, 소주 한 병을 시켰다.

"브라질 최고의 한국 음식점을 하고 싶었어요. 브라질 사람들에게 퓨전이 아닌 전통 한식의 깊은 맛을 알리고 싶었습니다. 한국 식품을 수입하는 OG컴퍼니 사업과도 시너지 효과를 낼 거라는 계산도 했고요. 2010년 3월 개장했습니다. 한국인과 외국인 손님 비율이 3대 7 정도입니다."

그런데 처음 브라질로 이민을 왔을 때 의류사업을 시작했던 하 사장 부부는 왜 식품사업으로 방향을 바꿨을까. 한국 동포들 대부분이 의류 및 패션 계통의 사업에 종사하고 있었고, 더군다나 자신을 도와주던 고우석, 공용구 사장도 봉제공장을 하고 있던 좋은 여건이었다. 벤데 일을 하면서 제법 돈도 잘 벌고, 옷가게 개업으로 안정을 찾아가던 상황이기도 했다.

"장모님의 음식 솜씨가 저희의 인생 항로를 바꿨다고 할 수 있지요. 저희가 처음 이민을 왔을 때만 해도 김치나 된장, 고추장, 미역 등 한국 음식은 귀하기 짝이 없는 것들이었습니다. 그런데 장모님은 브라질에서 나는 식재료를 사용해서 한국 음식 비슷한 맛을 내는 데 선수였어요. 브라질 사람들이 샐러드로 많이 먹는 아그리엉이라는 야채가 있어요. 장모님이 아그리엉에 된장을 풀어 국을 끓이면 영락없이 고향의 냉잇국이었습니다. 김치를 담그는 솜씨도 그만이었지요. 제가 장모님께 한국 식품점을 해보시라고 권해드렸지요. 결국 장모님이 청과물과 김치, 된장 등을 파는 한국 식품점을 시작하셨습니다.”

1992년 2월 드디어 지금 OG컴퍼니의 모태인 오뚜기슈퍼가 문을 열었다. 지금의 오뚜기슈퍼 길 건너편에 작은 청과물 가게를 차렸던 것이다. 청과물 도매시장인 ‘세아제스피’에서 배추와 무, 상추, 오이, 사과, 배, 포도, 오렌지 등 한국인들이 좋아하는 야채와 과일을 떼어다 가 팔기 시작했다.

처가 식구들보다 브라질 물정에 밝았던 하 사장은 틈나는 대로 오뚜 기슈퍼 일을 도와주지 않을 수 없었다.

“그때 저는 세 가지 일을 한꺼번에 했습니다. 아침엔 아내 옷가게 문 여는 거 도와주고, 낮에는 180km 떨어진 상파울루까지 가서 벤데 를 하고, 밤에는 세아제스피 시장에 가서 물건을 떼다가 오뚜기슈퍼에 배달해주는 일을 했지요. 오뚜기슈퍼 일을 마친 뒤 다시 180km를 달 려 집에 가면 자정을 넘기는 경우가 부지기수였답니다.”

그러던 중 큰처남이 파라과이에 사는 한국 처자와 결혼을 하게 된 다. 아순시온에서 옷가게를 크게 하는 집안이었다. 큰처남은 처가의 사업을 돕기 위해 아순시온으로 들어갔다. 장인이 하 사장에게 오뚜기 슈퍼 일을 맡아달라는 부탁을 해왔다. 나이 든 장인 장모님이 감당하 기엔 너무 힘든 일이었기 때문이다. 1994년 6월 벤데 일을 그만두고 오뚜기슈퍼 일에만 매달리기 시작했다.

근면과 성실은 아주 정확하게 셈을 해준다. 근면 성실은 성공을 위 한 ‘필요충분조건’은 아니지만 가장 기본적인 ‘필요조건’이다. 하 사장은 교장선생님의 막내아들로 태어나 금이야 옥이야 귀하게 자랐지만 근면 성실함을 몸에 타고난 사람이다. 그는 아침 8시에서 밤 10시까지 가게 문을 열었다. 가게 문을 열기 전에 준비하는 시간과 가게 문 닫은 후에 정리하는 시간까지 따지면 하루 16~17시간 일을 하는 셈이었다.

오뚜기슈퍼는 점점 한국 동포들의 사랑방 혹은 만남의 장소로 부상하기 시작했다. 사업규모가 커지면서 주말부부로 살기 시작한 지 1년 만에 아내도 리메라의 옷가게를 정리하고 오뚜기슈퍼 일에 합류하게 된다. 하 사장의 성실함에 강 여사의 야무짐이 결합을 하게 된 것이었다.

브라질의 국내총생산(GDP)은 2013년 기준 2조2457억 달러로 세계 7위에 해당하는 중남미 최대 경제대국이다. 2억 명에 육박하는 인구와 851만km^2나 되는 광활한 국토는 각각 세계 5위를 차지하고 있다.

브라질은 그러나 1990년대 중반까지만 해도 평균 수입관세를 32%나 부과할 정도로 높은 장벽을 두르고 있었다. 1995년에 이르러서야 비로소 평균 수입관세를 13.1%로 낮춘 이후 현재까지 비슷한 수준을 유지하고 있다. 이는 중국과 멕시코, 아르헨티나 등 브라질의 주요 경쟁국들에 비해 여전히 높은 수준이지만 그전에 비해 브라질의 문호가 크게 개방된 것은 사실이었다.

그동안 높은 관세 때문에 한국에서 물건을 들여올 엄두조차 내지 못하던 하 사장은 1997년 10월 20피트짜리 컨테이너 두 개 분량의 한국 식품을 수입했다. 청과물 위주의 구멍가게에서 벗어나 각종 과자와 음료수, 라면, 소주, 껌 등을 판매하는 한국 식품점의 위상을 제대로 갖추기 시작한 것이었다.

한국 동포들의 반응은 예상했던 것보다 훨씬 좋았다. 멀리 지구 반대편까지 건너온 소주와 새우깡, 초코파이 등은 고향의 맛과 냄새, 추억을 담뿍 담은 귀한 물건들이었다. 오뚜기슈퍼의 매출은 꾸준히 증가했다.

수입을 시작한 지 3년째 되던 해부터는 컨테이너 크기를 40피트짜리로 늘렸다. 어느덧 오뚜기슈퍼는 어엿한 한국 식품 무역회사로 발돋움을 하고 있었다.

그러나 한 기업을 일구다 보면 비바람 불고 눈보라 치는 날이 수시로 닥치게 마련이다. 하 사장에게도 시련이 닥쳐 왔다.

그땐 정말 한국으로
돌아가고 싶었어요

L "한국에서 물건을 들여오는 족족 잘 팔렸어요. 1999년 10월쯤 그해 연말 대목을 겨냥해서 물건을 잔뜩 들여왔습니다. 홍삼 세트와 은수저 등 비싼 제품들로 컨테이너의 절반을 채워서 왔어요. 별 탈 없이 통관도 마쳤고, 봉헤치로 창고까지 물건이 무사히 도착을 했습니다. 그런데 그때 경찰이 들이닥쳐서는 수입 관련 서류를 보여 달라고 하더라고요. 당시만 해도 종종 그런 일이 벌어지고는 했어요. 돈을 뜯어내기 위해 괜히 이런저런 트집을 잡고는 했던 거지요. 1만

달러를 달라고 하더라고요. 그때 한국인 통관사가 수입 절차상 아무런 하자도 없으니 돈을 주지 말라고 했습니다. 옥신각신하다가 결국 경찰서까지 가고 말았어요. 경찰서로 가니까 3만 달러를 요구하더군요. 우리 통관사는 계속 법으로 해결하자고 우겼고, 결국 저와 브라질 통관사는 현행범으로 구속돼 유치장에 갇히고 말았습니다."

덜컥 경찰서 유치장에 갇히는 몸이 되고 말았다. 반지하 유치장엔 마약사범과 살인 용의자 등 미결수 28명이 한 방을 쓰도록 돼 있었다. 몸 안에 흉기나 마약을 감추지 않았는지 검사를 한다는 이유로 아침저녁으로 팬티까지 홀딱 벗기고는 항문까지 들여다보는 모욕을 주었다.

식사시간이 되자 푸실푸실한 밥과 콩, 감자튀김 등을 은박지에 담은 도시락이 나왔다. 흉기로 사용될 수 있는 포크는 물론 숟가락조차 나오지 않았다. 도시락 뚜껑으로 사용된 두꺼운 종이를 접어서 숟가락 대용으로 사용하거나 맨손으로 집어 먹어야 했다.

첫날 밤을 뜬눈으로 지새웠다. 다음 날 아침 간수가 하 사장과 통관사 이름을 불렀다. 밖에서 손을 잘 써서 풀려나는가 보다 하고 나갔더니 방송용 카메라가 대기를 하고 있었다. 우리나라 〈추적 60분〉 같은 프로그램에서 취재를 나왔던 것이다.

수갑을 찬 채 경찰 손에 이끌려 세무서 앞마당으로 나갔더니 압수 당한 컨테이너 물건들을 진열해놓고 있었다. 하 사장은 졸지에 브라질 전역으로 나가는 TV방송 프로그램에 밀수범으로 등장하는 수모를 겪지 않을 수 없었다.

"한국인 통관사 말대로 변호사를 고용해서 소송을 벌였습니다. 하지만 여러 가지로 역부족이었어요. 수입 품목 리스트에 없는 물건들도 일부 들어 있었기 때문에 꼼짝없이 당할 수밖에 없었습니다. 물건은 몽땅 압수당하고, 3년 출국금지 판결을 받았습니다. 그때 모두 7만 달러 정도를 날렸지요. 그나마 초범이었기 때문에 보름 만에 풀려날 수 있었습니다."

막 일어서려는 작은 기업에게 7만 달러의 손실은 뼈아픈 타격이었다. 그러나 경제적 피해보다도 더 심각한 문제는 브라질에 대한 실망감이었다. 장밋빛 희망으로 가득했던 하 사장의 가슴엔 브라질에 대한 근본적인 회의와 좌절이 들어차기 시작했다. 한국으로 짐을 싸서 돌아갈 것인가, 그래도 브라질에 남을 것인가……

한창 방황과 갈등을 하고 있을 무렵, 브라질 이민 선배인 고우석 사장이 머리도 식힐 겸 며칠 여행이나 다녀오자고 했다. 두 사람은 브라질을 대표하는 미항 중 하나인 플로리아노폴리스 섬으로 5박 6일간 여행을 떠났다.

리우데자네이루 남서쪽 600km 지점에 위치한 플로리아노폴리스는 그림 같은 섬이다. 브라질에서 가장 긴 현수교인 819m짜리 에르실리우루스 연륙교가 플로리아노폴리스와 본토를 연결해주고 있다. 점점이 떠 있는 주변의 40여 개 섬들은 한 폭의 그림이다.

여행은 치유다. 자신을 겹겹이 에워싸고 있는 일과 사람, 환경으로부터 한 발 물러나는 것만으로도 치유가 된다. 다람쥐 쳇바퀴 같은 일상에서 벗어나는 것 자체가 충전인 것이다. 대화는 치유다. 누군가에게 가슴속에 맺힌 이야기를 털어놓고 위로를 받는 과정에서 치유가 이루어진다.

"고우석 사장님을 붙들고 며칠 동안 해안지방을 여행하기도 하고, 금발의 미녀들이 넘실거리는 도심을 걷기도 하고, 밤늦게까지 술을 마시면서 울분을 토로하기도 했습니다. 그때 고우석 사장님이 잡아주지 않았으면 정말로 한국으로 되돌아갔을지도 모릅니다. 고우석 사장님이 그러시더라고요. 이번 시련 한 번으로 너무 상심하지 마라, 하늘이 더 큰 사람을 만드시려고 단련시키는 과정으로 받아들여라, 브라질은 한번 승부를 걸어볼 만한 나라다. 인생 선배로서 고우석 사장님의 조언이 큰 도움이 되더라고요. 게다가 그곳에서 만난 브라질 주민들이 너무 친절하고 따뜻하게 대해주었습니다. 플로리아노폴리스의 주민들은 대부분 백인들입니다. 동양인 두 명이 돌아다니는 모습이 신기했었나 봅니다. 가는 곳마다 환대를 받았어요. 비로소 브라질 사람들을 머리가 아닌 가슴과 피부로 받아들이기 시작했지요."

여행을 통해 심기일전한 하 사장은 전보다 더 열심히 일에 매달리기 시작했다. 오뚜기슈퍼는 이미 한국 동포 사회에 뿌리를 내린 터였기에 회복은 빨랐다. 오뚜기슈퍼는 여전히 상파울루 한인 동포들의 사랑방으로 사랑을 받고 있었던 것이다.

하 사장은 2001년부터 상호를 오뚜기슈퍼에서 OG컴퍼니로 바꾸었다. 좀 더 엄밀하게 말하자면 서류상으로 오뚜기슈퍼를 폐업하고, OG컴퍼니라는 회사를 새로 차린 것이다. 세관 통관을 할 때나 위생국 단속이 있을 때마다 오뚜기슈퍼 이름에 따라다니는 불이익을 떨쳐버리기 위해서였다.

"로마에서는 로마법을, 상파울루에서는 상파울루 법을 따라야 합니다. OG컴퍼니로 거듭나면서 철두철미하게 브라질 식품위생 법규를 따르고 있습니다. 잡채나 불고기를 만들어 팔더라도 유통기한이나 원료, 첨가물 등을 규정에 따라 표기하고 있어요. 신문방송이나 요리 전문매체 등을 통해 5000년 역사를 자랑하는 한국 식품의 특징과 매력을 전하는 일에도 힘을 기울였습니다. 매년 5월에 열리는 '브라질 슈퍼마켓 박람회(APAS)'에도 꼬박꼬박 참석해 고추장과 된장, 라면, 불고기, 잡채 등을 소개하고 있습니다."

일본 슈퍼마켓의
안방을 차지한 소주

동양 분위기를 물씬 풍기는 거리였다. 연등 모양의 가로등과 사찰 모양의 건축물들, 주렁주렁 걸린 일본어와 중국어 간판 등이 동양 사람들이 많이 사는 지역임을 말해주고 있었다. 상파울루 한복판인 세(Se) 성당 인근에 위치한 리베르다지 거리였다.

리베르다지는 갈봉 부에노 지역엔 일본인들이 몰려 살고, 그로부터 두 블록 떨어진 콘셀레로 프루타도 지역엔 중국인촌이 형성돼 있다. 지나다니는 사람들도 일본인과 중국인 등 동양인의 모습이 다른 곳에 비해 유독 눈에 많이 띄었다.

리베르다지는 하 사장이 한국 식품 마케팅을 위해 공을 많이 들인 지역이었다. 한국 식품을 가장 많이 찾는 고객은 물론 우리 동포들이지만 그다음은 일본인과 중국인 등 아시아계 사람들이기 때문이다.

하 사장의 거래처인 일본 식품점들을 둘러보기 위해 하 사장과 함께 리베르다지를 찾았다. 하 사장이 'MARUKAI, 丸海'라는 간판이 달린 슈퍼마켓으로 들어섰다. 입구는 그리 커 보이지 않았는데 안으로 들어서니 대형 슈퍼마켓이었다.

"마루카이는 브라질 최대의 일본 식품 수입판매상입니다. 브라질에 사는 100여 만 일본인들과 중국인 등 동양계 고객들은 물론 브라질 사람들도 자주 이용하는 곳이에요. 지금은 우리 회사의 최대 고객 중 하나지요."

입구의 진열대에서부터 한국 식품들이 산더미처럼 쌓여 있었다. 된장과 고추장, 미역, 빼빼로와 봉봉, 초코파이, 새우깡, 라면, 소주 등 낯익은 우리 제품들이 한글 표지 그대로 진열대를 점거하고 있었다. 일본 식품점이 아니라 한국 식품점에 들어온 게 아닌가 하는 착각을 일으킬 정도였다.

"후쿠시마 원전사고가 일으킨 쓰나미 여파가 브라질까지 미쳤다고 보시면 됩니다. 브라질 슈퍼마켓에서 일본산 제품은 싹 쓸려 가버렸어요. 이곳에서 파는 물건의 80% 정도가 저희가 공급하는 한국산 제품들입니다. 후쿠시마 원전사고 이후 브라질 내 일본 슈퍼마켓에 들어가는 한국 식품이 3배 정도 늘었어요. 방사능 오염에 대한 우려 때문에 일본 식품은 팔리지가 않거든요. 김과 미역 등 해산물은 완전히 100% 한국산만 취급하고 있습니다. 한동안 중국산 식품들이 들어오면서 주춤하기도 했어요. 그런데 일본 소비자들의 입맛이 워낙 까다롭잖아요. 금방 한국산과 중국산 품질을 가려내더라고요. 후쿠시마 원전사고 여파로 일본 80여 개 슈퍼마켓은 우리가 완전히 장악을 했습니다. 우동 제품만 연간 다섯 컨테이너 정도 들여오고 있어요."

기회는 준비된 자에게만 주어진다고 했던가. 하 사장이 후쿠시마 원전사고 이후 곧바로 일본 슈퍼마켓에 한국 식품을 납품할 수 있었던 건 여러 해 동안 꾸준히 일본 슈퍼마켓 문을 두드리고 공을 들인 덕이었다.

하 사장이 처음 일본 식품점들의 문을 두드리기 시작한 건 1997년이었다. 인삼차, 우동 등 일본 사람들에게 인기 있는 품목들 위주로 들이밀었다. 사교성 있고 끈질긴 하 사장은 일본 슈퍼마켓 영업담당들과 꾸준히 어울렸고, 그 결과 비록 후미진 코너지만 한국 식품들이 마루카이 등 일본 식품점에 자리를 잡을 수 있었다.

"처음엔 우리 제품들이 잘 보이지 않는 진열대 구석에 처박혀 있었어요. 제품 하나 들이려면 얼마나 힘들었는지 모릅니다. 여간 까다롭게 군 게 아니었거든요. 그러다가 2000년대 들어서면서 한류 바람 덕을 조금 보기 시작했어요. 그런데 2011년 3월 후쿠시마 원전사고가 터지고 나니까 일본 수입업자들이 저에게 SOS를 보내더라고요. 브라질 정부에서 일본에서 들여오는 식품에 대해 검역을 엄격하게 실시하기 시작했기 때문입니다. 한동안은 방사능 오염 가능성 때문에 아예 들여오지를 못했었습니다. 힘들게 물건들을 들여놔도 일본 손님들조차 외면을 하는 상황이 된 거였어요. 그러던 어느 날 이곳 마루카이의 사장인 조니가 저를 좀 보자고 하더라고요. 바로 이곳 매장 사무실에서 만났어요. 첫마디가 한국 제품 좀 풀어달라는 거였어요. 그때 이후로 이곳뿐 아니라 80여 개 일본 슈퍼마켓 매장은 전부 한국

식품으로 채워 넣기 시작했지요. 우동 같은 경우는 아예 한국에서 일
본어로 된 포장을 따로 해서 들여오고 있습니다. 예전엔 소주가 일본
시장에 발을 붙이지 못했어요. 주로 자기 나라 술인 사케를 팔았으니
까요. 지금은 보시는 것처럼 소주가 일본 슈퍼마켓의 안방을 차지했
어요."

길이 끝나는 곳에서
길이 되는 사람들

└ 창문을 가린 커튼을 열어젖히는 순간 환호성이 저절로 터
져 나왔다. 넘실대는 푸른 대서양이 와락 달려들었기 때문이다. 23km
길이의 과루자 해변이 그림처럼 펼쳐져 있었다. 매끈한 갈색 피부의
젊은 연인들이 눈부시게 하얀 백사장 위를 걷고 있었고, 점점이 박혀
있는 알록달록한 파라솔 아래서는 가족들이 둘러앉아 단란한 시간을
보내고 있었다. 상파울루 남쪽 60여km 거리에 있는 과루자 해변의 하
사장 별장에서 내려다본 풍경이었다.

산토 아마로 섬에 있는 과루자 해변은 '대서양의 진주'로 불릴 만
큼 아름다운 곳이다. 해안을 따라 고급 별장과 주택, 호텔, 레스토랑
등이 들어서 있다. 상파울루 시민들이 가장 사랑하는 주말 휴양지 중
하나다.

하 사장의 초대를 받아 주말에 과루자에 있는 그의 별장을 찾았다.
과루자 해변에서도 가장 경관이 좋은 피탕게라 해변에 위치한 그의 별

장은 300m² 크기의 아파트형 별장이었다.

별장에 도착하자마자 하 사장이 건네주는 반바지로 갈아입고는 바닷가로 나갔다. 파라솔과 의자를 든 별장 관리인이 뒤를 따른다. 파도가 하얗게 부서지는 백사장 끝자락쯤에 파라솔을 펴고 앉았다. 황금빛 태양과 쪽빛 바다, 하얀 백사장을 쓰다듬고 온 따스한 바람이 기분 좋게 얼굴을 희롱한다.

바로 옆 파라솔에서 각종 음료와 아이스크림을 팔고 있었다. 우리는 얼음을 가득 채운 칵테일을 한 잔씩 주문했다. 이런 곳에서 마시는 술은 술이 아니라 낭만이요, 추억이다.

"브라질 사람들은 달콤하고 시원한 음료를 좋아해요. 술을 마실 때도 독주와 과일주스, 얼음을 섞은 칵테일 음료를 즐겨 마십니다. 멕시코에 용설란으로 만든 테킬라가 있고, 쿠바와 도미니카 등 카리브 연안 국가에 사탕수수 증류주인 럼이 있다면, 브라질에는 역시 사탕수수로 만든 카샤사와 핑가가 있습니다. 우리나라 사람들이 소주와 막걸리를 좋아하는 것처럼 브라질 사람들은 카샤사와 핑가를 즐겨 마십니다. 카샤사는 45도가 넘는 독주이고, 핑가는 37도 정도 되는 순한 술이지요. 브라질 사람들은 카샤사와 핑가에 라임과 설탕, 얼음을 넣고 칵테일한 카이피리냐를 즐겨 마십니다. 달달하고 청량감 있는 칵테일을 좋아하거든요."

우리가 마시고 있는 칵테일이 카이피리냐였다. 열대과일의 달달한 맛과 브라질 전통 독주인 카샤사의 톡 쏘는 맛이 입안을 가득 채운다.

그런데 이렇게 맛있는 생과일주스와 전통 독주로 만든 칵테일을 마실 수 있는 브라질에서 하 사장은 어떻게 한국산 과일주스와 소주를 팔 생각을 했을까. 하 사장은 지금 커피의 나라인 브라질에서 한국산 일회용 커피믹스를 팔고, 오렌지의 나라인 브라질에서 한국산 오렌지 주스를 파는 사람이다.

하 사장의 마케팅 포인트는 간편성과 휴대성이었다. 커피믹스는 뜨거운 물만 있으면 아무 데서나 커피 한잔을 해결할 수가 있고, 포도봉봉과 오렌지쌕쌕은 캔의 뚜껑만 따면 간단하게 칵테일을 만들 수 있다는 점을 내세워 브라질 시장을 파고들었다.

"2004년 무더운 여름이었어요. 주말에 머리를 식힐 겸 이곳 과루자 해변에 와서 혼자 쉬고 있을 때였습니다. 그때도 지금처럼 칵테일을 한잔 마시고 싶었어요. 파인애플 캬샤사 칵테일을 한잔 시켰더니 과일을 가느라 허둥허둥 하더라고요."

그때 불현듯 한국에서 주스를 가져오면 저런 고생을 하지 않아도 될 거라는 생각이 들었다. 그냥 따면 포도나 오렌지, 딸기 알갱이가 그대로 살아 있는 주스를 가져다 팔면 먹힐 거라는 계산을 한 것이다.

"몇몇 브라질 친구들에게 소주에다가 포도봉봉을 타서 먹어보라고 했습니다. 그 친구들이 깜짝 놀라면서 이거 먹히겠다고 하더라고요. 혹시나 하고 나이트클럽과 디스코텍, 술집 문을 두드리기 시작했습니다. 포도봉봉과 오렌지쌕쌕 등 한국산 주스를 들고 다니면서 시음을 해보라고 했지요. 생과일주스를 만드는 데 드는 재료비와 인건비, 시간 등을 대폭 절약할 수 있다고 설득했습니다. 반응이 괜찮더라고요."

그해 5월에 열린 '브라질 슈퍼마켓 박람회(APAS)'에서 브라질 최상급 모델들을 고용해 한국산 주스와 소주 혹은 보드카 등을 결합한 칵테일

시음회를 벌였다.

"다른 부스들은 썰렁했는데 우리 부스 앞에는 긴 줄이 늘어설 정도로 대박이었습니다. 이 광경을 미국계 다국적 할인매장인 샘스클럽 매니저가 눈여겨보았나 봐요. 까다롭기로 유명한 샘스클럽 쪽에서 먼저 납품을 하라고 요청을 하더라고요. 포도봉봉과 오렌지쌕쌕은 샘스클럽을 공략시킨 '트로이 목마'였어요. 고객들 반응이 좋은 걸 보고는 추가로 초코파이와 사탕, 과자 등을 줄줄이 주문하더라고요. 주스 사업에 손을 댄 지 3년 만에 음료 매출이 다섯 배나 뛸 정도로 큰 성공이었습니다. 한국에서는 인기가 시들해진 음료들을 제가 브라질에서 되살린 거지요."

현재 OG컴퍼니는 샘스클럽뿐 아니라 브라질 최대 슈퍼마켓인 펑지와 자파리, 마크로 등 대형매장 40여 곳에 한국 식품을 납품하고 있다. 펑지는 브라질 전역에 850개 체인점을 거느리고 있는 초대형 슈퍼 체인이다. 자파리와 마크로 역시 각각 300개와 85개 매장을 거느리고 있다.

이들 대형 슈퍼마켓 중 상파울루와 리우데자네이루, 브라질리아 등 대도시에 있는 상당수 점포들이 번듯한 규모의 한국 식품 코너를 두고 있다. 난공불락의 거대한 성채와도 같았던 브라질 대형 슈퍼마켓들이 한국 식품에 자리를 내준 것은 끊임없이 문을 두드린 하 사장의 집념의 결실이었다.

어느 시인의 말처럼 길이 끝나는 곳에서도 길이 있다. 하윤상, 강승은 부부는 브라질에서 한국 식품의 판로를 개척하는 새로운 길을 뚫고 있었다. 두 사람은 단순히 한국 동포들이나 중국, 일본 등 동양계 사람들을 상대로 한국 음식을 파는 게 아니라 브라질 사람들에게 고추장과 김치, 소주, 라면 등 한국 음식의 맛을 알리는 전인미답의 길을 내고 있었다.

하윤상, 강승은 부부는 길이 끝나는 곳에서, 길이 되는 사람들이었다.

06

카오야이의 불꽃

백인준

THAILAND

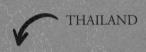

THAILAND

"당시 제 수중엔 맥주 세 캔을 살 정도의 돈밖에 없었습니다. 그걸로 맥주를 사 왔어요. 아내랑 마시면서 의논을 했지요. 한국에 들어가면 몇 천만 원짜리 전세라도 얻어야 하잖아요. 당시 그만한 돈이 없었어요. 죽으나 사나 태국에서 승부를 걸어보자는 결론을 내렸어요."

카오야이의 불꽃

백인준

병풍처럼 둘러쳐진 울창한 원시림에서 불어오는 초저녁 바람은 달고 시원했다. 유네스코 세계자연유산으로 지정된 카오야이 국립공원은 세계 5대 자연생태 보존지역으로 꼽히는 곳이다. 서울 면적의 3배가 넘는 울창한 숲속에는 2000여 종의 식물과 5000여 종의 곤충, 400여 종의 조류, 70여 종의 포유류 및 파충류가 서식하고 있다.

카오야이 국립공원의 아늑한 산자락에 그림처럼 아름다운 골프코스 18홀이 들어앉아 있었다. 태국 방콕에서 동북쪽으로 100km 떨어진 나콘나욕에 위치한 로얄힐스 골프장이다.

밤하늘에 별들이 총총 모습을 드러내기 시작했다. 클럽하우스 뒤쪽에서 신나는 록밴드의 연주소리가 울려 퍼지고 있었다. 야외 수영장 가에 마련된 작은 무대에서 전자기타와 드럼, 색소폰으로 구성된 3인조 록밴드가 경쾌한 가락을 연주하고 있었다.

별이 총총한
태국의 밤하늘에

넓은 뜰에는 깔끔한 만찬장이 마련돼 있었다. 양고기와 닭갈비 바비큐, 삼겹살 등을 굽는 냄새가 구수하게 번졌다. 제육볶음과 잡채, 김밥, 해물요리, 야채샐러드 등 20여 가지의 한국 요리들이 뷔페식으로 차려져 있었다.

손님들이 요리와 함께 맥주를 한잔 하면서 음악을 즐기고 있었다. 주변 야자나무들은 크리스마스트리 장식처럼 반짝이는 전구들을 허리에 감은 채 분위기를 돋우고 있었다.

록밴드 보컬의 노래와 기타 솜씨가 예사롭지 않았다. 록과 발라드, 트로트, 댄스 등 모든 장르의 노래들을 자유자재로 소화해내는 프로였다. 발라드 곡인 〈찻잔〉, 〈빗물〉에서부터 록 음악인 〈할아버지와 수박〉, 디스코댄스 곡인 〈한동안 뜸했었지〉, 트로트 〈봄날은 간다〉, 팝 발라드 〈카사블랑카〉, 〈더 사운드 오브 사일런스〉 등 다양한 장르의 노래를 매끈하게 연주하고 있었다.

기타를 치면서 노래를 하는 사람은 바로 1970년대 후반에서 1980년

대 중반까지 한국항공대 출신들의 록밴드 '활주로'에서 보컬로 활동을
하던 백인준(61) 씨였다. 활주로 11기 멤버였던 백인준 씨는 기타의 양
윤주, 베이스기타 양해진, 드럼 김종구, 키보드 임용혁 등과 함께 〈살풀
이〉, 〈불꽃〉 등의 노래를 발표했다.

1980년대 중반 가요계를 떠났던 백인준 씨가 무슨 일로 태국 골프
장의 가든파티에서 노래를 부르고 있는 걸까.

결론부터 말하자면 백인준 씨는 태국에서 전자 제조업체와 골프장
을 운영하고 있는 사업가다. 백 사장의 본업은 전자 제조업이다. 방콕
동쪽 방파콩 공단에 있는 KOA는 전화기와 전자계측기 등을 조립하는
일을 하면서 연간 40억여 원의 매출을 올리고 있다.

골프장 운영은 겨울 한철 계절사업으로 하고 있다. 추운 겨울에 따
뜻한 남쪽 나라에서 골프를 즐기면서 편안히 휴식을 취하려는 한국의
고객들을 겨냥한 계절사업이다. 백 사장은 겨울 한 철에만 로얄힐스를
통해 15억여 원의 매출을 올리고 있다.

최근에는 한국에서 막걸리 유통사업을 시작했다. 봄과 가을에는 한
국으로 건너와 막걸리 유통사업을 챙긴다. 주력사업인 KOA 일을 보
기 위해서는 매달 일주일 정도씩 방콕의 방파콩 공단에서 보낸다. 한
국과 태국을 안방에서 건넌방 오가듯 하면서 3개 사업장을 챙기고 있
는 것이다.

가요계를 떠났다고 해서 좋아하는 음악마저 등져야 하는 건 아니
다. 10년 전쯤 백 사장은 악기를 다룰 줄 아는 한국인 동포들과 함께
'방콕 K밴드'라는 이름의 록그룹을 결성했다. 일주일에 한두 번씩 만
나 악기를 연주하고 노래를 부르는 친목모임이다. 그러다가 내친김

에 로얄힐스 고객들을 위한 특별 서비스의 일환으로 연주를 하기 시작한 것이었다.

최근에는 활주로 원년 멤버들과 함께 앨범도 준비 중이다. 기타리스트 지덕엽, 베이시스트 김종태, 드럼·보컬 백인준의 3인조 밴드 '활주로 리턴즈'다.

기회의 신 카이로스

가든파티의 분위기가 점점 달아오르고 있었다. 처음에는 점잖게 테이블에 앉아 식사를 하던 손님들이 무대 위로 올라가 록밴드의 반주에 맞춰 저마다 한 곡씩 뽑기 시작했다. 의자에서 일어나 덩실덩실 춤을 추는 이들도 있었다. 한바탕 노래와 춤이 어우러진 축제의 시간이었다.

흥겨운 가든파티는 2시간여 만에 막을 내렸다. 손님들이 떠난 파티장에서 백 사장과 막걸리 잔을 기울였다. 막걸리 유통사업가이기도 한 백 사장은 태국에 머무는 기간 동안 자신이 마실 막걸리만큼은 떨어지는 일이 없을 정도로 넉넉하게 한국에서 공수를 해 온다고 했다.

"엄밀하게 말하자면 저는 매년 3개월씩만 이곳 로얄힐스의 사장입니다. 한국의 겨울철인 12월에서 이듬해 2월까지 로얄힐스를 통째로 임대를 해서 운영을 하거든요. 골프코스와 클럽하우스는 물론 골프장 내 호텔과 펜션, 식당, 종업원 등을 같이 빌리는 거지요. 로얄힐스 골프장을 감싸고 있는 카오야이 국립공원은 세계 5대 자연생태 보존지역으로 꼽히는 곳입니다. 거대한 원시림이 쏟아내는 녹색 바람과 향기를 접할 수 있는 힐링 캠프라고 할 수 있어요. 한국의 추운 겨울을 피해 따뜻한 남쪽 나라에서 휴식을 취하고 싶은 분들이 저희 골프장을 찾습니다. 일주일 이상 일정으로 오시는 분들이 많고, 두세 달씩 장기 체류를 하시는 분들도 여럿 있습니다. 10년 이상 인연을 맺은 오랜 단골들이 대부분입니다. 마치 한 식구 같아요."

태국에서 전자부품 제조업을 하던 백 사장은 어떻게 골프장 사업에 진출하게 됐을까.

그를 골프장 사업으로 끌어들인 사람은 프로골퍼 표창환 씨였다. 표 프로는 대한항공 보안 승무원 출신이다. 미국 로스앤젤레스 출장 중 숙소 앞에 있던 골프연습장을 찾은 것이 계기가 돼 골프의 길로 들어선 인물이다. 태권도 3단을 비롯해 만능 스포츠맨이었던 그는 골프 시작 6개월 만에 싱글 핸디로 진입했다. 1996년에는 한국프로골프(KPGA) 투어프로 자격을 획득했다.

"우리 회사 거래처의 부장님이 표창환 프로와 절친이었어요. 표 프로가 태국으로 전지훈련을 올 때마다 둘이서 골프를 하더라고요. 저도 두 사람과 함께 어울리기 시작했지요. 하루는 표 프로가 저에게 부탁을 하더라고요. 골프 연습생 50명 정도를 태국에서 전지훈련시키고 싶은데 골프장과 숙식 문제를 알아봐 달라는 거였어요. 그래서 아유타야에 있는 방사이 골프장과 한국식당 하나를 소개시켜주었습니다. 1998년 겨울, 표 프로를 포함한 8명의 프로골퍼들이 연습생 50여 명을 인솔하고 왔더라고요. 두 달 동안 방사이 골프장에서 전지훈련을 했습니다. 그런데 골프장과 숙소, 식당이 서로 떨어져 있었어요. 티칭

프로들과 학생 50여 명이 세 곳을 오가느라 고생을 많이 하더라고요."

그리스신화를 보면 벌거벗은 나신에 앞머리는 장발, 뒤통수는 대머리, 양어깨와 발뒤꿈치에는 날개를 단 모양의 신이 등장한다. 그의 손에는 한쪽에 접시저울, 다른 한쪽에 날카로운 칼이 달려 있는 천칭이 들려 있다. 제우스의 막내아들인 '기회의 신' 카이로스다.

카이로스를 나신으로 만든 이유는 사람들이 카이로스, 즉 기회를 잘 포착하게 하려는 배려 때문이라고 한다. 앞머리의 장발 역시 그를 쉽게 붙잡을 수 있도록 하기 위함이다. 그러나 뒤통수가 대머리인 이유는 일단 지나간 기회는 쉽사리 붙잡지 못하게 하려는 것이라고 한다.

천칭의 양쪽에 달려 있는 저울과 칼은 기회를 만났을 때 진짜 기회인지 신중하게 저울질해보고, 칼처럼 과감한 결단을 내리라는 의미다. 자신의 눈앞에 기회가 닥쳤는데도 이를 알아채지 못한 채 머뭇거리면 카이로스는 어깨와 발뒤꿈치의 날개를 펄럭이며 쏜살같이 사라져버리는 것이다.

표 프로가 이끌고 온 골프 전지훈련팀을 보면서 백 사장은 직감적으로 카이로스의 숨결을 느꼈다. 훌륭한 코스를 갖춘 골프장에 맛있는 한국 음식을 먹을 수 있는 식당과 편안한 잠자리를 제공하는 골프텔까지 갖춘다면 어떨까. 골프 연습생뿐 아니라 한국의 일반 골퍼들의 호응도 얻을 수 있을 거라는 판단이 들었다. 그런 생각과 함께 떠오른 골프장이 바로 지금의 로얄힐스 골프장이었다.

"당시 로얄힐스 골프장은 개장휴업 상태였습니다. 태국까지 몰아닥친 금융위기 때문이었어요. 근근이 운영을 했지만 손님이 오면 받고 아니면 말고 식이었어요. 골프장 부대시설인 리조트 건설은 중단된 채 방치돼 있었습니다. 저의 구상을 실현할 최적지라는 생각이 들더라고요. 표 프로와 함께 로얄힐스 코스를 돌면서 의견을 구했습니다. 관리 상태는 엉망이었지만 기본적으로 레이아웃이 아주 뛰어나다고 하더군요."

김미현 씨도 우리 골프장으로
전지훈련을 왔답니다

로얄힐스 골프장 대주주를 만났다. 겨울철 3개월 동안 골프장을 임대해 운영해보고 싶다는 제안을 했다. 죽어가는 골프장을 살리는 투자를 거부할 까닭이 없었다. 골프장 임대계약은 순조롭게 이뤄졌다.

골조만 올리고 중단됐던 클럽하우스와 골프텔 등의 공사를 다시 시작했다. 골프장은 기존 인력을 활용하고, 호텔 업무 경력자들만 추가 채용을 했다.

1999년 12월 드디어 첫 손님들을 받았다. 한국의 골프 꿈나무 70여 명이 두 달 일정으로 전지훈련을 온 것이었다.

"마음만 먹었다면 골프장 전체를 인수할 수도 있었어요. 투자자 몇 명만 끌어들이면 도산 상태나 다름없는 골프장 전체를 싼값에 사들일 수 있었습니다."

그러나 백 사장이 사업을 하면서 가장 경계를 하는 건 자신의 힘으로 통제할 수 없는 외생변수들이었다. 합리적 경영의 울타리 밖에 존재하는 외생변수들이 늘어날수록 회사 경영의 위험도 그만큼 증가한다는 판단 때문이었다. 한국 사람들이 찾지 않는 더운 계절의 골프장 운영까지 통째로 떠맡는 것은 불필요한 위험 부담을 떠안는 일이었다.

백 사장이 골프장 사업에 발을 들여놓을 당시 태국에는 방콕을 중심으로 모두 250여 개의 골프장이 난립해 있었다. 태국 금융위기의 원인으로 지목될 만큼 골프장 건설이 과잉으로 이루어진 상태였다. 경쟁에서 살아남기 위해서는 차별화 전략이 필요했다.

백 사장이 택한 차별화 전략은 음식이었다. 골프 연습생 부모님들이 자녀들을 해외로 장기 전지훈련 보낼 때 가장 큰 걱정거리는 음식이었다. 백 사장은 먼저 한국 음식 솜씨가 좋은 조선족 조리사를 채용했다. 한창 성장기에 있는 학생들이 마음껏 먹을 수 있도록 뷔페식으로 각종 고기요리와 한국 음식을 정성껏 차려 냈다.

한국 음식으로 차별화하는 경영전략은 적중했다. 개장 3년째 되는 해에는 무려 180명의 연습생들이 두 달 일정으로 몰려왔다. 당시 숙박시설 규모로는 수용이 불가할 정도의 인원이었다. 2인방에 3명이 들어가도 좋으니 받아달라고 사정하는 상황이 벌어졌다.

"지금 세계적인 명성을 떨치고 있는 톱스타들 중 이곳 연습생 출신들이 제법 됩니다. 요즘 미국여자프로골프(LPGA)에서 맹활약하고 있는 유소연 씨는 초등학교 연습생 시절 우리 골프장에서 합숙훈련을 했어요. 김인경과 이보미, 강수연 프로 등도 이곳 연습생 출신들입니다. 땅콩 김미현 씨는 전성기 때 우리 골프장으로 전지훈련을 오고는 했지요.”

2000년대 초반 한국에 동남아 골프 여행 바람이 불기 시작했다. 타깃 고객을 연습생에서 일반 고객으로 바꾸었다. 할인요금을 적용하는 연습생들보다 훨씬 수지맞는 장사였기 때문이었다.

골프장 페어웨이를 대대적으로 정비하고, 골프텔 시설도 고급화했다. 주변에 유흥시설이라고는 찾아볼 수 없는 산골짜기 골프장은 단점일 수도 있었지만 그것을 장점으로 최대한 부각시켰다. ‘조용하게 휴식을 즐기는 힐링 캠프’의 이미지를 영업전략으로 내세웠다. 다른 골프장보다 비싸게 받는 대신 서비스 품질을 높이는 고급화 전략을 취했다.

“조금 속된 표현이지만 손님들 물관리에 각별히 신경을 썼습니다. 골프장 물을 흐리는 고객들의 언동은 단호하게 제지를 했습니다. 해가 갈수록 점잖고 교양 있는 단골들이 하나둘 늘기 시작하더라고요. 그러다 보니 튀는 행동을 할 수 없는 분위기가 조성됐습니다. 고객들 스스로 물관리를 하게 된 겁니다. 별다른 영업활동을 하지 않는데도 입소문으로 단골들이 꾸준히 늘고 있습니다.”

아유타야의 한국인

다음 날 아침 일찍 백 사장과 함께 차를 타고 길을 나섰다. 그가 처음 태국 생활을 시작한 아유타야를 둘러볼 참이었다. 승합차의 푹신한 쿠션에 몸을 묻으니 졸음이 마구 밀려온다. 전날 마신 막걸리 탓이리라.

얼마나 잤을까. 차창 밖을 보니 폐허가 된 중세도시의 풍경이 펼쳐지고 있었다. 아유타야 왕국의 옛 터전이었다.

방콕 북쪽 64km 지점에 있는 아유타야는 중국 남부의 소수민족이던 타이족이 인도차이나 반도로 남하를 하다가 정착을 한 곳이다. 1350년경 건립된 아유타야 왕국은 400년 가까이 찬란한 불교문명을 꽃피웠다. 아유타야에 있는 사원 유적만 1000여 개나 될 정도다. 그러나 1767년 미얀마인들의 침공으로 멸망한 뒤 200여 년간 폐허 속에 방치되어 있었다.

북쪽 라오스 산악지대에서 발원한 차오프라야 강이 아유타야의 황성옛터를 휘감으면서 무심히 흐르고 있었다. 아유타야 왕국의 유적들을 한 바퀴 둘러본 뒤 강을 건넜다. 알고 보니 아유타야는 차오프라야 강 한가운데 위치한 커다란 섬이었다.

차오프라야 강을 건너자 전혀 다른 풍경이 펼쳐졌다. 곳곳에 높다란 공장 굴뚝들이 하늘을 찌르고 있었다. 아유타야는 로잔나, 하이텍, 사하랏, 방파인, 팩토리랜드 등 모두 5개의 공단을 품고 있는 산업도시였다.

차가 멈춰 선 곳은 로잔나 공단 안에 있는 대형 공장 앞이었다. 차에서 내린 백 사장이 한동안 물끄러미 공장 건물을 바라보더니 입을 열었다.

"한때 전자완구로 유명했던 삼근물산이 있던 자리입니다. 태국에서 처음 일을 시작한 곳이 바로 이곳입니다. 1989년 삼근물산이 처음 태국으로 진출할 때 공장 개설 요원으로 이곳에 왔어요."

삼근물산은 리모컨으로 움직이는 장난감 경주용 자동차와 가정용 비디오게임기 '조이콤', 전자작동 완구인 '에이스텍', 휴대용 가라오케 '조이송' 등을 개발하면서 전자완구 업계를 선도하던 회사였다.

백 사장이 처음 아유타야에 왔을 때 한국인은 한 사람도 없었다. 나중에 그는 개인사업을 시작하면서 회사 이름을 'Korean of Ayutthaya(KOA)'로 지었다. 아유타야에 정착을 한 첫 한국인이라는 뜻을 담은 이름이다. 훗날 KOA는 방콕 인근의 아마타 공단으로 이사를 했지만 이름은 여전히 KOA를 유지하게 된다.

가요계는 숱한 별들이 명멸하는 무대다. 무대를 떠난 스타들은 또 어딘가에서 다른 생업에 종사한다. 백 사장은 1985년 가요계를 떠났다. 백 사장은 1남 4녀 중 장남으로 태어났다. 장남으로서의 책임감이 그를 생활인으로 돌려세웠다. 가수 생활을 계속하면서 장남 역할을 제대로 할 수 없다는 판단을 했던 것이다.

백 사장이 가수 생활을 접은 1980년대 중반은 한국 경제가 저달러, 저유가, 저금리의 이른바 '3저 현상'의 수혜를 한껏 누리면서 고도성장을 구가하던 시기였다. 항공대 항공운항과 졸업의 학벌이라면 웬만한 대기업은 골라서 취업할 수 있을 정도로 호황이었다. 백 사장은 그중 완구업체의 선두주자였던 삼근물산을 택했다. 당시 삼근물산의 사장이었던 백기원 씨가 그의 당숙이라는 이유도 있었지만, 자신이 대학에서 공부한 전자공학을 활용할 수 있는 직장이라는 생각을 했기 때문이었다.

"대학 시절 조종사냐 가수냐 갈림길에서 가수의 길을 택한 거잖아요. 이후 전공인 항공운항과보다도 전자공학과 수업을 더 많이 들었어요. 삼근물산은 전자공학 전공자를 필요로 하는 직장이었습니다."

맥주 세 캔의 결심

└   삼근물산 본사는 서울 중구 서소문에 있었다. 그가 처음 발령받은 곳은 본사 구매관리부였다. 서울 본사에서 1년 정도 근무를 하다가 부천에 있는 공장으로 배치를 받는다.

그즈음은 거센 민주화 물결과 함께 노동자들의 목소리가 커지기 시작하던 시점이었다. 삼근물산은 노동자들의 가파른 임금인상 요구와 노사분규를 피해 공장을 태국으로 이전하게 된다. 그곳이 바로 아유타야였다. 삼근물산이 로잔나 공단에 입주한 첫 번째 업체였다.

그러나 1993년 12월 삼근물산은 무리한 신제품 개발과 해외공장 이전 등 무리한 사업확장으로 도산을 하게 된다. 백 사장은 아유타야에 온 지 4년여 만에 공장 개설 요원에서 본사 부도에 따른 공장 정리 요원으로 임무가 바뀌게 된다.

백 사장은 1993년 말까지 한국과 태국을 오가며 삼근물산의 아유타야 공장 자산을 정리하는 일을 했다. 백 사장의 운명은 가수로서의 길뿐 아니라 얌전한 직장인으로서의 삶도 허락하지 않고 있었다.

자신의 손으로 깔았던 판을 자신의 손으로 접어야 하는 가슴 아픈 임무였다. 한때 대한민국 완구업계를 주름잡던 삼근물산이 역사 속으로 영원히 사라진다는 사실이 믿기지 않았다. 자신의 손으로라도 완구 사업의 명맥을 이어가고 싶었다.

삼근물산을 정리하고 남은 금형을 인수받았다. 1994년 2월 KOA를 설립했다. 삼근물산에서 생산하던 15종의 완구 생산을 이어갔다.

KOA 창업을 하던 그해 한국에 있던 아내도 아유타야로 불러들였다. 사업과 가정 모두 태국에서 자리를 잡기 시작한 것이다. 처음 사업은 직원을 70명까지 둘 정도로 기반을 잡아갔다. 결혼 후 6년 동안 아이를 갖지 못하던 아내는 태국에 오자마자 연년생으로 두 아들을 낳았다.

"우리 부부랑 태국하고 궁합이 잘 맞나 봐요. 한국에서는 오랫동안 아이가 생기지 않았어요. 입양을 할 생각까지 했으니까요. 그런데 1995년 큰아들 동진을 낳더니 이듬해 둘째 아들 두산을 낳았습니다. 태국이 저희에게 두 아들을 선물로 준 게 아닌가 하는 생각을 했지요."

그러나 참으로 순탄치 않은 게 인생이었다. 막 안정을 찾아가던 완구 생산 사업에 예상치 못한 거대한 파도가 밀려오고 있었다. '세계의 공장'으로 부상한 중국이 값싼 완구들을 세계 시장에 쏟아내기 시작한 것이었다.

가격이나 물량에서 중국 제품들을 당해낼 도리가 없었다. 1996년 9월 결국 완구 사업을 접었다. 형제들에게 빌린 1억여 원의 투자비만 고스란히 날린 셈이었다.

이후 3년 정도는 맥슨전자로부터 하청 받은 헤드셋 조립 일을 하면서 근근이 공장을 돌렸다. 그러나 맥슨전자의 경영도 어려워지면서 하청이 끊어지고 말았다. 1999년 9월 아유타야의 KOA 공장 문을 완전히 닫을 수밖에 없었다.

한국으로 돌아가느냐, 태국에 남느냐의 갈림길이었다. 그러나 그런 고민은 그리 오래 할 필요가 없었다. 당시 한국에는 국제통화기금 (IMF) 관리체제의 금융위기가 지속되고 있었다. 기업들이 줄도산을 하고 대량해고를 당한 직장인들이 길바닥으로 밀려 나오고 있었다. 한국이 더 깜깜한 어둠 속이었다.

"당시 제 수중엔 맥주 세 캔을 살 정도의 돈밖에 없었습니다. 그걸로 맥주를 사 왔어요. 아내랑 마시면서 의논을 했지요. 한국에 들어가면 몇 천만 원짜리 전세라도 얻어야 하잖아요. 당시 그만한 돈이 없었어요. 죽으나 사나 태국에서 승부를 걸어보자는 결론을 내렸어요."

신용으로
다시 일어서다

ㄴ 다행히 태국은 바짝 엎드려 살면 생활비가 많이 들지 않는 나라였다. 더운 지방이라 옷값도 안 들고, 얼어 죽을 염려도 없는 나라다. 우리 돈으로 1달러 정도면 큼지막한 바나나 한 덩어리를 살 수 있었다. 버티려고 마음만 먹으면 10만 원으로 한 달도 살 수 있는 곳이었다.

더 이상 아유타야의 널찍한 2층 단독집에서 살 형편이 되지 못했다. 두 아들의 유치원 근처에 있는 작은 아파트로 집을 옮겼다.

이것저것 돈이 될 만한 사업에 손을 대기 시작했다. 삼각대와 안전봉 등 건설현장에서 사용하는 안전용구들을 한국에서 수입해서 팔기도 하고, 멕시코에서 무역을 하는 지인에게 태국산 의류를 수출하는 일도 해봤다. 그러나 자본 없이 빈손으로 하는 일이 처음부터 제대로 풀릴 리가 없었다.

생활의 궁핍이 이어졌다. 몇 푼 안 되는 두 아이의 유치원비조차 제때 내지 못해 여기저기 변통하러 다녀야 했다. 집 월세도 내기 힘들었다. 4년 동안 고난의 세월이 이어졌다.

방콕에서 남동쪽으로 약 50km 떨어진 곳에 위치한 방파콩 공단. 백 사장의 첫 사업체였던 KOA가 입주했던 아유타야에서는 120km 이상 떨어진 곳이다. 백 사장이 안내한 곳은 방파콩 공단 인근의 아담한 공장이었다.

단층짜리 깔끔한 건물 안으로 들어서자 하얀 작업복에 푸른색 모자와 앞치마를 두른 40여 명의 직원들이 작업대 앞에서 전자인두와 전동공구 등을 들고 작업에 열중하고 있었다. 재래식 전화기와 수화기를 생산하는 백 사장의 KOA 공장이었다. 백 사장이 들어서자 직원들이 잠깐 고개를 들어 반가운 눈인사를 보낸다.

백 사장이 라인을 돌며 작업공정에 대한 설명을 해주었다.

"우리 공장은 모두 납땜과 LCD(액정표시장치), 전화기, 수화기 등 3개 작업라인으로 구성돼 있습니다. 조금 자세히 설명을 드리자면 전화기 내 수신 마이크와 스피커 간 컨넥터를 장착하는 작업 라인, 수화기 조립 라인, 그리고 전화기 완제품 조립 라인으로 구분됩니다. 월 1만 대 정도의 전화기와 10만 대의 수화기를 조립합니다."

아유타야 로잔나 공단에서 문을 닫았던 KOA가 어떻게 방파콩 공단에서 다시 살아난 것일까. 전자완구를 만들던 KOA가 지금은 어떻게 전화기를 만들고 있는 걸까.

한때 망했던 KOA를 되살린 건 한마디로 신용이었다. 태국 사회에서 꾸준히 쌓아온 백 사장의 신용이 공장을 다시 돌릴 수 있는 동력을 마련한 것이었다.

아유타야에서 KOA의 문을 닫은 뒤 잡화무역을 시작한 백 사장이 손을 댔던 아이템 중 하나는 전화기 핵심부품 중 하나인 초소형 마이크로폰이었다. 한국의 보성전자(현 BSE)라는 업체로부터 초소형 마이크로폰을 수입해 태국 시장에 공급하는 일을 시작했다.

당시 보성전자는 초소형 마이크로폰 부문에서 세계 시장점유율 1위를 차지하는 기업이었다. 백 사장이 태국 내 보성전자 에이전트 역할을 하기 시작한 것이다.

"그때 대부분 물량을 현 에릭슨LG인 LG스리타이로 납품했어요. 전화기와 전자교환기를 생산하는 업체입니다. 그런데 LG스리타이에서 이따금 긴급 SOS가 왔습니다. 초소형 마이크로폰 재고 물량이 달랑달랑한다는 거예요. 급하게 물건을 보내달라는 거지요. 한국에서 물건을 들여오려면 보통 한 달 정도가 걸립니다. 한국에 있는 공장으로 주문을 내고, 비행기로 들여와 통관 절차를 밟아야 하기 때문이지요. 그런 물건을 2~3일 내에 납품해달라는 긴급주문이 간혹 들어왔습니다. 그때마다 제가 한국으로 비행기를 타고 날아가서 직접 물건을 들고 들어오고는 했습니다. 어떤 상황에서도 펑크 한번 내지 않고 납품을 해주었지요."

자신의 몸을 던지다시피 성심성의껏 일을 하는 백 사장을 유심히 지켜보고 있던 사람이 있었다. LG스리타이의 공장장이었다. 어느 날 그가 백 사장에게 수화기 조립 하청을 맡아서 해보지 않겠느냐는 제안을 해왔다. 백 사장의 성실성과 책임감이 일감을 불러들인 것이었다. 더군다나 태국에서 백 사장만 한 전자제품 제조 전문가를 찾아보기도 어려웠다.

2003년 10월 KOA 간판을 다시 내걸었다. 백 사장에게 공장을 다시 차릴 자금이 있을 리 없었다. 신용 하나로 모든 일이 일사천리로 진행됐다. LG스리타이에서 계측기와 생산 테이블 등 시설의 일부를 지원해주었다. 보성전자에서는 외상으로 초소형 마이크로폰을 공급해주었다. 삼근물산 때 쓰던 납땜인두와 전동 드라이버 등을 창고에서 꺼내 먼지를 털었다.

마침내 KOA 공장이 다시 돌기 시작했다. 처음에는 수화기 조립 작업만 하다가 나중에는 전화기를 통째로 조립하는 일을 맡았다. 백 사장의 신용이 죽었던 KOA를 되살린 것이다.

"전화기 조립은 전자완구 제조보다 훨씬 단순한 공정입니다. 저는 이미 전자완구와 헤드셋 제조 경험을 쌓은 사람입니다. 태국의 전자제조 분야에서는 저희 KOA가 최고라고 자부합니다. 직원들의 숙련도가 높아 물건의 불량률이 아주 낮습니다. 직원들은 대부분 이곳 공장을 시작할 때부터 함께해온 가족들이에요. 제가 한 달에 일주일 정도밖에 이곳으로 출근을 하지 않는데도 공장이 잘 돌아가는 건 순전히 우리 직원들 덕분입니다."

활주로 멤버들과의
운명적 만남

└ 지난 2011년 미국 뉴스채널 CNN이 '세계인의 사랑을
받는 맛있는 음식 50가지'를 선정했다. 소셜네트워크서비스(SNS) 페
이스북을 통해 세계인들이 좋아하는 음식을 조사했던 것이다. 그 결
과 50위 안에 태국 요리가 7개나 오르며 비중 1위를 차지했다. 이어
이탈리아 요리가 5개로 2위, 대한민국과 미국, 홍콩, 싱가포르 등이
4개씩을 나란히 올리며 공동 3위를 차지했다.

당시 50위 안에 이름을 올린 태국 요리 7개 중 4개는 10위권 안에
드는 기염을 토했다. 매콤하고 새콤한 국물 맛이 일품인 새우탕 똠냥
꿍을 비롯해 달콤하고 짭짤한 맛이 어우러지는 볶음 쌀국수 팟타이,
채 썬 파파야를 각종 채소와 함께 젓국으로 버무린 쏨땀, 알싸한 향신
료 맛이 혀끝을 자극하는 마싸만 커리 등이 세계인의 입맛을 사로잡은
것이다.

아유타야와 방파콩을 둘러본 뒤 로얄힐스 골프텔로 돌아와 쉬고 있
는데 클럽하우스에서 저녁을 먹자는 백 사장의 전갈이 왔다. 이날 저
녁 백 사장이 준비한 주 요리는 가물치 매운탕인 깽솜빠촌뺏사였다.
족히 한 자는 돼 보이는 큼지막한 가물치가 불 위에서 자박자박 끓고
있었다.

백 사장이 쟁반 위에 수북이 쌓여 있는 배추와 브로콜리, 미모사 등
야채를 한 움큼 집더니 가물치 위로 집어넣는다. 새우와 오징어, 홍합
등 해산물에 각종 야채를 넣어 볶은 얌루엄밋탈레, 레몬과 고수 등 향

초 맛이 강하게 풍기는 똠냥꿍, 모닝글로리 볶음요리인 팍풍화이댕 등 태국을 대표하는 요리들도 식탁 위에 자리를 하고 있었다.

　백 사장이 좋아하는 막걸리를 반주로 태국 음식을 즐기면서 그의 지난 이야기를 들었다.

　백 사장은 전북 남원에서 태어났다. 경찰 공무원이던 아버지가 남원에서 근무하던 시절 그를 낳았다. 백 사장의 부모님은 이북 실향민 출신이다. 백 사장이 네 살 때 그의 가족은 군산으로 이사를 했다.

　군산은 야구의 도시였다. 백 사장은 야구 명문 군상상고가 '역전의 명수'로 이름을 날리던 시절 그곳에서 중학교를 다녔다. 백 사장도 한동안 야구를 했다. 군산동중 2학년 때 야구부 창단멤버로 운동을 시작했지만, 아버지의 반대로 중3 때 그만두었다. 백 사장이 고등학교(전주신흥고) 1학년 되던 해 아버지는 양계사업을 하시겠다며 경찰복을 벗었다.

　고3 때 아버지의 사업이 기울기 시작했다. 당장 대학 진학을 포기해야 할 정도로 집안 형편이 어려워졌다. 학비가 덜 들고, 졸업 후 빨리 돈을 벌 수 있는 진로를 택해야 했다. 육사와 해사, 공사 등 사관학교 세 군데와 항공대학, 해양대학 등 5개 대학을 놓고 고민을 했다. 졸업 후 돈을 많이 벌 수 있는 조종사가 돼야겠다는 생각에 항공대를 선택했다.

　1977년 백 사장은 항공대 항공운항과에 합격했다. 예나 지금이나 항공대 항공운항과는 우수한 인재들이 몰리는 인기 학과다. 지금은 다른 길들이 많이 열려 있지만 당시엔 조종사가 되려면 공사와 항공대를 통하는 길밖에 없었다.

그러나 백 사장은 막상 대학에 들어가서는 조종사가 되는 것에 그다지 관심이 없었다. 자신이 좋아했던 야구 동아리 활동을 시작했다. 군산동중 때 그만둔 선수생활의 아쉬움을 달래기 위해서였다. 투수와 유격수가 그의 포지션이었다.

인간의 실제 삶이 소설이나 영화보다 훨씬 극적인 경우가 많다. 상상을 뛰어넘는 '복선'과 '우연'이 이어지는 경우가 적지 않다.

"항공대 운동장의 한 구석에 폐차된 버스 한 대가 놓여 있었어요. 활주로 멤버들의 연습 장소였어요. 학업에 방해를 주지 않고 맘껏 연주를 할 수 있는 공간이었습니다. 운동장에서 야구를 할 때는 으레 요란한 연주소리가 울려 퍼졌습니다. 활주로 멤버들이 연습하는 광경을 자주 목격했지요."

그때까지만 해도 백 사장은 자신이 가수가 되리라고는 꿈에도 생각지 못했다. 운동장에서 마주치는 활주로 멤버들은 자신과는 동떨어진 세계에서 살고 있는 사람들일 뿐이었다. 그러나 운명의 신은 백 사장을 위한 새로운 우연을 준비하고 있었다.

당시 항공대 앞에 있던 '타이루집'이라는 이름의 허름한 방석집이 있었다. 대개는 허름한 대폿집에서 김치 쪼가리를 씹으면서 시금털털한 막걸리를 마셔대는 대학생들이 어쩌다 객기가 발동해 가는 곳이 바로 타이루집이었다. 고기 안주와 전, 잡채 등 제대로 된 안주로 배를 채울 수 있는 곳이었다. 나이 든 작부들이 따라주는 술을 받아 마시면서 어설픈 한량 흉내를 내는 곳이기도 했다.

5월은 대학가 축제의 계절이다. 서울 시내 각 대학의 아마 야구팀들은 축제 기간에 리그전을 벌였다. 그날은 항공대와 서강대학 간 게임이 있는 날이었다. 게임을 마친 뒤 함께 어울려 타이루집으로 몰려갔다. 취흥이 도도해지자 돌아가면서 한 곡조씩 뽑기 시작했다. 백 사장의 차례가 돌아왔다.

"그 자리에서 톰 존스의 〈딜라이라〉를 불렀던 걸로 기억합니다. 앙코르 요청을 받아 딥 퍼플의 〈스모크 온 더 워터〉를 불렀을 거예요."

마침 활주로 11기 멤버들도 타이루집에서 술을 마시고 있었다. 옆방에서 흘러나오는 노랫소리에 활주로 멤버들은 귀를 쫑긋하지 않을 수 없었다. 폭발적인 '샤우팅 창법'에 감성마저 풍부한 백 사장의 노래는 활주로 멤버들을 놀라게 하기에 충분했다. 삼류 방석집에서 백 사장과 활주로 멤버들의 운명적 만남이 이루어진 것이었다.

마침 활주로 11기의 보컬 자리가 비어 있었다. 백 사장은 당시 대학가에서 이름을 날리고 있던 활주로의 영입 제안을 거부할 수 없었다. 가수의 길은 그렇게 거역할 수 없는 운명처럼 백 사장 앞에 펼쳐졌다.

1979 록스타

└   대학교 2학년 때인 1978년 초여름, 백 사장은 활주로 11기의 보컬로 합류하게 된다. 보컬 백인준, 기타 양윤주(전자공학과 78학번), 베이스기타 양해진(경영학과 78학번), 건반 임용혁(항공기계공학과 77학번), 드럼 김종구(항공기계공학과 77) 등이 활주로 11기 멤버였다.

1970년대는 가요계에도 박정희 폭압 정치의 그림자가 짙게 드리워져 있었다. 시대의 아픔을 담은 노래들은 사회정화운동이라는 미명 아래 '금지곡'으로 묶여버렸다. 가요계는 침체의 늪으로 빠져들었다. 대중은 문화적 갈증을 겪고 있었다. 이런 가요계의 침체에 활력을 불어넣어 준 것이 바로 대학 가요제들이었다.

TBC 해변가요제와 MBC 대학가요제 등은 캠퍼스에 묻혀 있던 재주꾼들을 화려한 무대 위로 불러올렸다. 활주로와 블랙테트라, 샌드페블즈, 피버스, 장남들, 작은 거인, 라이너스 등 대학생 록밴드들이 그렇게 대중음악계의 주역으로 등장을 하게 된다.

활주로가 배출한 역대 최고의 스타는 배철수다. 백 사장이 활주로에 가입한 1978년은 군 복무를 마친 배철수가 복학을 하던 해였다. 항공전자공학과 72학번인 배철수는 복학과 함께 활주로 10기 멤버로 활동을 시작했다. 배철수가 이끄는 활주로 10기 팀은 그해 8월 연포해수욕장에서 열린 제1회 TBC해변가요제에서 〈세상 모르고 살았노라〉라는 노래로 인기상을 받는다.

1979년 여름 활주로 11기는 세종문화회관 별관에서 열린 TBC '젊은이의 가요제'에 〈불꽃〉이라는 노래로 출전을 해 입상의 성적을 거뒀다. 그해 8월 제3회 MBC 대학가요제에는 〈살풀이〉라는 노래로 참가했다. 〈살풀이〉는 본선에 올라가는 데 그쳤지만 점점 인기를 끌면서 마니아층을 형성해갔다.

"다른 그룹사운드들과 함께 강당이나 체육관 등에서 옴니버스 공연을 많이 했습니다. 방송출연도 제법 했지요. MBC TV의 '토요일 토요일 밤에'와 차인태 아나운서가 진행하던 라디오 프로인 '별이 빛나는 밤에' 등 인기 연예프로그램에서도 초대를 하더라고요."

무대에 서는 짜릿함을 알게 되고, 인기도 쌓이기 시작할 무렵 10·26사태가 발생했다. 김재규 중앙정보부장이 박정희 대통령을 시해하는 사건이 벌어진 것이다. 곧이어 전두환 보안사령관 등 신군부 세력이 주도하는 12·12 군사 쿠데타가 터졌다. 어수선한 정국 때문에 학교생활이나 노래를 계속하기 어려웠다.

"활주로 멤버들이 하나둘 입대를 했습니다. 저도 아예 같은 시기에 입대를 하기로 했어요. 비슷한 시기에 제대를 해야 팀을 다시 꾸리기 쉬울 거라는 계산을 한 거지요."

항공운항과 학생들은 대부분 ROTC(학생군사교육단) 복무를 한다. ROTC는 3~4학년 때 일정 시간의 군사교육을 받은 뒤 졸업과 함께 소위로 임관되는 제도다. 항공운항과 ROTC들은 공군 조종사로 10년 간 복무를 해야 한다.

백 사장은 활주로 멤버로 들어갈 때 이미 조종간보다는 마이크를 잡기로 결심을 한 터였다. 조종사의 길로 연결되는 ROTC 복무 대신 전경으로 입대를 했다. 서울시경 기동대로 배속을 받아 연예병사로 근무했다. 개그맨 박세민과 김한국, MBC 아나운서 김창옥 등이 함께 연예병사로 활동한 이들이었다.

1982년 8월 제대와 함께 복학을 했다. 노래가 그를 기다리고 있었다. 백 사장은 록밴드 재건 작업에 나섰다. 기타에 이종석과 이대형, 건반 최진기, 베이스 김민옥, 드럼 김능수 등과 함께 '젊은 태양'이라는 록밴드를 만들었다.

"무대에서 노래를 한다는 거 자체가 좋았어요. 신촌의 '우산 속', 청량리의 '크리스탈 나이트', 을지로의 '세종 나이트' 등지를 돌면서 연주를 했습니다. 모든 경비 제외하고도 한 사람당 월 60만~70만 원 정도 돌아갔습니다. 당시 대기업 두 달 치 월급보다 많은 돈이었지요."

1984년 초 활주로의 간판 작곡가로 이름을 날리던 라원주(항공기계 공학과 74학번) 선배가 '장끼들'이라는 새 그룹을 만들었다. 백 사장은 거기에 합류해 6개월 정도 활동을 했다. 연예계가 이합집산도 심하고 불안정한 곳이라는 사실을 점점 피부로 느끼기 시작했다. 벌이는 월급쟁이보다는 훨씬 많았지만, 꾸준하지 못하고 들쭉날쭉했다.

어느새 마음 한구석에 불안감이 슬그머니 똬리를 틀기 시작했다. 앞으로 얼마 동안이나 노래를 부르면서 돈을 벌 수 있을 것인가. 나이가 더 든 이후에도 생업으로 노래를 부를 수 있을까. 불안감이 자리를 잡으면서 노래에 대한 자신감도 없어지기 시작했다. 하면 할수록 부족하고, 이건 내 길이 아니라는 생각이 들었다.

1985년 3월 아버지가 돌아가셨다. 아버지는 임종 직전 "막내가 밟힌다"고 걱정을 하셨다. 정신이 번쩍 들었다. 그동안 1남 4녀의 장남인 자신이 그 역할을 내팽개친 채 베짱이 노릇만 했다는 생각이 들었다. 조종사의 길을 택해서 집안의 기둥 노릇을 했어야 한다는 자책감도 들었다.

아버지 장례를 치른 뒤 그동안 발표했던 작품집과 방송출연 녹화 테이프, 언론 인터뷰 자료, 사진 등 음악활동과 관련된 자료를 몽땅 태워버렸다. 음악과의 결별을 선언한 것이다. 활주로 11기로 무대에 서기 시작한 지 8년 만이었다.

막걸리 예찬론자의
이유 있는 도전

아침 8시쯤 충북 청주시 오창읍 양청리의 한 상가 거리. 막걸리 광고 사진으로 유리창을 도배한 한 가게 앞에 냉장트럭 한 대가 멈춰 섰다. 충북 진천의 양조공장에서 막 나온 신선한 막걸리를 받아 싣고 온 차량이었다. 곧이어 그보다 작은 냉장트럭 두 대가 가게 앞에 주차를 한다.

일꾼들이 양조공장 배달트럭에 실린 막걸리를 작은 냉장트럭으로 옮겨 싣기 시작했다. 세종시와 오창, 오송 등지의 슈퍼마켓과 편의점, 음식점 등지로 배달할 물량들이었다.

트럭에서 트럭으로 막걸리를 옮겨 싣는 작업을 지켜보는 이가 있었다. 태국에서 전자 제조업체와 골프장을 운영하는 백인준 사장이 어느새 한국으로 건너와 막걸리 유통 사업체인 로얄유통 일을 하고 있는 것이었다.

막걸리 배송 작업을 마친 백 사장과 함께 아침을 먹기 위해 해장국집을 찾았다. 전날 저녁 둘이서 마신 막걸리 숙취를 해장한다는 구실로 또 막걸리를 시켰다. 백 사장은 오나가나 시도 때도 없이 오로지 막걸리만 마신다. 아침에 해장술을 하는 자리에서도 백 사장의 막걸리 예찬이 또 시작된다.

"막걸리는 인류가 빚은 최고의 술입니다. 생막걸리 한 통에 1억 마리 이상의 효모균이 살아 있어요. 진짜 약주입니다."

백 사장이 막걸리 사업을 하게 된 계기도 어디를 가나 늘어놓는 그의 막걸리 예찬이었다.

2008년 1월 태국 로얄힐스 골프장에 있는 그의 사무실로 노신사 한 분이 들어섰다. 귀국 항공편 일정을 조정하기 위해 들른 고객이었다. 그때 백 사장의 책상 옆에는 여느 때처럼 캔 막걸리가 수북이 쌓여 있었다. 그가 태국에 체류하는 3개월 동안 마실 분량의 막걸리였다. 이를 본 노신사가 물었다.

"왜 이렇게 막걸리를 많이 가져다 놓았습니까. 이거 손님들에게 파는 건가요?"

"아닙니다. 제가 마시기 위해 가져온 겁니다. 선생님이 어떤 술을 좋아하시는지 모르겠지만 앞으로는 막걸리로 취향을 바꿔보십시오. 여기서는 어쩔 수 없이 캔 막걸리를 마시지만, 한국 가시면 반드시 장수 생막걸리를 마셔보세요. 효모균이 살아 있기 때문에 건강에 좋습니다."

노신사는 막걸리 예찬을 묵묵히 경청했다. 그러고는 씩 한번 야릇한 미소를 백 사장에게 던지고는 아무 말 없이 사무실을 나갔다. 나중에 알고 보니 그 노신사는 서울탁주제조협회 회장을 지냈던 유기대 씨였다.

서울탁주제조협회는 산하에 장수막걸리를 만드는 7개 서울 연합 제조장과 충북 진천 공장을 거느리고 있다. 백 사장이 사무실에 쌓아놓고 장복하고 있는 캔 막걸리 역시 서울탁주제조협회에서 만든 것이었다. 게다가 서울장수막걸리 전 회장 앞에서 그가 누군지도 모른 채 장수막걸리 예찬을 늘어놓은 것이었다.

"저희 골프장을 매년 찾는 단골들 중에 홍록회라는 모임이 있습니다. 홍익대 건축공학과 동문들의 모임입니다. 유기대 회장님은 홍록회 좌장입니다. 매년 20~30여 명의 회원들과 함께 저희 골프장을 찾는 분이지요. 유 회장님이 서울장수막걸리를 만드는 회사의 회장을 지낸 분이라는 걸 모르고 있었지요. 제가 장수막걸리 광팬이라는 사실을 알고부터는 저를 남다르게 대하시더라고요."

2011년 1월에도 유 회장은 홍록회 회원들과 함께 어김없이 로얄힐스 골프장을 찾았다. 그때 충북 진천에 짓고 있던 서울장수막걸리 공장 이야기가 화제로 올랐다. 수도권에 머물러 있던 장수막걸리의 판매망을 지방으로 확대하기 위한 포석이라고 했다. 워낙 막걸리에 관심이 많은 백 사장에게는 솔깃한 소식이었다. 백 사장은 유 회장에게 막걸리 유통사업을 하고 싶다는 의사를 밝혔다.

유 회장은 막걸리에 대한 백 사장의 애정을 이미 잘 알고 있는 터였다. 또한 여러 해 동안 로얄힐스를 찾으면서 백 사장의 사업가로서의 능력에 대해서도 깊은 호감을 지니고 있었다. 유 회장은 백 사장에게 세종시와 오송, 오창 지역의 서울장수막걸리 총판권을 맡겼다. 백 사장은 2011년 4월부터 로얄유통이라는 개인사업자 이름으로 총판점을 시작했다.

태국에서 망했던 KOA를 다시 살려낸 밑천은 백 사장이 오랫동안 인간관계 속에서 쌓아온 신용이었다. 한국에서 막걸리 유통사업을 시작하게 된 밑천 역시 신용이었다. 유 회장의 마음을 사로잡은 백 사장의 신용이 그를 막걸리 유통회사 사장으로 만들어준 것이다.

백 사장이 막걸리를 한 병 더 시킨다. 아침 댓바람부터 막걸리를 각일 병씩 마시는 셈이다. 하긴 겨울철 태국에 갈 때마다 석 달 동안 마실 막걸리를 챙겨 가는 양반이니 더 말해 무엇 하랴.

"8월의 한국은 너무 무더워요. 태국에 가서 보름 정도 보내렵니다. 한여름엔 한국보다 태국이 훨씬 시원해요. KOA 공장 일도 챙기고, 그쪽 사람들과 막걸리도 마시고……."

활주로 11기 보컬이었던 백인준 사장은 일찌감치 가요 무대를 떠났다. 그러나 그보다 훨씬 더 넓은 무대인 태국과 한국을 누비며 살고 있다. 그동안 개척한 전자제조업과 골프장 사업, 막걸리 유통업은 가요 무대 못지않게 긴장과 활력을 얻을 수 있는 무대다. 활주로 시절 그가 불렀던 〈불꽃〉의 노랫말처럼 '쉬지를 않고 타오르는 화려한 불꽃'이 삶의 무대에서 피어오르고 있는 것이다.

"우리들의 사랑도 영원히 영원히 불타거라. 쉬지를 않고 타오르는 화려한 불꽃처럼, 우리들의 사랑도 영원히 영원히 불타거라."

백인준은 여전히 뜨거운 삶을 노래하는 불꽃 같은 가수다.

07

오토바이맨의 보고타 찬가

노철수

COLOMBIA

COLOMBIA

세상 어떤 일이라도 10년 동안 미친 듯 매달리면 미치지 못할 일이 없다. 오토바이 부품사업에

뛰어든 이후 노철수 사장은 10년 동안 콜롬비아는 물론 페루 지방도시까지 누비며 직접 영업을

했다. 안데스 산맥 구석구석 그의 발길이 미치지 않은 곳이 없을 정도였다.

오토바이맨의
보고타 찬가

노 철 수

빛이 전혀 통하지 않는 깜깜한 골방에 갇혀 있는 느낌이었다. 절망감과 두려움이 아득하게 밀려왔다. 젖과 꿀이 흐르는 가나안 땅으로 안내를 해준다던 이민 브로커는 그를 이역만리 낯선 도시의 허름한 골방에 던져놓고는 연락두절이었다.

그는 중졸의 빵 기술자였다. 스물여덟 살 나던 1987년 5월 16일, 생전 들어보지도 못한 콜롬비아라는 나라에 홀로 발을 내디뎠다. 수중에 돈 한 푼 없고, 말도 안 통하고, 오갈 데도 없는 깜깜한 고립무원의 상황 속에 홀로 팽개쳐지고 말았다. 당시 서민들에게는 적지 않은 돈인

500만 원만을 해외이민 사기꾼에게 털린 채 콜롬비아의 수도 보고타에 내팽개쳐진 것이었다.

어느새 30여 년의 세월이 흘렀다. 그가 보고타 다운타운 15번 거리에 모습을 드러냈다. 짙은 쥐색 양복에 밝은 아이보리색 넥타이로 멋을 낸 말끔한 차림이었다. 콜롬비아와 페루를 무대로 오토바이 부품 판매 사업을 하는 노철수(60) '조호 콜롬비아(Choho Colombia)' 사장이었다. 무일푼으로 콜롬비아 땅을 밟았던 그는 연간 300만 달러 안팎의 매출을 올리는 '조호 콜롬비아' 사장으로 변신을 한 것이다.

노 사장은 조호 콜롬비아 이외에도 가정용 및 산업용 정수기를 판매하는 '코웨이 콜롬비아'를 운영하면서 연간 30여만 달러의 매출을 올리고 있다. 민주평통자문위원회 카리브지역 협의회 부회장 및 카리브 3지역 협의회 회장을 맡는 등 고국과 동포들을 연결하는 대외활동과 봉사활동에도 적극적으로 나서고 있다.

오토바이 거리에서 만난 신사

눈에 보이는 거라곤 온통 오토바이뿐이었다. 알록달록 치장을 한 오토바이들이 빽빽하게 거리를 메운 채 달리고 있었다. 길 양편으로 들어선 가게들은 모두 오토바이 판매점과 부품점, 수리점들이었다. 길가엔 어깨를 맞대고 세워져 있는 오토바이들이 까마득하게 긴 띠를 만들어내고 있었다.

콜롬비아 수도 보고타의 다운타운 15번가에서 18번가에 이르는 센트로 지역은 300여 개의 오토바이 점포들이 차지하고 있었다. 한마디로 거대한 오토바이 세상이었다.

노 사장이 '콘모토스'라는 간판을 내건 점포로 들어섰다. 어림으로 6~7m² 정도밖에 안 되는 손바닥만 한 점포 안엔 바닥에서 천장까지 온통 오토바이 부속들로 가득 채워져 있었다.

작은 카운터 너머에서 넉넉한 몸집의 중년 여인이 손님을 맞았다. 건네주는 명함엔 노오라 C. 콘트레라스 대표이사라고 적혀 있다. 노 사장의 명함을 받아 든 콘트레라스가 화들짝 놀라며 반색을 한다.

"정말로 조호 콜롬비아 사장이세요? 여기 보세요. 맨 앞쪽에 진열해 놓은 제품들은 대부분 조호 콜롬비아 제품입니다. 우리 가게에서 팔리는 오토바이 체인과 스프라켓(톱니바퀴)의 70%는 조호 제품이에요. 워낙 찾는 손님들이 많아서 가장 손이 잘 닿는 앞쪽으로 채워놓았지요. 정말 짧은 기간에 고객들의 마음을 사로잡은 제품입니다."

노 사장은 인근의 다른 점포들을 죽 둘러보면서 자기 회사 제품의 판매상황을 확인했다. 대부분 점포에서 조호 콜롬비아의 주력제품인 체인과 스프라켓이 70% 안팎의 점유율을 보이고 있었다.

엘 만사노 데 라스 모토스라는 점포 주인은 자기 가게에서 팔리는 체인과 스프라켓의 90%가 조호 콜롬비아 제품이라고 말했다. 노 사장은 들르는 가게마다 고맙다는 인사를 건네고 체인과 스프라켓 이외에 타이어 등 다른 제품들도 많이 팔아달라며 꾸벅꾸벅 인사를 했다.

콜롬비아 거리에는 300개 브랜드의 오토바이가 돌아다닌다. 조호 콜롬비아는 그중 100여 개 브랜드의 부품을 취급하고 있다. 전체 오토바이 부품 시장의 20~25% 정도의 점유율을 유지하고 있다. 창업 10년 만에 콜롬비아 오토바이 부품 시장의 선두 자리로 올라선 것이다.

센트로 거리의 오토바이 가게들을 둘러본 뒤 노 사장과 함께 조호 콜롬비아 본사로 향했다. 조호 콜롬비아는 보고타 다운타운에서 2km 정도 떨어진 푸엔테 아란다 공단 안에 들어 있었다. 우리나라 서울 신촌쯤 되는 곳에 널찍한 공단이 자리하고 있는 셈이었다.

우중충한 공장 건물들 사이에 유독 깔끔한 하얀색 2층 건물이 눈에 들어온다. 건물 안으로 들어서자 오토바이 부품이 산더미처럼 쌓인 창고 안에서 직원들이 분주하게 물건들을 나르고 있었다.

"저와 우리 직원 70여 명이 일하고 있는 조호 콜롬비아입니다. 대지 1700m²에 건평 300m²예요. 보고타 한가운데 있기 때문에 경쟁사들보다 훨씬 빠른 시간에 부품을 공급할 수 있습니다. 물류비용도 훨씬 적게 든다는 장점도 있고요."

건물 2층으로 가는 계단을 오르자 깔끔한 사무실 공간이 나타났다. 유리 칸막이 너머 책상에 앉아 있는 직원들은 전화통과 컴퓨터에 매달린 채 분주한 모습이었다.

사장실 바로 앞에 있는 방의 책상에서 뭔가 들여다보던 한 젊은이가 유리벽 너머로 우리가 들어서는 것을 보고는 벌떡 일어섰다. 문밖으로 나와 공손하게 인사를 한다. 노 사장의 아들인 노한국 데이비드였다.

"우리 집 장손인 한국입니다. 할아버지가 외국 나가서 살더라도 한국 사람임을 잊지 말라며 지어주신 이름이에요. 지난해 미국 로체스터 공대를 졸업하자마자 제 일을 돕고 있어요. 한국이가 저를 돕기 시작한 이후로 우리 회사의 재고관리 및 물류체제가 많이 선진화됐어요.

역시 대학물이 좋긴 좋은가 봐요."

노 사장의 방은 책상 하나와 회의용 원탁 테이블, 작은 소파 하나, 그리고 한쪽 벽을 차지하고 있는 책장으로 이루어진 아주 간소한 공간이었다. 노 사장이 책장에 꽂혀 있던 책 한 권을 뽑아 들어 보여주었다. 세월의 두께가 묵직하게 느껴지는 낡은 스페인어 사전이었다.

사전을 건네받아 들춰보니 너덜너덜해질 정도로 손때가 묻어 있었다. 웬만한 단어엔 모두 밑줄이 처져 있었다.

"30여 년 전 처음 콜롬비아에 왔을 때 저와 세상을 연결시켜준 유일한 끈이 바로 이 사전이었습니다. 서울을 떠나올 때 종로서적에서 7000원 주고 샀어요. 어디를 가더라도 이 사전을 들고 다녔습니다. 이 사전은 앞쪽은 서-한 사전이고, 뒤쪽은 한-서 사전으로 돼 있어요. 누군가에게 무슨 말을 하고 싶으면 한-서 사전에서 그 단어를 찾아 손가락으로 짚었어요. 주변엔 콜롬비아 사람들밖에 없었어요. 어려운 처지의 나를 보살펴준 사람이 바로 지금의 아내입니다."

택시기사가 맺어준
조호 오토바이와의 인연

한마디로 죽기 아니면 까무러치기로 일을 했다. 빵가게에서 시작해서 원단 장사, 옷 장사, 모자 장사, 게임기 판매 등 돈이 되는 일이라면 닥치는 대로 매달렸다. 미국 마이애미로 건너가 카센터를 하다가 홀딱 들어먹은 일도 있었다.

"처음 오토바이 부품사업을 시작하게 된 건 아내 외가 쪽 친척인 힐베르토 삐녜로스라는 분의 권유 때문이었어요. 힐베르토는 제가 콜롬비아에 온 이후 가장 도움을 많이 준 저의 친형님 같은 분입니다. 우리 아들 한국이의 대부이기도 하고요. 우리나라로 치자면 서울 구로 공구상가 같은 곳에서 기계부속품 사업을 대규모로 하는 사람입니다. 모터와 베어링, 공업용 벨트, 체인 등을 도매하고 있어요."

당시 노 사장은 마두르곤 지역에 있는 산안드레시토 시장과 프리메로 마요 시장에서 옷장사를 하고 있을 때였다. 우리나라로 치자면 동대문시장과 남대문시장 같은 곳에서 옷가게를 7개나 벌여놓고 있었다. 돈은 많이 벌었지만 성취감이나 보람 같은 것은 찾기 어려웠다. 시장통을 벗어나 뭔가 제대로 된 사업을 하고 싶었다.

"그때 시간이 날 때마다 힐베르토 사무실에 들르고는 했지요. 저희 옷가게가 있는 프리메로 마요와 그리 멀지 않은 거리에 있었거든요. 힐베르토와 세상 돌아가는 이야기를 많이 했어요. 세상을 내다보는 눈이 있는 분이거든요. 그에게 옷장사 말고 뭔가 새로운 아이템을 하고 싶다고 이야기를 했어요. 어느 날 불쑥 지나가는 말로 '앞으로 오토바이 시장이 커질 거야' 그러더라고요. 그냥 툭 던져준 말이었어요. 그때가 2004년 봄이었어요. 콜롬비아에 오토바이가 그다지 보급되지 않았었습니다. 그런데 이상하게도 그 말이 쿵 하고 느낌이 확 오더라고요. 바로 이거로구나 하면서 무릎을 쳤어요."

곧바로 중국으로 날아갔다. 택시를 잡아타고는 다짜고짜 오토바이 부품 전문상가들이 있는 곳으로 가자고 했다. 당시 택시기사가 노 사장을 내려준 곳이 바로 조호 오토바이 부품매장이었다. 노 사장과 조호 오토바이와의 운명적 만남은 그렇게 시작된 것이었다.

콜롬비아로 돌아온 노 사장은 2004년 6월 문도 코멕스(Mundo Comex, '세계무역'이라는 뜻)라는 간판을 내걸었다. 오토바이 부품사업을 시작한 것이다.

"처음 손을 댄 부품은 오토바이 체인이었어요. 첫 주문 때 한 컨테이너를 들여왔습니다. 무려 1만8000개를 왕창 들여온 겁니다. 물건을 보관할 창고도 마련하지 않고 무작정 물건만 들여온 거였어요. 다행히 힐베르토가 자기 창고 한쪽을 공짜로 내주더라고요. 널찍한 사무실 공간까지 공짜로 내주고 전기세, 물세도 무료로 사용할 수 있도록 배려를 해주었습니다."

그런데 웬걸, 첫 한 달 동안 매출이 겨우 1500달러였다. 당시 옷가게 7개를 통해 한 달 40만~50만 달러 매출을 올릴 때였다. 이거 잘못 짚은 거 아닌가 하는 생각이 들었다.

서너 달쯤 지났을 때였다. 힐베르토가 들여온 체인이 좀 팔리느냐고 물었다.

"헛짚은 거 같다고 대답했습니다. 그랬더니 자기에게도 책임이 있으니 남은 물량을 자기한테 넘기라고 하더군요. 순간적으로 넘길까도 생각을 했습니다. 그런데 가만 생각해보니 조금씩이지만 꾸준하게 판매가 늘었습니다. 그때 만일 처음에 체인을 1000~2000개 찔끔 들여왔더라면 아마도 제가 오토바이 부품사업을 시작하지 않았을 거예요. 한두 달 반응만 보고 접었을 테니까요. 컨테이너 물량으로 왕창 들여왔기 때문에 여러 달에 걸친 시장의 반응을 볼 수 있었던 거고, 거기서 오토바이 부품사업에 대한 전망을 확인할 수 있었습니다."

10년 만에 오토바이
부품 시장을 장악하다

└ 6개월 후 다시 중국으로 날아갔다. 이번엔 체인과 스프라 켓, 오토바이 액세서리를 잔뜩 사가지고 들어왔다. 헬멧과 거울, 손잡이 등 수백 가지를 들여왔다. 시장 반응이 뜨거웠다. 비로소 잭팟을 터트렸다는 느낌이 들기 시작했다. 콜롬비아뿐 아니라 남미 전역에 바야흐로 오토바이 전성시대의 문이 열리고 있었던 것이다.

"순간 노다지를 찾은 기분이었어요. 오토바이 부품사업을 시작한 지 1년 만에 안정궤도에 들어섰습니다. 그쪽에 승부를 걸기로 마음을 먹고는 옷가게 7개 중 4개를 정리했습니다. 한꺼번에 모두 정리하려고 했는데 아내가 3개 정도는 자신이 맡아서 해보겠다고 그러더군요. 그래서 산안드레시토의 가게 3개는 남겨두었습니다."

그러나 한 가지 걱정은 노 사장이 오토바이에 대해서는 문외한이었다는 점이었다. 사업이란 게 일시적으로 어렵다고 비관할 일도 아니지만 당장 잘나간다고 미래를 낙관해서도 안 되는 일이다. 그러나 노 사장은 이가 없으면 잇몸으로 사는 집요함을 타고난 사람이었다. 모른다고 물러설 그가 아니었던 것이다.

"빵장사하고 옷장사만 하던 사람이 오토바이 부품에 대해 뭘 알겠어요. 새로운 부속품을 사고 싶어도 뭘 사야 할지 감조차 잡을 수 없었습니다. 중국 출장을 갈 때 오토바이 전문가를 데리고 가도 되지만 수입경로를 노출시키고 싶지 않았어요. 소중한 금맥을 찾았는데 동네방네 떠들어 사람들을 불러 모을 수는 없잖아요. 그렇지만 세상사라는 게 궁하면 통하는 길이 있게 마련입니다. 왔다 갔다 하다 보니까 꾀가 생기더라고요. 오토바이 부속품 가게에 가면 커다란 고무통들이 죽 진열돼 있습니다. 손님들이 오면 그 고무통 위에 올라가 밟고 다니면서 부품을 구경합니다. 저도 어느 날 부품통들을 밟고 다니며 구경을 하다가 부품 하나를 골랐어요. 그리고는 가게 직원에게 다가가서는 이게 어디에 쓰는 물건인지 물었습니다. 아예 가게에 진열돼 있는 오토바이 곁으로 직원을 끌고 갔어요. 이게 어디에 붙어 있는 물건이고, 이름이 무엇이고, 무슨 역할을 하는지 꼬치꼬치 묻기 시작했습니다. 너무나 친절하게 가르쳐주더라고요. 물건을 팔아야 하는 직원 입장에서는 당연한 일이었지요. 최고의 전문가로부터 개인교습을 받은 것이라고 할 수 있지요. 그렇게 한편으로 오토바이 공부를 하면서 취급 품목들을 하나둘 늘려가기 시작했습니다. 그리고는 10년 만에 콜롬비아 오토바이 부품 시장을 장악했지요."

10년 공부 나무아미타불이라고 했던가. 어떤 이가 아미타불을 친견하려고 10년 동안 열심히 수도를 했더니 자기가 바로 아미타불이 되어 있더란 이야기다. 한석봉이 조선 최고의 명필이 되기까지 절간에 들어가 공부한 세월도 10년이다. 어떤 한 분야에서 정통한 도사 혹은 달인이 되기 위해서는 지속적이고 집중적인 노력을 최소한 10년 정도 해야만 한다.

세상 어떤 일이라도 10년 동안 미친 듯 매달리면 미치지 못할 일이 없다. 오토바이 부품사업에 뛰어든 이후 노 사장은 10년 동안 콜롬비아는 물론 페루 지방도시까지 누비며 직접 영업을 했다. 안데스 산맥 구석구석 그의 발길이 미치지 않은 곳이 없을 정도였다.

"그런데 방문하는 거래처 사람들마다 저를 만나면 '조호 사장님'이라고 부르는 거예요. 저희 회사 이름인 '문도 코멕스'보다 '조호'라는 이름이 시장에서 훨씬 많이 알려지기 시작했습니다. 그래서 2007년 회사 이름을 아예 '조호 콜롬비아'로 바꿨습니다. 2011년 10월엔 아내에게 맡겨놓았던 나머지 옷가게 3개도 모두 정리했어요. 제가 옷가게에 신경을 쓰지 못하니까 계속 적자만 나더라고요. 옷 사업을 전부 정리해버린 뒤 오토바이 부품사업에만 집중을 하기 시작했지요."

낯선 땅에 내던져지다

ㄴ　노 사장의 집은 다운타운에서 북쪽으로 조금 벗어난 알람브라 지역의 고급 주택단지 내에 있었다. 총을 든 경호원이 바리케이드를 올려주어야 입출입이 가능한 곳이었다.

집 내부는 요란한 가구나 장식품 없이 아주 소박하게 꾸며져 있었다. 메스티조 혈통의 부인 넬리 사인스 아리아스와 아버지 사업을 돕고 있는 아들 한국, 미션스쿨인 엘 카미노 고등학교에 다니는 막내딸 슬기 등 네 식구의 보금자리였다. 큰딸 한나는 콜롬비아에서 고등학교를 졸업한 뒤 한국으로 건너가 한양대 국제학부에서 재학 중이라고 했다.

저녁 식단은 완전히 한국식이었다. 콩이 섞인 쌀밥과 미역국, 김치, 멸치볶음, 김 등이 정갈하게 차려져 나왔다. 콜롬비아 음식이 있다면 우리나라 한우 못지않게 고소하면서도 육질이 부드러운 쇠고기 스테이크 정도였다.

식사를 하면서 권커니 잣거니 마신 포도주가 벌써 두 병째 바닥을 드러내고 있었다. 포도주에 취한 탓일까. 추억에 취한 탓일까. 노 사장이 줄줄이 숨겨진 지난 삶의 이야기보따리를 풀어놓기 시작했다.

"아버지가 함경남도 함흥 출신 실향민입니다. 아버지가 어린 시절 스케이트를 탈 정도로 이북에서는 잘사셨다고 그래요. 저는 경기도 인천에서 2남 3녀 중 차남으로 태어났습니다. 아주 어렸을 때 동두천으로 이사를 했어요. 중학교를 졸업하고 무작정 서울로 올라왔어요. 지금 정부종합청사 뒤쪽 적선동 조선일보 보급소에서 먹고 자면서 신문을 돌리는 일을 시작했습니다. 매일 새벽 4시부터 7시까지 적선동 일대에 신문 300부를 돌리는 건 만만치 않은 일이었어요."

그러면서도 공부를 해야 한다는 생각이 들었다. 수소문 끝에 동대문 서울고등기술학교에 입학을 했다.

그런데 저녁만 되면 보급소 총무들이 술을 먹고 행패를 부렸다. 총무들의 구타를 견디기 힘들었다. 동두천 집으로 다시 들어가 한동안 놀고 있었다. 우연히 제기동 빵집에서 일하고 있는 친구를 찾아간 적이 있었다. 빵 만드는 일을 조금 거들어보니 재미있었다. 이 일을 하면 적어도 평생 배는 굶지 않겠구나 하는 생각이 들었다.

노량진에 있는 제빵 기술 학원을 다니기 시작했다. 2년 만에 제빵제과 자격증을 땄다. 그 이후로 여기저기 빵집에서 일을 하기 시작했다.

"한번은 당시 한양건설에서 쿠웨이트 가는 제빵사를 모집하더라고요. 시험을 봐서 합격은 했는데 돈을 너무 적게 줘서 안 갔습니다. 그러다가 경기도 군포에 있는 제과점, 서울 신림동 빵가게 등에서 일을 하기 시작했습니다. 점점 빵 기술자로서 주가가 올라가기 시작했어요. 나중엔 워커힐호텔 빵집에 취직을 했습니다. 저의 제빵 기술이 수준급에 올라 있음을 인정받은 거라고 할 수 있지요."

어쩌면 인간의 운명은 자신이 타고난 DNA 속에 내재된 것인지도 모른다. 자신의 DNA 속에 꿈틀거리는 욕망에 따라 행동을 하게 되고, 그런 행동이 결국 자신의 운명을 만들어내는 것이다. 노 사장은 월급쟁이보다는 사업가적 기질을 타고난 사람이었다. 남들이 부러워하는 워커힐호텔 빵집에서 일하기 시작했지만 그의 마음속에서는 새로운 꿈이 부풀어 오르고 있었다.

깨끗하고 좋은 직장이었지만 자기 사업을 하고 싶었다. 여기저기 가게를 알아보기 시작했다. 마침 도봉역 앞 좋은 자리에 경양식집이 매물로 나와 있었다. 다음 날 계약금 들고 다시 오겠다고 하고는 집으로 발길을 돌렸다.

"사람이 살다 보면 참 기가 막힌 운명이라는 게 있나 보더라고요. 지금 생각해봐도 참 절묘한 타이밍에 사기꾼의 마수가 저에게 뻗쳐왔어요. 당시 제 수중에 목돈 600만 원이 있을 때였습니다. 5년 동안 빵집 일을 하면서 알뜰살뜰 모은 돈이었습니다. 경양식집을 내는 데 들일 밑천이었지요. 당시 저의 집이 신림동에 있었어요. 그날 신림역 지하철역에서 내렸는데 길에서 고향 친구를 만난 거예요. 그런데 이 친구가 굉장히 들떠 있더라고요. 자기가 얼마 전 콜롬비아에 갔다 왔는데 천국이 따로 없더라는 거예요. 날씨도 좋고, 사람들도 친절하고, 가기만 하면 돈을 긁어모을 수 있다는 거예요. 초청장 비용과 비행기 삯으로 500만 원만 있으면 콜롬비아에 가서 재벌이 될 거라며 입에 거품을 물었습니다. 제가 가진 기술로 콜롬비아에 가서 빵집을 차리면 재벌 되는 건 시간문제라고 했어요. 거기에 홀딱 넘어가고 말았던 거지요.”

1987년 5월 16일 콜롬비아 보고타 공항에 도착했다. 미국 로스앤젤레스를 거치는 이틀간에 걸친 여정이었다. 노 사장을 비롯한 14명이 안내된 곳은 마르세자라는 동네였다. 한 가정집 2층에 처박아놓고는 그걸로 끝이었다.

역경을 이겨내는 클라이머

└─ 뭔가 먹고살 길을 찾아야 했다. 이곳저곳 동네를 기웃거리며 돌아보기 시작했다. 반갑게도 공원 옆에 빵집이 하나 있었다. 그곳 빵집을 드나들면서 주인인 미겔 감보아에게 한국의 빵 기술을 가르쳐주기 시작했다.

“고등학교 역사 선생님을 하던 분인데 월급이 너무 적다며 때려치우고 빵집을 시작한 분이었어요. 매일 새벽 그 빵집으로 나가서 감보아의 일을 도와주었지요. 그 덕분에 배는 채울 수 있었습니다. 한마디도 하지 못하던 스페인어를 배우는 기회이기도 했고요. 감보아를 통해 지금 아내도 만났습니다. 아내는 감보아의 처제이자 동업자였어요."

아이큐(IQ, 지능지수)나 이큐(EQ, 감성지수)처럼 인간의 능력을 측정하는 방법으로 에이큐(AQ, 역경지수)라는 게 있다. 에이큐는 1997년 미국의 커뮤니케이션 이론가인 폴 스톨츠 박사가 개발한 것으로, 사람에게 역경이 닥칠 경우 이를 극복하는 능력이 어느 정도인지를 수치로 나타낸다.

스톨츠 박사는 자신의 저서 《장애물을 기회로 전환시켜라(Turning Obstacles into Opportunities)》에서 역경에 대처하는 사람들의 스타일을 세 가지 유형으로 분류했다. 어려운 문제에 부닥치면 도망가는 '도피형(Quitter)', 적극적으로 해결책을 찾지는 않으면서 뭉개기만 하는 '안주형(Camper)', 정면으로 부닥치며 역경을 극복하는 '클라이머형(Climber)' 등이다. 스톨츠 박사는 아이큐나 이큐보다 에이큐가 높은 클라이머형들이 인생에서 성공을 거둘 확률이 높다고 주장한다.

스톨츠 박사의 이런 분류에 따르자면 노 사장은 에이큐가 아주 높은 사람이다. 지지리도 가난했던 어린 시절부터 숱한 역경이 닥쳤지만 이를 피하지 않고 하나하나 정면으로 맞서 이겨냈다.

"콜롬비아 제과학원에 다니기 시작했습니다. 이미 빵 만드는 거야 누구보다 자신이 있었지만 콜롬비아 자격증이 필요했던 거지요. 함께 학원을 다니던 콜롬비아 친구들에게 커피빵과 야채빵, 홍당무빵 등 한국에서 배운 기술을 가르쳐주었더니 정말 좋아하더라고요. 물론 콜롬비아만의 제과 기술도 배울 수 있는 좋은 기회였습니다. 한 달 만에 콜롬비아 자격증을 딸 수 있었어요. 1987년 11월 모델로 노르테라는 부자 동네에 있는 '빤 카포네'라는 제과점에 취직을 했습니다. 콜롬비아에 온 이후로 처음 돈을 버는 직장이 생긴 거지요."

음식 시중을 드느라 식사자리에 함께하지 못하던 넬리 여사가 그제
서야 식탁에 합류했다. 정열적인 남미의 여인이라기보다 동양적인 조
신한 분위기를 풍기는 메스티조 여인이었다. 넬리 여사에게 노 사장과
의 사랑 이야기를 들려달라고 청했다.

넬리 여사는 한국말을 대부분 알아듣기는 하지만 말하는 건 아직
서투르다고 했다. 넬리 여사의 말은 노 사장이 그때그때 통역을 해주
었다.

"저의 형부인 감보아가 하던 빵집에서 처음 남편을 만났어요. 제가
절반을 투자했으니 저의 빵집이기도 했지요. 시간이 날 때마다 빵집에
가서 형부 일을 거들어주고는 했지요."

노 사장이 말했다.

"그때 웬 아가씨가 불쑥불쑥 가게에 들러서는 하는 일도 없이 왔다
갔다 하더라고요. 감보아에게 누구냐고 물었더니 웃으면서 자기 처제
이자 자기 동업자라고 하더군요. 넬리가 며칠 동안 보이지 않으면 괜
히 기다려지고 그랬어요. 하루는 왜 그동안 안 왔느냐고 물었더니 직
장 일 때문에 바빴다고 하더라고요. 자기 외삼촌이 경영하는 볼링장
에서 비서 일을 하고 있다고 했습니다. 별 하는 일도 없이 빵집에 자주
들렀어요. 나중에 생각해보니 저를 보러 왔던 거 같아요."

넬리 여사가 미소를 지었다.

"사연이 좀 있었어요. 하루는 형부인 미겔이 빵집 식구들을 전부 자
기 고향으로 초대를 했습니다. 보고타에서 북쪽으로 230km 떨어진

시골이었어요. 그때 철수 씨도 함께 초대를 받았습니다. 그때 미겔이 자기 대모의 딸을 철수 씨에게 여자 친구로 소개시켜주었어요. 제니라는 아이였는데 당시 고등학교 2학년 학생이었습니다. 한국 사람들에게는 이상하게 들리겠지만 콜롬비아에서는 흔히 있는 일입니다. 그때부터 철수 씨와 제니 두 사람 간 펜팔이 시작됐어요. 그런데 우리 신랑이 스페인어를 읽지도 쓰지도 못할 때였잖아요. 제니한테서 연애편지가 오면 저에게 가져와서 무슨 소리냐고 물었습니다. 제니에게 보내는 편지도 제가 대필을 해주었지요. 무슨 영화처럼 연애편지를 대신 써주다가 저도 모르게 철수 씨랑 정이 든 거 같아요."

"저의 어머니가 옛날 분이지만 참 깨인 분이었어요. 처음 어머니에게 여기 여자하고 결혼한다고 말씀드렸더니 네 인생 네가 사는 거니까 알아서 해라 그러시더라고요. 그러면서 한국 돈 50만 원을 부쳐주셨습니다. 그걸로 작은 에메랄드 박은 18K 실반지를 사서 넬리에게 결혼예물로 주었습니다. 결혼식은 검찰 사무실에서 올렸어요. 식구들 몇 명만 참석한 조촐한 결혼식이었습니다."

콜롬비아에 연 한국 빵집

빤 카포네에서 1년 정도 일하니까 수중에 40만 페소, 그러니까 2만 달러 정도가 모였다. 목돈이 생기니 또 내 사업을 해야겠다는 욕구가 발동하기 시작했다. 아내를 통해 이리저리 변통을 하니 100만 페소 정도를 만들 수 있었다. 보고타 시내 남북쪽 아베니다 수바 지역에 있는 리오 네그로라는 동네에 제과점을 차렸다.

"한국 빵집이라는 뜻의 '코레 빤'이라는 가게 이름을 내걸었습니다. 왕복 6차선 대로변에 접한 자리였어요. 그 당시 콜롬비아에서는 생소한 셀프 서비스 제도를 도입했습니다. 직원도 6명이나 뽑았어요. 정말 야심적으로 시작한 사업이었어요."

넬리 여사가 말했다.

"주말마다 남편에게 도시락을 날랐지요. 그때 한국이가 젖먹이 때였어요. 한 손에는 한국이를 뉘인 아부엘라('할머니'라는 뜻으로 이동용 요람)를 들고, 다른 손엔 도시락 가방을 들고 토요일 오후에 가게로 갔어요. 토요일 저녁부터 일요일 하루 종일 세 식구가 가게에서 함께 지냈습니다. 가게 매장의 시멘트 바닥에 매트리스를 깔고 잤어요. 물론 집보다 불편하고 고생스럽기는 했지만 온 가족이 소풍 나온 기분이었습니다. 가난했지만 그때가 가장 행복했던 시절 같아요."

노 사장이 말을 이었다.

"문제는 매상이 오르지 않는다는 것이었어요. 가게 앞이 워낙 대로변이라 차가 과속으로 쌩쌩 달렸어요. 저의 가게로 들고 나는 차들이 아주 불편할 정도였습니다. 주차할 공간도 마땅치 않았습니다. 정말 장사가 되지를 않더라고요. 할 수 없이 가게를 옮기기로 했습니다. 마침 보고타 동쪽 변두리인 라 그랑하라는 동네에 괜찮은 자리가 하나 났더라고요. 정육점을 하던 자린데 큰 공원을 끼고 있었어요. 사람들이 항상 북적거리는 자리였습니다. 그곳에 '가나안'이라는 이름의 빵집을 새로 열었습니다."

정말 배수진을 치는 기분이었다. 이번에 성공하지 못하면 죽는다는 각오로 일을 했다. 그땐 가나안 빵집 일뿐 아니라 전에 다니던 빤 카포네에도 다시 나가기 시작했다.

새벽 4시에 일어나 빵을 만들었다. 오후 1~2시까지는 가나안 빵집 일을 본 뒤 빤 카포네로 출근을 했다. 거기서 오후 7시까지 일을 하고, 가나안 빵집으로 와서 자정 무렵까지 또 일했다.

금방 경제적으로는 안정이 되기 시작했다. 할부로 갚아나가던 기계값을 6개월 만에 모두 털어버렸다. 1년 만에 150만 페소, 그러니까 당시 돈으로 7500달러 정도를 저축할 수 있었다. 그때 비록 중고였지만 차도 한 대 샀다.

그런데 아무리 돈이 좋다지만 몸이 견뎌내지를 못했다. 60kg 나가던 몸무게가 48kg으로 줄었다. 어디서든 잠깐 엉덩이만 붙이면 잠이 쏟아졌다. 화장실에서 일을 보다가 꾸벅꾸벅 졸기도 했다.

그때 넬리 여사가 자리에서 일어서더니 방으로 들어갔다. 그리고는 두툼한 사진첩 하나를 들고 나왔다. 노 사장과 넬리 부부의 젊은 시절 추억들을 간직하고 있는 사진첩이었다. 사진첩 속에는 한국이와 한나, 슬기의 어린 시절 사진들이 정리돼 있었다. 사진첩을 넘기던 넬리 여사가 사진 한 장을 손가락으로 가리켰다.

"빵집을 정리할 무렵 우리 신랑 모습입니다. 정말 꼬챙이처럼 말랐지요. 그때 제가 혼자서 얼마나 속을 태웠는지 몰라요. 하루는 큰애 한국이만 데리고 서울에 다녀오겠다고 하더라고요. 그땐 정말 더럭 겁이 났습니다. 아들 데리고 들어가서 다시 돌아오지 않을 것만 같았거든요. 그 일 때문에 몇 달 동안 티격태격했습니다. 결국 남편 고집을 꺾지 못했어요. 그때 갓 두 살 난 한국이만 데리고 서울로 가더군요. 다시 돌아오는 날까지 내내 불안했습니다."

"그땐 정말로 한국으로 다시 돌아가는 문제를 심각하게 생각했지요. 한 달 동안 어머니가 해주는 밥을 먹으면서 이것저것 알아봤습니다. 그런데 사정이 여의치 않더라고요. 다시 콜롬비아로 돌아왔지요. 일단 빵가게를 정리했습니다. 동서가 빵가게를 하는 마르세자에 작은 집을 하나 얻어서 이사를 갔습니다. 그게 아마 1991년 6월 초일 거예요. 우리 큰딸 한나 생일이 1991년 6월 5일인데 이사를 하자마자 며칠 후 태어났기 때문에 기억을 합니다. 제 인생에서 빵 만드는 일과의 인연은 그걸로 끝이었습니다."

이곳 시장이 나를
다시 일으켜 세웠습니다

언젠가 한번 꼭 만나고 싶었던 시몬 볼리바르가 거기 서 있었다. 시몬 호세 안토니오 데 라 산티시마 트리니다드 볼리바르 이 팔라시오스 폰테 블랑코(Simón José Antonio de la Santísima Trinidad Bolívar y Palacios Ponte Blanco)는 후손들이 자신의 이름을 붙여 조성한 볼리바르 광장을 굽어보며 서 있었다.

볼리바르는 그의 긴 이름과는 달리 마흔일곱이라는 짧은 삶을 살았지만 콜롬비아와 베네수엘라, 에콰도르, 페루, 볼리비아 등 다섯 나라를 스페인의 식민통치에서 해방시키는 데 앞장선 영웅이다. 볼리바르는 비록 남미 통일국가의 꿈을 이루지 못한 채 외딴 별장에서 결핵으로 쓸쓸히 삶을 마감했지만 남미 사람들의 가슴에는 여전히 생생하게 살아 있는 인물이었다.

볼리바르 광장은 고풍스런 대성당과 대통령관저, 의사당으로 둘러싸여 있었다. 한가운데 자리한 대성당은 마치 양팔을 벌려 대통령관저와 의사당을 어깨동무한 채 광장을 품고 있는 것처럼 보였다. 나들이를 나온 시민들이 던져주는 옥수수 맛에 길들여진 비둘기 떼들이 새까맣게 광장을 메우고 있었다.

그때 광장 한구석에 이상한 광경이 눈에 들어왔다. 노숙자 행색을 한 10여 명의 사람들이 자신들의 몸에 쇠사슬을 감은 채 시위를 하고 있었다. 자기들의 주장을 적은 큼지막한 대자보도 걸려 있었다. 노 사장에게 대자보에 쓰인 글이 무슨 내용이냐고 물었다.

"지방에서 올라온 민원인들이에요. 갱단이 자기들의 땅을 빼앗고 내쫓았다고 주장하고 있습니다. 대통령에게 빼앗긴 자기들의 땅을 찾아달라고 하소연하고 있는 겁니다. 콜롬비아에 유일한 흠이 있다면 치안이 불안하다는 점입니다. 아직도 좌익 반군단체인 콜롬비아무장혁명군(FARC)이 활동을 하고 있으니까요. 지난 50여 년간 반군과의 지루한 싸움을 해온 나라입니다. 게다가 콜롬비아는 마약 밀매조직 때문에 험악한 이미지를 지니고 있지요. 1993년 사망한 파블로 에스코바르는 세기적 악명을 떨친 마약왕이지요. 콜롬비아 최대 마약 밀매조직 메데인 카르텔을 창설해서 전 세계에 코카인을 밀매했습니다. 에스코바르의 명령에 의해 400명 이상이 살해된 것으로 알려져 있지요. 《포브스》지가 뽑은 세계 7대 부자에 선정되기도 했어요. 에스코바르의 자택에는 비행장, 사설 군대, 동물원까지 있었다고 합니다."

에스코바르는 한 부하의 배신으로 은신처가 들통나면서 도주 중 사살됐다.

"에스코바르의 사망 이후 마약 조직들이 과거보다는 많이 위축됐습니다. 반군의 세력도 대부분 소멸됐고요. 사업을 하기에 위협적인 요소는 많이 사라졌다고 할 정도로 안정이 됐습니다. 무엇보다도 콜롬비아 사람들이 한국에 대한 감정이 아주 좋아요. 콜롬비아가 중남미에서는 유일하게 한국전 참전국이라서 그런 모양이에요."

볼리바르 광장을 둘러본 뒤 들른 곳은 200여 개의 포목점이 들어서 있다는 알께리아 시장이었다. 알록달록한 옷감을 진열한 포목점들로 꽉 들어찬 거리였다.

포목점 거리로 들어선 노 사장의 발걸음이 갑자기 빨라졌다. 들르는 가게마다 주인과 반갑게 포옹을 하며 인사를 나누었다. 마치 오랫동안 헤어졌다가 해후한 동기간들끼리의 인사처럼 요란했다.

"빵가게를 정리하고 궁핍한 처지에 있던 저를 일으켜 세운 곳이 바로 이곳 원단시장 골목입니다. 10년 가까이 이곳 시장을 누비며 원단을 팔러 다닌 곳이지요. 빵집을 정리한 돈으로 처음엔 한국에서 '아타리'라는 비디오게임기 부품을 들여다가 팔았어요. 아타리는 아마도 미국 사람이 세계 최초로 개발한 비디오게임기였을 겁니다. 한국 사람들이 이미 콜롬비아에 아타리 게임기를 많이 들여다가 보급한 상태였습니다. 그래서 부품을 들여오면 장사가 될 줄 알았지요. 결론부터 말하자면 겨우 원금만 건졌습니다."

그러다가 1991년 말에 원단사업을 시작했다. 당시 아내의 친구 중에 파나마에서 원단을 수입해 파는 이가 있었기 때문이었다.

노 사장은 원단 견본을 들고 보고타 시내 포목점들을 돌기 시작했다. 견본이라고 해봤자 가로 10cm, 세로 7cm 크기로 오린 원단 조각이었다. 번듯한 가방 하나 없이 누런 봉투를 옆구리에 끼고 시장 골목을 돌아다니는 노 사장을 보고는 원단가게 사장님들이 웃었다.

몸으로 부닥치니까 서서히 문이 열리기 시작했다. 6개월 만에 서류 가방도 하나 샀다. '꼬레 텍'이라는 회사 간판을 걸고, 창고도 빌려서 본격적으로 사업을 확장하기 시작했다.

그러다가 정말 제대로 된 원단사업을 하게 된 건 여동생 연실이 덕분이었다. 동생은 지금 보고타 산안드레시토 시장에서 옷가게를 하고 있다. 당시 동생은 한국에서 미국계 란제리 회사를 다니고 있었다.

"동생이 출장을 다니면서 원단을 파는 회사의 사장들을 상대했어요. 그중 한 분과 이야기를 하다가 우연히 제 이야기를 하게 된 거지요. 오빠가 콜롬비아에서 원단 오퍼상을 한다고 하니까 그럼 소개를 시켜달라고 부탁을 한 거지요. 그 사장님이 서울로 나와서 제대로 원단을 배우는 게 어떠냐고 그러시더라고요. 워낙 제가 원단에 대해서 몰랐어요. 서울에 들어와서 한 달 정도 머물면서 원단 공부를 제대로 했지요. 보고타로 다시 들어오면서 원단 견본들을 가득 들고 들어왔습니다. 원단을 조금 알게 되니까 포목점 사장님들을 만나도 자신감이 들더라고요. 당시 우리나라 원단들의 품질이 워낙 좋기도 했고요."

1993년부터는 원단장사로 돈을 긁어모으기 시작했다. 그 전해에 18만 달러 정도 하던 매출이 1년 만에 40만 달러, 그다음 해엔 80만 달러로 수직상승했다. 한 달에 우리나라 돈으로 6000만~7000만 원씩 돈이 들어오기 시작했다.

"그때 번 돈으로 산안드레시토 시장에 옷가게도 3개 살 수 있었습니다. 그런데 1998년부터 원단장사가 내리막길을 걷기 시작했어요. 그래서 2001년 말에 원단장사를 걷어치웠지요. 원단사업을 접은 이유는 장사가 시들해진 탓도 있지만 미국으로 본거지를 옮기고 싶었습니다."

미치지 않으면
미칠 수 없다

2002년 2월 미국 마이애미로 들어갔다. 혼자 6개월 살면서 뭘 할까 궁리를 했다. 그러다가 시작한 게 자동차 정비공장이었다. 무엇보다도 스페인어에 자신이 있었다. 히스패닉계 주민들을 상대로 영업을 할 수 있다는 계산을 했다.

2002년 가을, 마이애미 441 애비뉴 미라마르 지역에 '트리플A 서비스'라는 자동차 정비소를 차렸다. 정비공장 세팅을 해놓고 아이들 3명을 미국으로 데려왔다. 아이들을 미국에서 공부시키고 싶었기 때문이었다.

당시 한국이는 중학교 1학년, 한나는 초등학교 4학년, 슬기는 다섯 살이었다. 아내는 콜롬비아에 남아서 옷가게를 하기로 했다. 정비소를 하면서 아이들 먹이고 씻기고 학교 뒷바라지하는 일까지 모두 노 사장혼자 할 수밖에 없었다.

"미국 사람들이 우스갯소리로 이런 말을 합니다. 미국에서는 변호사와 의사, 정비사 3명만 잘 알면 인생 사는 데 고달픔이 없다고요. 정비 기술자들이 엄청나게 골탕을 먹이거든요. 정비사가 수리를 잘못하는 바람에 클레임도 숱하게 걸렸어요. 정품 가격으로 돈을 받아 자기 주머니에 챙겨 넣고는 싸구려 중고 부속으로 갈아 끼워 넣는가 하면, 심지어 차 수리를 맡긴 손님의 차에서 멀쩡한 부품을 고물 부속과 바꿔치기하는 짓까지 벌이더라고요. 공장의 공구와 부품들에도 손을 댔습니다. 특히 정비사 두 명 중에 아르헨티나 친구가 한 명 있었는데 아주 손버릇이 나빴어요. 한번은 그 친구 차의 트렁크를 열어보니 부품이 가득 들어 있더라고요. 심지어 손 닦는 수건까지 훔쳐내 갔습니다. 정비공장을 하면서 머리가 안 돌아버린 게 다행일 정도였습니다."

2003년 7월 결국 정비공장을 접었다. 2003년 12월 25일 미국 생활을 정리하고 다시 콜롬비아로 돌아왔다.

"그날이 크리스마스 날이어서 잊어버리지도 않아요. 방 3개짜리 싸구려 아파트를 구했어요. 우리나라 18평짜리 아파트 정도 크기였을 겁니다. 문이 너무 작아서 식탁을 옆으로 누여서 간신히 들여놓아야 했을 정도로 작은 아파트였어요. 뭔가 처음부터 다시 시작해야 하는 출발 선상에 서게 된 거지요."

지나는 사람과 어깨가 부딪쳐 걷기가 불편할 정도로 어마어마한 인파였다. 알께리아 포목시장과는 비교도 안 될 정도로 사람들로 넘쳐났다. 서울에 동대문시장과 남대문시장이 있다면 보고타에는 마두르곤 시장과 산안드레시토 시장이 있다. 마두르곤 시장이 서민들 위주의 값싼 물건들을 많이 취급한다면, 산안드레시토 시장은 그보다는 좀 더 경제력이 있는 중산층 주민들이 찾는 곳이다.

마두르곤 시장은 볼리바르 광장에서 차로 10분 거리에 위치해 있었다. 남대문시장처럼 도심 한가운데 위치한 시장이었다.

"시장은 돈이 흐르는 강입니다. 돈을 벌려면 시장으로 와야 합니다. 제가 빵장사를 집어치운 뒤 저에게 큰돈을 만질 수 있게 해준 곳이 바로 시장입니다. 미국에서 잠시 자동차 정비공장을 하다가 홀라당 들어먹은 뒤 돌아와 다시 재기의 발판을 마련한 곳이 바로 이곳 마두르곤과 산안드레시토 시장입니다."

알께리아 시장에서처럼 마두르곤 시장에서도 노 사장은 또다시 시장 사람들과 요란한 인사를 나누기 시작했다. 10여 년 세월이 흘렀는데도 예전 함께 장사를 했던 사람들이 여럿 시장을 지키고 있었다.

시장은 이제 겨우 오후 2시를 넘긴 시각이었는데도 파장 분위기가 물씬했다.

"이곳은 서울의 남대문이나 동대문 새벽시장과 비슷합니다. 새벽 3시에서 정오 사이에 장이 섭니다. 미국 마이애미 정비공장 사업을 실패하고 난 뒤 승부를 건 곳이 바로 새벽시장이에요. 마두르곤 시장은 다른 시장과는 달리 아주 험하고 드센 곳입니다. 처음 제가 이곳에 옷가게 두 개를 냈을 때 콜롬비아 현지인 이외에 외국인은 저밖에 없었어요. 이곳에 가게 두 곳을 냈지요. 산안드레시토에는 제가 마이애미에 있는 동안 아내가 관리하던 옷가게 세 곳이 그대로 있었고요. 다섯 곳으로도 성에 차지 않았어요. 그래서 프리메로 마요라는 동네에 추가로 가게 두 개를 냈습니다. 총 7개 매장을 낸 거지요. 저는 뭘 하더라도 화끈하게 벌이는 성격이거든요."

불광불급(不狂不及)이라고 했던가. 세상 어떤 일이든 미치지 않으면 미칠 수 없다는 얘기다. 노 사장은 일단 무슨 일이든 시작하면 미친 듯 매달렸다. 그 결과 말 한마디 통하지 않는 이역만리에서 시작한 사업들을 대부분 성공으로 이끌 수 있었다.

노 사장은 지금도 콜롬비아와 페루, 한국, 중국 등을 안방과 건넌방 오가듯 하면서 사업을 벌이고 있다. 가진 거라곤 중학교 졸업장밖에 없고, 내세울 인맥도 하나 없지만 글로벌 비즈니스를 하는 데 아무런 불편을 느끼지 않고 있다. 세상 어디를 가든 '열정'이라는 스펙 하나만 가지면 다 통한다는 게 노 사장의 지론이다.

08

하노이의 꿈

한치옥 장은숙 부부

VIETNAM

VIETNAM

"세상을 살면서 선택의 기로에 섰을 때마다 위기십결을 돌아보고는 합니다. 베트남에 오게 된 이유를 한마디로 줄여 말하자면 위기십결 중 하나인 '사소취대(捨小取大)'입니다. 작은 것은 버리고 큰 것을 취하라는 뜻이지요."

KOREAN

하노이의 꿈

한치옥 장은숙 부부

DIASPORA

태초부터 인간은 하늘에 오르기를 갈망했다. 그래서 높은 탑을 만들기 시작했다. 사람들은 벽돌을 굽고 역청을 만들어 바벨탑을 쌓았다. 하늘까지 닿는 탑을 세워 이름을 날리기를 원했다. 하느님께서 이를 보시고는 걱정을 하셨다. 그리하여 인간들의 말을 뒤섞어놓았다. 서로 남의 말을 알아듣지 못하게 만들어버린 것이다. 결국 바벨탑은 물거품이 되고 말았다.

그러나 인간의 DNA는 변하지 않는 것일까. 창세기 시절이나 지금이나 고층 건축물을 세우려는 인간의 욕망에는 변함이 없다. 미국의 뉴욕이나 중국의 상하이, 중동 아랍에미리트의 두바이 등 전 세계 곳곳에서 고층빌딩들이 경쟁적으로 올라가고 있다. 두바이의 '부르즈 할리파(Burj Khalifa)'는 높이 828m에 163층으로 현재까지는 세계 최고층 빌딩의 자리를 차지하고 있다.

베트남에 부는
건설 한류의 주역

베트남이라고 예외는 아니다. 하노이와 호치민 등 대도시에는 우후죽순처럼 고층빌딩들이 들어서고 있다.

베트남 최고층 빌딩은 하노이 신도시 팜훙로에 위치한 경남랜드마크72다. 미려하고 날렵한 몸매의 72층짜리 빌딩이 하늘을 향해 까마득하게 솟구쳐 있다. 그 옆으로 50층짜리 빌딩 2동이 나란히 서 있다. 주변의 올망졸망한 건물들이 베트남 최고층 빌딩인 경남랜드마크72를 더욱 돋보이게 한다.

호랑이는 죽으면 가죽을 남기고 사람은 죽으면 이름을 남긴다. 경남랜드마크72는 고 성완종 경남기업 회장이 지었다. 주거시설과 백화점, 풀장 등이 들어선 주상복합시설이다. 성 회장은 2015년 4월 9일 자살로 생을 마감한 비운의 주인공이다. 그는 북한산 형제봉 매표소 인근 나무에서 목을 매 숨진 채 발견됐다. 성 회장은 죽었지만 경남랜드마크72는 베트남의 명물로서 우뚝하게 남았다. 성 회장은 경남랜드마크72와 함께 자신의 이름을 남긴 걸까?

그러나 성 회장은 건설회사 경영주였을 뿐 건축가는 아니었다. 경남 랜드마크72는 글로벌 건축설계 기업인 엄이건축과 희림, 삼우설계 등이 설계를 맡았고, 경남기업이 건축을 맡았다.

고층빌딩의 건설현장에는 설계도면을 바탕으로 실제 작업을 지휘하는 CM(Construction Manager, 고층빌딩 건설관리자)이 있다. 건설현장의 일선 사령관 격인 CM은 건설공사에 대한 기획과 타당성조사, 자재조달, 시공관리, 감리, 평가, 사후관리 등의 업무를 도맡아 한다.

경남랜드마크72 설계 초기 단계의 CM을 맡았던 인물은 베트남 건축업계에서 15년째 활동하고 있는 한치옥(61) 하나건설 사장이다. 한 사장은 10여 년 동안 프리랜서 CM으로 일하며 베트남 대도시의 스카이라인을 바꾸는 데 일익을 담당했다. 하노이의 최고층 빌딩인 경남랜드마크72와 중부 해안도시 다낭의 37층짜리 블루밍타워, 다낭 스포츠홀, 후에 종합병원 등 굵직굵직한 건설공사의 수주와 기획을 담당했다.

10년 가까이 프리랜서로 활동하면서 베트남 건설시장을 파악한 한 사장은 2013년 종합건설회사인 엄이건축비나(현 하나건설)를 설립했다. 엄이건축비나는 설립 첫해인 2013년 25억 원의 매출을 올렸다. 이어 2014년 80억 원과 2015년 150억 원 규모의 실적을 올렸다. 커넥터 등 전기부품을 생산하는 아모비나 빈푹 공장을 비롯해 휴대전화 부품 회사인 산하일렉트로닉스의 빈푹 공장, 하노이 근교의 우주 목재펠릿 공장 등 200만~300만 달러짜리 건설공사를 잇달아 수주했다.

한 사장과 함께 경남랜드마크72를 찾았다. 베트남 최고의 고층빌딩이라는 명성에 비해 경남랜드마크72의 내부는 한산하기 짝이 없었다. 중국계 팍슨 백화점이 입점했다가 철수한 자리는 여전히 비어 있었다. 호텔 자리로 꾸며놓은 62~70층도 아직 입주할 손님을 찾지 못한 상태였다.

초고속 엘리베이터를 타니 순식간에 72층 전망대에 내려준다. 전망대에는 5차원(5D) 상영관과 아트갤러리, 홍보관, 카페 등이 들어서 있었다. 경남랜드마크72 전망대의 가장 큰 매력은 구름 위에 솟아 있다는 점이다. 하노이 전경을 350m 높이에서 360도 내려다볼 수 있다.

경남랜드마크72 전망대에서 내려다본 하노이 신도시는 거대한 건설현장이었다. 곳곳에 빌딩을 짓는 타워크레인들이 우뚝우뚝 솟아 있었다. 가파르게 성장하는 베트남 경제의 모습을 생생하게 증언하고 있었다.

한 사장이 발아래 펼쳐져 있는 하노이 시내를 내려다보면서 대표적인 고층건물들을 하나하나 설명해주었다.

"저기 호떠이(서호) 쪽에 우뚝 서 있는 건물은 64층짜리 롯데센터 하노이입니다. 그 옆으로 웅장함을 다투는 메리어트 호텔과 하노이타워도 하노이의 랜드마크급 빌딩들이라고 할 수 있지요. 한 가지 자랑스러운 건 하노이의 스카이라인을 구성하는 이들 건축물들이 대부분 한국 건설업체들이 지은 것이라는 사실입니다. 베트남에 오래전부터 '건설 한류'가 불고 있어요. 베트남 건설경기는 2008년 세계 금융위기 때 직격탄을 맞기도 했습니다. 우리 건설회사들도 어려움을 많이 겪었지요. 그러다가 2012년 하반기부터 살아나기 시작했어요. 하노이의 경우 광역도시 계획에 따른 도심 재개발과 도시외곽 신도시 건설 등 큰 공사들이 서서히 기지개를 켜고 있습니다."

작은 것을 버리고
큰 것을 취하라

└ 한 사장은 한국에서도 손꼽히던 고층빌딩 건설관리(CM) 전문가였다. 30대 초반 건축기술사 자격을 획득한 그는 1990년대 서울 남대문 앞 연세재단 세브란스빌딩(지상 24층)과 여의도 유화증권 빌딩(지상 20층), 잠실 월드타워(지상 20층) 등의 CM으로 활약하면서 고층빌딩 건축 전문가로서 입지를 굳힌 인물이다. 그런 한 사장은 무슨 사연으로 베트남에 와서 사업을 하고 있는 걸까.

경남랜드마크72 스카이라운지 카페에 앉아 커피 한잔을 시켰다. 한 사장이 베트남에 진출하게 된 사연을 청했다. 그랬더니 뜬금없이 바둑 이야기를 시작했다.

한 사장은 아마 7단의 바둑 고수다. 한때 프로 바둑 기사를 꿈꿨을 정도로 바둑에 재능을 타고났다. 프로 기사의 길을 걷지는 않았지만 바둑에 대한 열정만은 아직도 간직하고 있다. 지금도 '하노이 바둑 동호회' 회장을 맡아 베트남에 바둑을 전파하는 일을 하고 있다. 어린이 바둑교실을 후원하고, 베트남 국가대표를 가르치는 일도 하고 있다.

8세기 중엽 당나라 현종 시절 왕적신(王積薪)이라는 바둑의 고수가 있었다. 황제와 바둑을 두는 일을 담당하는 기대조(棋待詔)라는 벼슬을 지낸 이였다. 적수를 찾아보기 힘든 당대 최고의 고수였다. 왕적신은 바둑을 둘 때 명심하고 준수해야 할 원칙을 열 가지로 정리했다. 바둑계의 십계명으로 통하는 '위기십결(圍棋十訣)'이다. 1200여 년 전 그가 정리한 위기십결은 첨단과학문명 속에서 사는 오늘날 현대인들에게도 촌철살인의 지혜를 주고 있다.

"세상을 살면서 선택의 기로에 섰을 때마다 위기십결을 돌아보고는 합니다. 베트남에 오게 된 이유를 한마디로 줄여 말하자면 위기십결 중 하나인 '사소취대(捨小取大)'입니다. 작은 것은 버리고 큰 것을 취하라는 뜻이지요."

삼척동자라도 작은 떡보다는 큰 떡을 집어 든다. 문제는 크고 작음을 보는 안목이다. 고수들은 당장 눈앞의 크고 작음뿐 아니라 그 너머로 이어지는 지평의 넓이를 가늠한다.

2004년 한 사장은 보통 사람의 눈으로는 이해하기 어려운 선택을 했다. 사소취대의 가르침과는 정반대의 선택을 한 것이다. 서울 용산 전자상가에 들어서는 300억 원 규모 공사의 CM을 맡아달라는 제안을 뿌리친 채 30억 원짜리 공장 건물을 짓기 위해 베트남으로 건너왔다. 10분의 1밖에 안 되는 작은 떡을 집어 든 선택이었다.

한 사장이 한국 건축업계에서 그동안 쌓아온 고층빌딩 전문가로서의 화려한 경력은 한평생 고소득과 명예를 보증하고 있었다. 그런 편안한 인생을 포기한 채 미지의 해외무대로 새로운 삶을 개척하러 나선 것이다. 긴 안목으로 계산한 사소취대의 결정이었다. 한 사장은 무섭게 성장하기 시작한 베트남 경제의 미래 가능성을 내다봤다.

1986년부터 '도이모이(쇄신)' 경제개방정책을 채택한 베트남은 연평균 7~8%의 높은 경제성장률을 꾸준하게 지속하고 있었다. 베트남은 신흥시장 중 가장 가파른 경제성장을 하고 있는 나라들 중 하나다.

2001~2010년 베트남의 경제성장률은 한 해 평균 7.2%를 기록했다. 2011~2014년 대외여건의 악화로 인해 베트남의 경제성장률은 5~6%대 초반으로 떨어지면서 주춤했다. 그러나 2015년 6.68%의 경제성장률을 기록하면서 다시 고도성장 궤도로 진입했다. 인구 9000만의 든든한 시장은 다시 용틀임을 시작했다.

한 사장은 심각한 레드오션으로 변한 한국의 건설시장보다는 새롭게 떠오르는 신흥시장 베트남이 더 큰 떡이라는 판단을 내린 것이다.

"섬유의류 회사인 기도산업의 박장희 회장님이 저의 보성고 선배이자 연세대 선배입니다. 저랑 이따금 만나서 수담을 즐기는 바둑 친구이기도 하지요. 박 회장님이 베트남과 중국에 봉제공장을 짓고 싶다고 하더라고요. 저보고 도와달라고 했습니다. 그때 뭔가 새로운 변신을 하고 싶을 때였어요. 해외로 나가보는 것도 괜찮은 선택일 거라는 판단을 했습니다."

강한 벽에 부딪혔을 때는
과감하게 돌을 포기하라

2004년 5월 한 사장은 베트남에 발을 디뎠다. 베트남이 워낙 뜨고 있을 때였다. 기도산업 공장을 지으면서 베트남 건설시장을 들여다보려는 심산이었다. 이듬해 4월까지 하노이 인근의 흥옌성과 중국 칭타오에 있는 기도산업 공장 건설공사를 했다.

한 사장이 그다음 벌인 사업이 바로 하노이의 경남랜드마크72 건설공사였다. 경남랜드마크72 건설공사의 '실시설계'를 담당했던 곳은 한국 건축설계 업계에서 다섯 손가락 안에 꼽히는 엄이건축이었다.

"엄이건축 이관표 사장님이 도와달라고 부탁을 하더라고요. 2006년 5월부터 경남랜드마크72 프로젝트의 '기획설계 매니저'로 일을 시작했습니다. 베트남에서도 고층빌딩 짓는 일을 시작한 거지요. 처음 우리 회사 이름을 엄이건축비나로 지은 이유도 이때 엄이건축과 맺은 인연에서 비롯된 것입니다."

2008년 3월부터는 베트남 중부 중심도시인 다낭에서 벽산건설이 시공을 맡은 고층 주상복합아파트인 '블루밍타워 다낭'의 CM 본부장 일을 시작했다. 블루밍타워 다낭은 다낭만 연안 1만여m² 부지에 지하 2층, 지상 37층, 140m 높이로 들어서는 다낭의 랜드마크 빌딩이었다.

한동안 하노이와 다낭을 오가며 일을 함께 했다. 그러던 중 다낭 스포츠홀 건설공사의 CM까지 맡게 됐다. 하노이보다 다낭의 일이 더 많아졌다. 아예 거처를 다낭으로 옮겼다. 그리고는 블루밍타워 다낭과 다낭 스포츠홀 공사에 매달렸다.

브라질에 있는 나비의 날갯짓은 미국 텍사스에 토네이도를 발생시킬 수도 있다. 미국의 기상학자 에드워드 로렌츠가 1961년 기상관측을 하던 중 생각해낸 이른바 '나비효과'다. '나비효과' 개념은 훗날 카오스 이론(Chaos Theory)의 토대가 되었다.

2008년 10월 미국 월가에서 나비의 날갯짓이 아닌 토네이도가 발생했다. 세계적 투자은행 중 하나인 리먼브라더스 파산을 시작으로 미국의 금융위기가 발발한 것이다. 자본주의 심장이라고 할 수 있는 미국의 금융위기는 지구 반대편인 베트남까지 그 여파를 미쳤다.

"과열 조짐까지 보이던 베트남의 부동산 경기가 한순간에 얼어붙기 시작했어요. 모든 대형공사가 중단됐습니다. 베트남 전역에 타워크레인이 돌아가는 곳을 찾아보기 어려울 정도였어요."

다낭 블루밍타워 공사에도 차질이 빚어지기 시작했다. 자금이 돌지 않으면서 공사의 진척도 눈에 띄게 늘어졌다.

발주사와 시공사 사이에 이견과 갈등이 불거지기 시작했다. 건설현장의 오케스트라 지휘자 격인 CM의 입장에서 어느 장단에 춤을 춰야 할지 난감한 지경이었다. 현장의 노동자들은 손을 놓은 채 작업지시만 기다리고 있었다.

엄청난 압박감이 밀려왔다. 저녁에 잠을 자려 누우면 숨이 턱턱 막혔다. 상체를 베개로 받쳐줘야 간신히 숨을 쉴 정도로 기력이 떨어졌다. 홍삼과 약에 의존하면서 1년 정도를 버텼다.

왕적신은 위기십결에서 '봉위수기(逢危須棄)'를 강조했다. 봉위수기는 강한 벽에 부닥쳤을 때는 과감하게 돌을 포기하라는 가르침이다. 작은 돌을 살리려다가 대마를 위험에 빠트릴 수 있다. 그러기보다는 아낌없이 돌을 버리고 다른 곳에서 만회를 꾀하는 것이 올바른 선택이라는 것이다.

한 사장은 다낭 사업에서 깨끗하게 손을 떼기로 마음을 먹었다.

형세가 외로울 때는
싸우지 말고 평화를 취하라

┗

2010년 10월 다낭의 일을 정리한 뒤 하노이로 올라왔다. 지친 몸도 추스를 겸 한 달 정도 쉬었다. 그렇지만 세상은 한 사장을 편안하게 빈둥거리도록 내버려 두지 않았다. 베트남의 건설경기가 시들시들한 가운데에도 한 사장에게는 일감이 들어오기 시작했다.

한국의 제조업체들이 꾸준히 베트남으로 들어오고 있을 때였다. 손바닥만 한 베트남 한인 사회에서 한 사장에 대한 입소문은 이미 널리 퍼져 있었다. 몇 군데에서 공장을 지어달라는 주문이 들어왔다.

수십 층짜리 고층빌딩을 짓는 일은 아니었지만 베트남의 속살을 들여다보고 배우기에는 그만큼 좋은 일이 없었다. 베트남에서 공장을 짓기 위해서는 베트남 사람들 한복판으로 깊숙이 뛰어들어야만 했기 때문이다. 베트남을 몸으로 배울 수 있는 기회였다.

"중부지방 응에안성에서 한 봉제업체의 공장을 지을 때였어요. 터파기 공사를 막 시작하려던 참이었습니다. 그런데 갑자기 군인들이 들이닥치더라고요. 깜짝 놀랄 수밖에 없었지요. 알고 보니 군인들이 지뢰탐지를 해주기 위해서 왔더라고요. 베트남전쟁 당시의 불발탄이나 지뢰가 묻혀 있을 수 있거든요. 그때 우리 공장 부지에서 폭발물이 7개나 나왔습니다. 멋모르고 공사를 시작했다가 큰일 날 뻔했지요."

베트남전쟁은 1975년 4월 남베트남의 항복과 미군의 철수로 막을 내렸다. 그러나 전쟁 당시 미군이 항공 투하했거나 매설했던 수백만 톤의 폭발물들 중 상당수는 지금도 여전히 베트남 구석구석에서 베트남 국민들의 목숨을 위협하고 있다.

전쟁 직후 베트남 전역에 남아 있는 불발탄 및 지뢰는 약 80만 톤으로 추산되고 있다. 그러나 이 중 3~4%만 제거됐을 뿐이다. 1975년 전쟁이 끝난 이후 베트남에서는 불발탄과 지뢰 폭발로 지금까지 4만여 명이 숨지고 6만여 명이 다쳤다. 한쪽에서 지뢰를 제거했다고 방심하면 또 다른 종류의 지뢰가 엉뚱한 곳에서 터져 나온다.

바람 잘 날이 없는 게 해외 공사현장이다. 주변 마을 사람들이나 공사 관계자들이 제기하는 이런저런 민원 때문에 골치 아픈 상황을 맞는 경우도 적지 않았다.

응에안성 봉제공장 건설현장에서 군인들의 지뢰제거 작업이 끝나고 터파기 공사를 막 시작할 무렵이었다. 이번에는 갑자기 정체불명의 굴삭기 두 대가 들이닥치더니 공사장 진입로를 막아버렸다. 굴삭기와 함께 나타난 사나이의 손에는 총이 들려 있었다.

불도저를 동원하고 총을 들고 설치는 사람에게 법과 상식이 통할 리 없었다. 경찰을 부를까 생각도 해보았지만, 자칫 엉뚱한 방향으로 일이 커질 것 같아 그만두었다. 누구라도 잔뜩 겁을 집어먹을 수밖에 없는 상황이었다. 한국 기술자들은 물론 베트남 공사 관계자들도 전전긍긍할 뿐 선뜻 나서는 사람이 없었다.

한 사장은 정면으로 대응하는 게 무리라는 판단을 했다. 세고취화(勢孤取和). 형세가 외로울 때는 싸우지 말고 평화를 취하라는 위기십결의 가르침이다.

"타국의 외진 농촌에서 악에 받친 사람이 막무가내로 덤벼드는 형국이었습니다. 먼저 상황을 파악해보기로 했습니다. 소동을 일으킨 사람은 알고 보니 당초 봉제공장 시공을 맡기로 돼 있던 베트남 업체 사장이었어요. 그런데 봉제회사의 베트남 현지인 간부가 약속을 어기고 다른 시공업체에 공사를 맡겼더라고요. 다른 업자와의 사이에 모종의 뒷거래가 있었던 거지요."

뭔가 그 친구를 달랠 수 있는 대안을 제시해야 했다. 그가 물러날 수 있는 명분과 실리를 챙겨줘야 했다. 고심 끝에 공사장 부지 기반을 다지는 성토공사를 맡아달라고 설득을 했다. 공장부지 7만m^2에 성토를 하는 일이었다. 적지 않은 이문이 남는 공사였다.

다행히 그 타협안이 먹혀들었다. 하루 만에 난동이 정리됐다. 하마터면 파국으로 갈 수도 있는 상황을 무사히 마무리할 수 있었다.

상대의 영역에 뛰어들 때는
완급을 조절하라

베트남 사람들의 자존심은 유별나다. 중국 삼국시대 최고의 전략가였던 제갈공명에게 일곱 번 사로잡히면서도 굴복하지 않았던 '칠종칠금(七縱七擒)'의 주인공인 맹획이 베트남 사람으로 알려져 있다. 베트남 사람들은 자존심에 손상을 입으면 격한 행동을 하기도 한다.

"응에안성에 있는 우리나라 봉제업체 공장을 지어놓고 직원모집을 할 때였습니다. 1500명을 모집한다는 공고를 냈는데 그 몇 배는 되는 사람들이 몰려들었습니다. 모집인원 자체가 많은 데다가 응모자는 훨씬 더 많았기 때문에 며칠 동안 체계적으로 나눠서 해야 하는 일이었어요. 그런데 무턱대고 하루 만에 해치우려고 덤벼들었던 거지요. 그 뜨거운 뙤약볕 아래 물 한 모금 주지 않은 채 하루 종일 기다리게 한 겁니다. 베트남 사람들이 나중에 웅성웅성하더니 공장 건물을 향해 돌을 던지기 시작하더라고요. 참다못해 폭동을 일으킨 거지요. 공장 유리창이 모조리 깨져버렸습니다. 직원들은 사무동 건물로 도망을 가서 문을 걸어 잠근 채 경찰에 신고를 했습니다. 경찰이 느지막이 출동을 하더라고요. 그리고 나서야 상황을 수습할 수 있었습니다."

입계의완(入界宜緩). 상대방 영역에 뛰어들 때는 급하게 깊이 뛰어들지 말고 천천히 속도조절을 하라는 위기십결의 교훈이다.

해외에 진출한 한국 기업들 중에는 그 지역 사람들의 정서나 문화를 무시한 채 '빨리빨리'를 외치다가 낭패를 보는 경우가 적지 않다. 한국인들의 타고난 '빨리빨리' 성정(性情)은 정보기술(IT) 발전의 밑거름으로 작용하기도 했다. 그러나 해외에서 일하는 한국인들은 급하게 몰아붙이는 한국식 일처리 때문에 현지인들과 간혹 충돌을 빚고 있다. 현지와의 문화적 차이를 무시한 채 한국식 잣대를 적용하면서 적지 않은 부작용을 낳고 있는 것이다.

한국식 기업문화와 경영방침을 이식시키더라도 그들과 호흡을 맞추는 게 중요하다. 새로운 경계를 넘어설 때 서두르게 되면 자칫 일을 그르치기 십상인 것이다.

한 사장은 중간에 끼여 있는 입장이었다. 성질 급한 한국의 공사 발주자와 느긋하기 짝이 없는 베트남 시공업자 사이에서 조정하고 절충을 해야 하는 위치였다.

동수상응(動須相應). 마땅히 서로 호응하도록 움직여라! 바둑판의 돌은 하나하나가 서로 유기적 관계를 맺으면서 세력을 형성한다. 돌을 놓기 전에 자기편 돌의 효용과 더불어 상대편의 움직임까지 고려해야 한다. 행마를 할 때는 모름지기 기존 돌들과 호응을 하면서 진행해야 한다. 바둑은 살아 움직이는 유기체인 것이다.

한 사장은 공장 건물을 지으면서 문화적으로나 기질적으로나 아주 이질적인 한국과 베트남 사람들 사이를 거중조정하며 차츰 베트남 사회를 배워나가기 시작했다. 바둑판의 검은 돌과 흰 돌의 색깔만큼이나 확연하게 서로 다른 두 세력들을 동수상응하게 조율하는 일은 참으로 어려운 일이었다.

돌 몇 점에 연연하지 말고
선수를 잡아라

베트남 건축업계는 아직 제도적 틀이나 투명성, 효율성 등을 갖추지 못한 후진적 체제였다. 곳곳에 비리가 만연했다. 당초 계약을 한 건축자재와는 다른 엉뚱한 물건이 들어왔다. 중간에 누군가 돈을 챙기기 위해 저질 제품을 납품하는 게 분명했다. 가장 힘들었던 일은 시공업자가 납기를 어기는 일이었다. 몇 달씩 공기가 늦춰지는 일이 일상사처럼 되풀이됐다. 자신의 뜻대로 수족이 움직이지 않는 답답한 상황이었다.

어느 날 점심을 먹으려고 하는데 속이 미식미식했다. 머리도 어질어 질했다. 잠시 쉬기 위해 호텔로 들어왔다. 머리가 빙빙 돌기 시작했다. 속이 뒤틀리면서 먹은 것도 없는 점심을 모두 토해냈다. 잠시 쉬면 괜 찮겠지. 숙소로 돌아와 침대에 누웠다. 천장이 빙빙 돌기 시작했다. 간 신히 호텔 프런트를 호출해 병원으로 데려다 달라고 부탁했다. 진통제 와 링거 처방을 받은 뒤 바로 잠이 들었다.

가족과 떨어져 홀로 해외생활을 한다는 건 그리 쉬운 일이 아니었 다. 끼니를 제때 챙겨 먹지 못하거나 거르는 일이 많을 수밖에 없었다. 무더위 속에 공사장을 뛰어다니는 일도 쉽지 않았다. 베트남 사람들과 의 언어, 문화, 정서적 괴리에서 오는 정신적 스트레스는 사람을 지치 게 만들었다. 편하게 소주잔을 기울이면서 스트레스를 풀 친구도 없었 다. 몸이 눈에 띄게 축나기 시작했다. 베트남은 그리 호락호락한 곳이 아니었다.

피강자보(彼强自保). 적이 강하면 스스로를 보호하는 게 우선이다. 어려운 상황이 지속되면 먼저 자신의 안위를 보강해야 한다. 무모하게 밀어붙이다가 낭패를 당하기 십상이다.

맡았던 공사들을 마무리한 뒤 한국행 비행기 표를 끊었다. 한국으로 들어가 얼마간 쉬면서 몸을 추스른 뒤 다시 돌아와야겠다는 생각을 한 것이다. 무엇보다도 그리운 가족들이 기다리고 있는 곳이었다.

2012년 7월 귀국길에 올랐다. 베트남 공장을 방문했다가 한국으로 돌아가는 박장희 기도산업 회장과 동행을 하게 됐다. 박 회장에게 베 트남 시공업자들과 함께 일을 하는 과정에서 오는 어려움을 토로했다.

하도 답답해서 건축회사를 하나 차리는 게 낫겠다는 푸념을 했다.

"박 회장에게 사업 성공비결이 뭐냐고 물었습니다. 딱 하나만 가르쳐달라고 했어요. 그랬더니 정말로 딱 한마디 던져주더라고요. 대가리 깨지도록 달려들면 된다! 박 회장은 내가 이미 다른 거는 다 갖추고 있다고 했어요. 건축가로서의 경험이나 실력, 인맥 등 모자란 게 없다고 했습니다. 그러면서 머뭇거리지 말고, 앞뒤 재지 말고 한번 붙어봐라, 하시더라고요."

한 사장의 집은 서울 녹번동 북한산 자락에 있었다. 석 달 동안 뒹굴뒹굴하면서 책이나 뒤적였다. 아내와 함께 이따금 산에 오르면서 운기조식(運氣調息)했다. 고국산천의 공기를 마시고, 물을 마시는 것만으로도 좋은 보양이었다.

기자쟁선(棄子爭先). 바둑에서는 돌 몇 점을 희생하더라도 선수를 잡는 것이 중요하다. 하수는 돌 몇 점에 전전긍긍하지만 고수는 돌을 버릴 줄 안다. 고수들은 작은 계산에 연연하지 않고 큰 그림을 그린다. 사업을 하는 데 있어서도 유능한 경영자는 작은 돈벌이보다는 세상의 트렌드를 선점하기 위한 전략을 세우기 위해 애를 쓴다.

한 사장은 무궁무진한 가능성으로 열리고 있는 베트남 건축시장의 선수를 틀어쥐고 싶었다. 박 회장 말대로 대가리가 깨지도록 달려들면 안 될 일이 뭐 있을까 싶었다.

한 사장은 베트남에서 직접 건축회사를 차리기로 마음을 먹었다. 발주자나 시공업체의 뜻에 따라 움직이는 피고용 기술자가 아니라 한 기업의 최고경영자(CEO)로서 자신이 마음먹은 대로 '선수(先手)'를 둘 수 있는 입장에 서고 싶었다. 더군다나 베트남은 신흥시장 중에서도 가장 뜨겁게 타오르고 있는 나라 중 하나였다.

2012년 10월 다시 하노이로 왔다. 직접 시공을 하는 건축회사를 차리기로 결심했다. 다낭에서 블루밍타워 건축을 할 때 감리를 맡았던 최태원과 사촌동생 김상도를 불러들이고, 현지인 3명도 채용했다.

2013년 1월 마침내 엄이건축비나 간판을 내걸었다. 세종문화회관과 에버랜드 등의 건축설계를 맡았던 엄이건축의 지사를 겸하기로 했던 것이다.

참학 회장에서
엄이건축비나의 CFO로

엄이건축비나는 경남랜드마크72가 자리 잡고 있는 꺼우저이 지역에 있었다. 대로변에서 한 블록 물러선 조용한 거리의 아담한 빌딩에 입주해 있었다. 사무실에는 30여 명의 직원이 분주하게 움직이고 있었다. 풋풋한 젊은 직원들이 내뿜는 열기로 가득했다.

한 사장이 사무실 안쪽에 마련된 한 방으로 안내를 했다. 방 주인은 60대 중후반의 중후한 한국인이었다.

"베트남 건축계의 최고 전문가인 곽경식 회장님입니다. 하노이 고층빌딩 건축사의 산증인이라고 할 만한 분입니다. 하노이의 랜드마크인 경남랜드마크72 건설 때 현장소장을 하셨어요. 당시 제가 실시설계 담당자로 곽 회장님과 함께 일을 했지요. 아시아 최고의 경험과 노

하우를 갖춘 분입니다. 제가 회사를 설립하면서 모셔 왔습니다."

곽 회장은 경남랜드마크72뿐 아니라 하노이 최초의 고층건물인 30층짜리 하노이타워와 호떠이 호수 변의 웨스트레이크 호텔, 주상복합빌딩인 돌핀플라자 등 하노이를 대표하는 건축물들을 지었다. 서울의 롯데호텔과 말레이시아의 그랜드하얏트 호텔, 싱가폴의 레플 호텔 등도 곽 회장 솜씨다.

엄이건축비나의 CEO인 한 사장의 방은 곽 회장의 방과 마주 보고 있는 위치에 있었다. 사장실로 들어서자 큼지막한 책상 두 개가 나란히 붙어 있었다. 아담한 체구의 한 중년 여인이 한쪽 책상에 앉아 있다가 일어나 반갑게 인사를 한다. 엄이건축비나의 CFO(재무담당 최고책임자)이자 한 사장의 부인인 장은숙 여사다.

'장은숙'이라는 이름 석 자는 대한민국의 교육 시민단체에서는 이름 석 자만 대면 금방 알 수 있는 저명인사다. 그는 '참교육을 위한 전국 학부모회(참학)' 활동을 열성적으로 벌였던 교육 시민운동가이다.

참학은 입시 위주의 주입식 경쟁교육보다 저마다의 소질과 개성, 꿈, 소망을 펼칠 수 있는 교육환경을 만들어야 한다고 생각하는 학부모들의 모임이다. 1989년 9월 학부모들도 아이들의 참교육을 이끄는 교육 주체라는 인식하에 출범을 했다.

잘나가는 건축가의 아내이자 두 아들의 엄마였던 장 이사는 1990년대 중반 참학 활동에 뛰어들었다. 두 아들을 키우는 과정에서 문제투성이인 한국의 교육 현실과 맞닥뜨렸기 때문이다. 무슨 일이든 일단 한번 시작하면 몸을 사리지 않는 성격의 장 이사는 금방 참학의 중추 멤버로 발돋움했다. 2009년부터는 2년 임기의 참학 회장직을 두 차례 맡았다.

그리고 지난 2013년 장 회장은 베트남 하노이에 있는 건설회사의 CFO로 변신을 했다. 2016년부터는 하노이 한인회 부회장으로도 활동하고 있다. 인생의 전반부와는 전혀 다른 제2막의 삶을 새롭게 시작한 것이다.

장 이사는 직원들 월급 챙겨주는 일과 사무실 운영비, 물품구입비, 직원활동비, 복지비 지출 등 회사의 안살림을 총괄하고 있다. 집에서도, 일터에서도 안살림을 챙기는 일을 하고 있는 것이다.

방 한가운데 큼직한 회의용 테이블이 놓여 있었다. 한 사장 부부가 일을 시작하기 전 잠시 차 한잔을 나누었다. 두 사람이 처음 어떻게 만나게 됐는지 궁금했다.

"제가 학창시절 연세대 극예술연구회에서 한동안 연극 활동을 했어요. 그때 서울 계동의 '공간사랑'이라는 소극장을 자주 이용했습니다. 하루는 연습을 마친 뒤 여성 단원 두 명이랑 성신여대 근처로 가서 저녁 겸 술을 한잔 하고 있었어요. 그때 한 남자가 저희 테이블로 오더니 작업을 걸더라고요. 자기들도 남자 세 명인데 합석을 하자는 거였습니다. 그 셋 중 제 파트너가 된 사람이 바로 우리 남편이랍니다."

한 사장이 말했다.

"저는 그때 이미 졸업을 해서 직장생활을 할 때였어요. 첫 직장인 현대건설에 다니고 있었지요. 즉석 미팅을 하면서 신상파악을 하다 보니 연세대 후배라고요. 그렇게 사귀기 시작해서 결혼까지 한 거랍니다."

"결혼 후 한동안 아이를 낳아 키우고, 집안 살림을 하는 평범한 주부였어요. 그런데 아이들이 자라나면서 교육에 대한 관심이 커지더라고요. 지금보다는 덜했지만 그때도 조기 선행학습 바람이 극성이었어요. 저는 우리 아이들을 사교육으로 내몰기 싫었습니다. 마침 한겨레신문에 참학이라는 교육 시민단체에서 주최하는 학부모 교육 프로그램을 알리는 기사가 났더라고요. 전교조 해직 교사들과 의식 있는 학부모들이 함께 진행하는 프로그램이었습니다. 그 프로그램에 참여를 하면서 참학과 인연을 맺게 된 거지요. 그게 1994년이었어요. 모임이 너무 신선하더라고요. 새로운 세계를 만난 느낌이었습니다."

"우리 부부는 아이들의 개성을 존중하면서 자유롭게 키웠어요. 세상이 요구하는 잣대에 아이들을 끼워 맞추는 교육을 거부했습니다. 그 덕에 두 아이들 모두 멋지게 성장을 했습니다. 맏이인 딸 가선이는 미국 샌프란시스코 주립대에서 공부를 했습니다. 한국으로 들어와서 한동안 철원에 있는 대안학교인 '국경선평화학교'에서 1년간 상근간사를 했어요. 지금은 방송국 조연출 일을 하고 있습니다. 아들 재성이는 군 복무를 마친 뒤 바리스타로 일을 하고 있어요. 재성이는 오래전부터 '루시드 드림'을 연구하는 일에 폭 빠져 있지요. 루시드 드림이란 스스로 꿈을 꾸고 있다는 사실을 자각한 채로 꿈을 꾸는 자각몽을 말합니다. 아들은 '루시드 드림'을 연구하는 카페와 블로그도 운영하고 있답니다."

장 이사는 참학 활동을 시작한 지 1년도 채 안 돼 서울지부 문화부장을 맡았다. 이어 전국 문화국장을 거쳐 상담실장, 사무처장, 부회장 등 요직을 두루 거쳤다. KBS와 MBC의 시청자 옴부즈맨으로 활동하면서 방송출연을 하기도 했다. 2009년부터는 4년 동안 회장직을 맡아 참학을 이끌며 이명박 정권의 시장만능주의 교육정책에 맞섰다. 2년 임기의 참학 회장직을 연임한 최초의 사례였다.

"1만여 명 회원을 둔 단체를 이끌어 간다는 게 쉬운 일은 아니었어요. 참학 회장 임기 4년은 저를 단련시키고 성숙시키는 기회였습니다. 조직을 이끌어 가고 인간관계를 조율하는 공부를 많이 했지요. 더군다나 참학 활동을 하다 보면 권력에 맞서 싸워야 하는 상황과 자주 맞닥뜨리지 않을 수 없었습니다. 난관을 헤쳐 나아가는 정신력도 많이 단단해졌다고 할 수 있지요. 지금 남편 회사 일을 돕는 데 큰 어려움이 없는 것도 그때 겪은 경험 덕이라고 생각합니다."

한 사장이 덧붙였다.

"제가 베트남에 진출한 게 2004년 5월입니다. 그때부터 10년 동안 우리 부부는 베트남과 한국에서 서로 떨어져 살았지요. 아내는 한국에서 애 키우랴 시민운동하랴 바빴고, 저는 베트남에서 자리를 잡느라 바쁘게 살았어요. 그때 부부가 함께하지 못한 시간을 지금 몰아서 보충하고 있는 거지요."

장 이사는 2013년 2월에 두 번째 참학 회장 임기를 마쳤다.

"그동안 지고 오던 큰 짐을 모두 덜어버린 듯 홀가분한 기분이 들더라고요. 당분간 푹 쉬고 싶었습니다. 마침 딸 가선이와 아들 재성이도 독립된 삶을 살아가기 시작했어요. 그해 9월 베트남으로 건너왔습니다. 뒹굴뒹굴 책을 읽고, 베트남 여러 곳을 돌아다녔어요. 하노이 자전거 동호회에도 가입했습니다. 자전거 타는 건 처음인데 참 재미있더라고요. 노는 일에 지칠 무렵 남편이 회사 일을 도와달라고 도움을 청하더군요."

"회사 살림을 다독거리며 챙겨줄 꼼꼼한 손이 필요했어요. 사무실 운영비용과 건축재료비, 직원 주거비 및 교육비 지원, 출장비 등 세세하게 챙겨야 하는 지출항목들이 많습니다. 조직생활 경험이 있는 아내가 적임자라고 생각했어요. 저는 공사 수주하고 현장 돌아다니느라 정신이 없거든요."

"20년 가까이 참학 간부로 일을 하면서 기본적인 회계업무는 익히고 있었어요. 회원들의 회비와 시민들의 지원금 등으로 운영하는 조직이기 때문에 회계 정리를 엄격하게 하거든요. 그래도 좀 더 전문적인 실무지식을 갖추기 위해 부랴부랴 회계학 책을 읽기 시작했습니다. 회사가 하루가 다르게 성장하니까 회계 일을 하는 재미도 쏠쏠 붙더라고요. 남자들도 뒷방으로 물러나는 나이에 시작한 일이잖아요. 저를 필요로 하는 곳이 있다는 사실 자체가 좋더라고요. 한동안 밤늦게까지 배우고 공부하면서 일을 했지요. 지금은 제법 일이 손에 익었습니다."

고층빌딩 현장전문가로
인정받기까지

└─ "바람이 오는 곳은 어딜까 / 저 바람 가는 곳은 어딜까 / 이 바람은 내게 무슨 뜻일까 / 구름이 노는 곳은 어딜까 / 흰 구름 가는 곳은 어딜까 / 파란 하늘은 무슨 뜻일까 / 바람 부는 언덕엔 할미꽃 / 오늘을 접는 노을에 / 노을에 물들어 있네."

한 사장의 집에서 노래가 흘러나오고 있었다. 일을 마치고 집에 돌아온 한 사장이 통기타를 끌어안고 노래를 부르고 있었다. 1982년 제3회 MBC 강변가요제에서 금상을 받은 가수 한치영의 〈할미꽃〉이라는 노래였다.

한 사장 부부는 미딩 신도시에서 얼마 떨어지지 않은 곳에 있는 '로얄시티'라는 35층짜리 주상복합 아파트에서 산다. 통기타와 노래는 한 사장이 밖에서 쌓인 피로와 스트레스를 푸는 몇 안 되는 방법 중하나다.

"지리산 생태가수 한치영이 저의 친형님입니다. 오카리나(흙피리) 연주자인 아들 태주와 함께 인생과 자연을 노래하면서 살고 있지요."

한 사장은 1957년 11월 전남 무안에서 3형제 중 둘째로 태어났다. 형과 동생은 모두 예술인이다. 형님은 가족과 함께 지리산 자락에 살면서 자연과 교감하는 음악을 만들고 있다. '지리산 흙피리 소년'으로 유명세를 탔던 조카 태주는 초등학교만 졸업한 뒤 아버지를 따라 음악활동을 하고 있다. 한 사장의 동생 치산은 홍대 미대를 나와서 도예와 서예 작품활동을 하는 동시에 불교와 힌두교 등 종교세계에 깊이 심취해 있다.

한 사장은 1976년 연세대 공대 건축학과에 입학했다. 담임선생님의 권유로 건축학을 택하기는 했지만 학업에는 큰 흥미를 느낄 수 없었다. 전공과는 담을 쌓다시피 한 채 주한미군방송인 AFKN 청취 동아리 활동을 열심히 했다. 학교 앞 독수리기원을 들락거리며 바둑으로 소일했다. 결국 필수과목 하나를 펑크 내고 말았다. 그런 바람에 남들보다 한 학기 늦은 1980년 9월에야 졸업할 수 있었다.

그해 11월 입대를 했다. 경기도 고양시 삼송리 1공병여단에서 만기 복무를 한 뒤 1983년 1월 제대를 했다. 그해 12월 건축학과 출신들에게는 최고의 직장이었던 현대건설에 입사했다.

서울 계동 사옥으로 출근을 시작했다. 현대건설 전산실 배치를 받았다. 4년 정도 근무를 했을 때 현대건설에서 현대알루미늄이 독립을 해서 나왔다. 한 사장은 현대알루미늄 소속으로 배속됐다.

직장생활이 따분해지기 시작했다. 현대알루미늄에서 6개월 정도 근무를 했을 때 무작정 사표를 냈다. 직장을 옮기면 좀 다를까 하고 광주고속 건설사업부(지금의 금호건설)에 다시 취직을 했다. 그곳에서 처음으로 건축현장 일을 시작했다. 2년 동안 서울 아시아나빌딩 리노베이션 공사와 광주 대신증권 사옥 공사 일을 했다.

그러나 직장생활은 한 사장에게 맞지 않는 옷이었다. 1989년 11월 금호건설도 그만두었다.

"직장을 그만두고 집에서 놀고 있었어요. 1990년 초쯤이었을 거예요. 연세대학 건축학과 1회 출신인 임학현 선배님이 부르더라고요. 그때 서울역 앞에 세브란스빌딩 공사를 하고 있었어요. 임 선배님은 당시 세브란스빌딩 건설 본부장을 하고 있었습니다. 저보고 공사현장 CM을 맡아달라고 하시더라고요. 세브란스빌딩 공사를 마치고 났더니 이번에는 여의도 유화증권 사옥 건설 공사장에서 와달라고 하더군요. 그렇게 본격적으로 프리랜서 CM 일을 하게 된 겁니다."

서울역 앞 24층짜리 세브란스빌딩과 여의도 20층짜리 유화증권 사옥, 잠실 20층짜리 롯데월드타워, 목동 6층짜리 CL백화점 등에서

CM으로 일을 하면서 고층빌딩 현장전문가로서의 입지를 쌓기 시작했다.

1990년 12월 건축시공 기술사 자격증도 획득했다. 기술사 시험은 실무경력 7년 이상인 사람들에게만 응시자격이 주어졌다. 군 공병대 경력까지 포함해 알뜰하게 7년을 채운 뒤 응시한 첫 시험에서 합격을 한 것이었다.

"당시 기술사 최종면접에 30명이 올라갔어요. 그중에서 제가 나이가 가장 어렸습니다. 7~8명을 떨어트린다고 하더라고요. 면접시험장에서 심사위원 한 분이 저에게 건넨 첫마디가 '나이도 아직 젊은데 형님들에게 양보 좀 하는 게 어때?'였습니다. 그리고는 심사위원 네 분이 20~30분 동안 이것저것 집요하게 물고 늘어지더라고요. 그래서 떨어질 줄 알았는데 턱 하니 붙었더라고요."

1990년대 후반 여의도 KT 본사 30층짜리 사옥을 지을 때 연세대학 건축학과 2년 선배인 이관표 엄이건축 사장을 만났다. 훗날 한 사장이 베트남으로 진출하게 되는 운명의 연줄이 형성되는 순간이었다.

KT 사옥 공사에서는 시공회사인 천지산업의 현장소장으로 일했다. KT 사옥을 짓는 도중에 금융위기가 터졌다. 천지산업이 부도가 나면서 한 사장도 현장소장 일을 접어야 했다. 금융위기를 맞은 한국 경제는 하루아침에 국제통화기금(IMF) 관리체제로 떨어지고 말았다. '한강의 기적'을 자랑하면서 무작정 속도만 내고 달려온 우리 사회와 경제의 총체적 부실이 한꺼번에 드러난 것이었다.

천지산업의 부도와 함께 까마득하게 하늘로 치솟던 KT 사옥 공사도 한순간에 일시 중단되고 말았다.

신물경속(愼勿輕速). 가볍게 서두르지 말고 신중하게 움직여라. 한 사장은 1990년대 후반 건축업계를 포함한 한국 경제에 불어닥친 한파를 보면서 신물경속을 강조했던 왕적신의 가르침을 다시 한번 마음에 새겼다. 앞뒤 가리지 않고 속도를 내게 되면 승승장구하던 대기업이라 할지라도 한순간에 엎어질 수 있다는 사실을 절감했던 것이다.

무슨 일이든지 공격적으로 일을 도모하려면 먼저 자신의 허점을 세세히 살펴봐야 한다. 위기십결에서는 이를 '공피고아(攻彼顧我)'라는 말로 정리를 하고 있다. 상대방을 공격하기에 앞서 나를 돌아보라는 뜻이다.

한 사장은 지금도 새롭게 큰 공사를 벌이거나 거래처와 중요한 계약을 맺는 등 삶의 중요한 순간마다 '신물경속'과 '공피고아'라는 금언으로 스스로를 돌아보고는 한다. 자신의 상황과 한계를 모르고 무턱대고 덤비다가는 사상누각의 우를 범할 수 있기 때문이다.

승리를 탐하면
이길 수 없다

시원하게 툭 트인 너른 호수가 황금빛 태양을 반사하고 있었다. 하얀 물비늘이 찰랑찰랑 수면 위에서 부서진다. 베트남 수도 하노이 한복판의 호떠이(서호)는 700만 대도시가 토해내는 뜨거운 열기를 식혀주고 있었다. 커다란 여의주를 입에 문 용 두 마리가 서로를 마주 보고 있었다.

전설에 따르면 호떠이는 용이 승천한 장소다. 1010년 리 왕조의 시조 리타이또(李太祖)가 이를 보고는 이곳을 수도로 정했다. 수도 이름도 승천하는 용이라는 뜻의 탕롱(昇龍)으로 불렀다. 호떠이 호수에서 승천한 용은 160km 떨어진 바다에 내려앉으며 2000개에 가까운 보석들을 뿜어낸다. 용이 토해낸 형형색색의 보석이 만들어낸 섬들이 바로 베트남 제1의 경승지인 하롱베이(下龍灣)다.

한 사장 부부의 안내로 호떠이를 둘러본 뒤 미딩 신도시로 발길을 돌렸다.

베트남의 '건설 한류'는 하노이 시내 곳곳에 한국풍 거리를 낳고 있다. 하노이 남쪽과 남서쪽 일대에 한국식 주상복합 아파트와 고급 빌라단지가 대규모로 들어앉아 있다.

미딩 거리에는 한글 간판을 단 음식점과 노래방들이 줄줄이 들어서 있었다. 그들 사이를 파고드는 작은 골목에 5층짜리 빌딩이 하나 자리하고 있었다. 토요일 오후 4시쯤 한 사장 부부가 빌딩 안으로 들어섰다.

엘리베이터를 타고 5층에서 내렸다. '하노이 바둑 동호회'라는 기원이 자리 잡고 있었다. 20여 개의 바둑판 세트가 갖춰져 있는 깔끔하고 아담한 기원이었다. 기원 안으로 한 사장 부부가 들어서자 6~7명의 아이들이 쪼르르 달려와 인사를 한다.

한국인들과 베트남 사람 10여 명이 서로 섞여 수담을 즐기고 있었다. 바둑에 열중해 있던 이들이 고개를 들어 한 사장 부부에게 인사를 건넨다. 그들이 한 사장을 부르는 호칭은 '원장님'이었다. 사비를 털어 이곳에 기원을 열었기 때문이다.

한 사장은 아마 7단의 바둑 실력자다. 아버지 어깨너머로 바둑을 배웠던 그는 한때 프로 바둑 기사를 꿈꿨을 정도로 바둑에 심취했었다. 프로 기사의 길을 걷지는 않았지만 바둑에 대한 열정만은 프로 기사 못지않았다. 한때 서울에서 바둑 사업을 크게 벌이기도 했다.

1998년 서초동에 '바둑 플러스'라는 대형 기원을 열고 전국대학바둑 동문전, 전국기우회대항전, 고교동문전 등 바둑대회를 개최했다. 영어 바둑 잡지인 '바둑 투어'를 발간해 외국에 한국 바둑을 소개하는 사업도 했다. 조훈현과 서봉수, 이창호, 유창혁 등 우리나라 기사들이 세계 기전을 모두 휩쓸다시피 할 때였다.

경영난으로 2년 만에 사업을 접기는 했지만 그의 바둑 사랑은 아직도 식지 않고 있다. 지금도 '하노이 바둑 동호회'를 통해 어린이 바둑 교실을 운영하는 등 베트남에 바둑을 전파하는 일을 한다. '하노이 바둑 동호회'는 한국 동포들이 모여 수담을 나누는 사랑방 역할도 하고 있다.

한 사장이 한쪽 벽에 서 있던 입식 자석 바둑판을 앞으로 끌어당겨 놓았다. 한국과 베트남 아이들 6~7명이 그 앞에 옹기종기 모여 앉는다. 한 사장이 바둑판 위에 자석 바둑돌로 초보단계의 사활 문제를 진열했다. 한 사장 부부가 매 주말마다 진행하는 어린이 바둑교실 수업이 시작된 것이다.

바둑은 점에서 출발한다. 점은 선으로 연결되고, 선은 공간을 만들어낸다. 미생이냐, 완생이냐. 바둑판 위에서는 살아남기 위한 숨 가쁘고 절박한 승부가 끊임없이 펼쳐진다. 가로세로 각각 19줄로 이루어진 바둑판 위에서 펼쳐지는 행마는 바로 인생의 여정을 닮았다.

사람들은 누구나 끊임없이 완생을 추구한다. 그러나 야속한 삶은 부여잡으려 할수록 부질없이 손가락 사이로 빠져나가기 일쑤다. 부득탐승(不得貪勝). 승리를 탐하면 이길 수 없다. 왕적신이 위기십결의 첫 번째 항목으로 꼽았던 가르침이다. 그의 말대로 완생은 얻으려 매달리면 얻지 못하는 것인지도 모른다.

한 사장은 베트남에서 완생을 찾았을까.

"완생이요? 실제 삶에서는 이건 미생이고, 저건 완생이라고 딱 갈라서 규정지을 수 없을 거 같아요. 우리 인생이 바둑보다도 더 변화무쌍하잖아요. 다만 부득탐승은 우리 삶에서도 그대로 맞아떨어지는 말입니다. 너무 욕심내면 대개 일을 그르치게 되더라고요. 베트남에서의 삶을 누리려고 합니다. 무엇보다도 건축 사업을 키우는 일이 재미있어요. 아이들에게 바둑도 가르치고, 아내랑 자전거도 타고 이것저것 즐기고 있어요."

09

중남미에서 찾은 마이 웨이

홍금표

MEXICO

MEXICO

홍금표 사장의 판트란스는 현재 연간 1500만 달러 안팎의 매출을 올리는 멕시코 3대 특수화물
물류기업 중 하나다. 홍 사장은 특히 초대형 중량물 운송을 특화하면서 멕시코의 산업 인프라를
바꾸는 굵직굵직한 공사현장의 자재 운송을 맡아서 하고 있다.

중남미에서 찾은
마이 웨이

홍금표

멕시코의 속살을 휘젓는 1580km의 물류 대장정이었다.

각각의 전장이 무려 40m에 달하는 트레일러 트럭 3대가 멕시코의 백두대간 격인 시에라 마드레 오리엔탈 산맥 길을 굽이굽이 오르고 있었다. 한 대의 트럭마다 길이 25m, 무게 120t, 폭 3.92m, 높이 3.20m 짜리 초대형 화물이 실려 있었다. 거기에 총괄지휘 차량과 6대의 콘보이 차량까지 더해 모두 13대의 차량이 움직이는 대규모 운송작전이었다. 특수차량 운전기사와 엔지니어, 차량정비사 등 모두 25명의 전문가들이 3박 4일 동안 진행하는 일이었다.

직원들은 모두 밝은 오렌지색 오버롤 작업복을 입고 있었다. 작업복 위에 '판트란스(PanTrans)'라는 상호가 새겨진 빨간색 조끼를 받쳐 입고 있었다. 멕시코 물류업계에서 특수화물과 항공화물, 해상화물, 창고업, 택배업, 통관업무 등 물류와 연관된 일체의 서비스를 일괄 제공하는 유일의 운송업체인 '판트란스'의 작업현장이었다.

1580km 물류 대장정

└ 그랜드 체로키 방탄차량의 좌석에 앉은 50대 중반의 동양인 남자가 행렬의 앞뒤를 오가며 운송작전을 총괄지휘하고 있었다. 다른 직원들과 똑같은 모양의 작업복 차림을 한 그는 소형 무전기를 손에 들고 차량의 진행상황을 조율하고 있었다. 이번 1580km 대장정을 총지휘하는 홍금표(57) 판트란스 사장이다.

홍 사장의 판트란스는 현재 연간 1500만 달러 안팎의 매출을 올리는 멕시코 3대 특수화물 물류기업 중 하나다. 홍 사장은 특히 초대형 중량물 운송을 특화하면서 멕시코의 산업 인프라를 바꾸는 굵직굵직한 공사현장의 자재 운송을 맡아서 하고 있다.

현재 삼성엔지니어링이 공사를 진행 중인 산루이스델라파스의 '인터젠' 복합화력발전소의 발전설비 운송작업을 비롯해 테친의 페멕스 화학단지, 푸에블라와 산루이스포토시의 포스코 강판공장 및 멕시코 6개 정유공장의 현대화 프로젝트, 지엠과 닛산 자동차 조립공장 등 대형 사업장의 장비와 건자재 운송을 담당했다.

홍 사장은 또한 폐자원 활용 및 재생 기업인 베네투스 에너지(Venetus Energy)도 운영하고 있다. 베네투스 에너지는 정유공장에서 나오는 산업폐기물인 폐촉매에서 유가금속 등을 추출하고, 희토류 및 나노자원을 개발하는 일을 하고 있다.

홍 사장의 이번 미션은 멕시코만 알타미라 항구로 들어오는 초대형 발전설비들을 멕시코 중북부 산루이스델라파스의 인터젠 열병합발전소 건설현장까지 운송하는 일이었다. 멕시코시티에서 시작해서 시계 반대방향으로 커다란 오(O)자 모양을 그리며 멕시코 내륙을 관통하는 루트이다.

구간별로 홍 사장의 여정을 정리하자면 ▲멕시코시티에서 멕시코 동부의 탐피코까지 550km를 비행기로 이동하고, ▲그곳으로부터 차로 30여km 떨어진 태평양 변의 알타미라 항구로 가서, ▲두산중공업 베트남 공장에서 배편으로 실려 온 120톤짜리 배열회수보일러(HRSG) 3대를 바퀴 96개 달린 초대형 트레일러 3대에 각각 실은 뒤, ▲각 트레일러당 특수중량물 운송차량인 프라임 무버 2대씩을 연결해서 알타미라~시우다드 빅토리아~툴라~산루이스포토시~산루이스델라파스 구간 750km를 달려, ▲산루이스델라파스 인터젠 열병합발전소 건설현장에 도착해 공사를 맡은 삼성엔지니어링에 배열회수보일러를 인계한 뒤, ▲인수한 물건의 이상유무를 확인하고 운송차량을 점검한 뒤 산루이스델라파스~멕시코시티 구간 250km를 달려 회사 차량기지로 돌아오는 과정이다.

아침 7시 홍 사장과 함께 멕시코시티 공항에서 탐피코행 비행기에 올랐다. 새벽 4시 반에 일어나 움직이기 시작한 하루였다. 이륙 후 45분 만에 도착한 탐피코 공항에는 판트란스의 이남수 부장이 차를 가지고 나와 홍 사장을 기다리고 있었다.

그런데 도대체 무슨 일일까. 탐피코 공항에는 완전무장을 한 군인들이 쫙 깔려 있었다. 기관총을 장착한 장갑차까지 앞세운 중무장 병력이 삼엄한 경계를 펴고 있었다. 마치 계엄령이라도 내려진 것처럼 살벌한 분위기였다.

이 부장의 차를 타고 알타미라 항으로 향했다. 항구로 가는 길목 곳곳에서도 군인과 경찰이 합동으로 오가는 차량과 사람들에 대한 검문검색을 삼엄하게 실시하고 있었다.

알타미라 항구에 도착하자 화물을 적재한 두 그룹의 특수화물 운송 차량과 장비가 세관 게이트 앞에서 대기하고 있었다. 이 부장이 벌써 화물에 대한 모든 통관절차를 깔끔하게 마무리해놓은 상태였다. 1호차는 아침 7시 목적지인 산루이스델라파스를 향해 이미 떠났고, 2호차와 3호차는 세관 게이트 앞에서 최종 통관 허락이 떨어지기를 기다리고 있었다.

세관경찰이 마약탐지견인 벨기에산 셰퍼드를 앞세운 채 화물 구석구석을 검사했다. 셰퍼드는 펄쩍펄쩍 뛰면서 이곳저곳 코를 들이밀고는 킁킁 냄새를 맡았다.

그쪽 상황 아주
험악하지 않습니까?

마침내 세관 문이 활짝 열렸다. 프라임 무버들이 힘차게 시동을 건다. 장장 750km의 멀고 험한 여정에 오르기 시작한 것이다.

시속 100km 이상 쌩쌩 달리는 일반 차량들과는 달리 화물의 중량 때문에 평지에서도 20~35km의 저속으로 달려야 한다. 오르막에서는 5~10km 정도의 거북이걸음으로 진행할 수밖에 없다.

전장 40m짜리 트레일러 트럭이 두 대씩이나 도로에 나서니 그야말로 일대 장관이다. 느릿느릿 그러나 묵직하게 길을 나선다. 앞서간 1호차까지 한꺼번에 도로에 나설 경우 차 간격까지 따지면 전장 300m 이상에 달하는 장대한 행렬이다.

알타미라에서 북쪽으로 83번 도로가 뻗어 있었다. 그런데 참 이상한 일이었다. 널찍한 4차선 도로에 승용차는 거의 눈에 띄지 않았다. 승용차라는 게 존재하지 않는 나라가 아닌가 하는 착각이 들 정도였다. 대형 유조차량과 화물트럭만이 이따금 썰렁한 도로를 오갈 뿐이었다.

홍 사장에게 그 까닭을 물어보려는 순간 그의 무전기 신호음이 울렸다. 판트란스 운송 현장팀 간 교신은 물론 본사와의 연락도 멕시코 전역을 커버하는 무전기로 교신을 하고 있었다.

판트란스 본사를 지키고 있는 홍승표 이사로부터 걸려온 무전이었다. 홍 이사는 홍 사장의 친동생으로 판트란스의 관리업무를 총괄하고 있는 인물이다.

"사장님, 알타미라 항구를 출발하셨나요? 그쪽 상황 아주 험악하지 않습니까? 아주 걱정스런 상황이 벌어졌습니다."

"도대체 무슨 일이지? 여기 지금 중무장한 군인들이 쫙 깔려 있어요. 군 장갑차까지 출동한 건 처음 보는데."

"그쪽 지역의 갱단 간에 무시무시한 총격전이 벌어졌습니다. 지난 금요일부터 어제 월요일까지 4일 동안 모두 28명이 죽었답니다. 지금 막 신문을 보고 놀라서 전화를 드렸어요. 정말 조심하셔야겠습니다."

홍 이사는 몇 번이나 조심하라는 말을 하고는 무전을 마쳤다. 홍 사장이 근심스런 표정으로 입을 열었다.

"멕시코 언론들은 지방에서 벌어지는 사건사고 뉴스를 거의 다루지 않습니다. 멕시코시티에서 벌어지는 끔찍한 사건들이 워낙 많기 때문이지요. 게다가 갱단과 관련된 기사를 언론에서 다루기를 꺼려 해요. 갱단의 보복이 두렵기 때문이지요. 전 세계에서 멕시코만큼 언론인 납치 및 피살 사건이 많은 나라도 드물 겁니다. 우리가 지금 지나고 있는 이 지역이 타마울리파스인데 31개 멕시코 주 중에서 가장 치안이 불안한 곳입니다. 낮에는 멕시코 공권력이 장악을 하지만, 밤에는 갱 조직이 접수하는 곳이죠. 저렇게 서슬이 퍼런 군인과 경찰들도 밤이 되면 그림자도 남기지 않고 순식간에 철수를 합니다. 대낮에도 일반 차량들은 이 지역으로 아예 들어오지 않을 정도예요. 타마울리파스에서는 양대 갱단이 피 터지는 싸움을 벌이고 있습니다. 로스 세타스와 걸프 카르텔이라는 조직인데 미국으로 들어가는 마약 공급 주도권을 놓고 전쟁을 하는 거예요."

거대한 산맥을 넘어

└─ 뉘엿뉘엿 해가 서편으로 기울고 있었다. 첫날 목적지는 출발지인 알타미라에서 230km 떨어진 시우다드 빅토리아였다. 목적지까지 30여km 남겨둔 지점에서 날이 어두워지기 시작한 것이다.

경찰 순찰차량 두 대가 전속력으로 어디론가 쏜살같이 내빼고 있었다. 홍 사장의 말대로 밤이 되면서 어두워지기 전 급하게 철수를 하고 있는 모양이었다. 해가 많이 남아 있는데도 불구하고 도로는 썰렁하게 비기 시작했다.

특수화물 차량은 날이 어두워지면 무조건 운행을 중단해야 한다. 갱단 출몰지역에서 야간운행을 한다는 게 위험천만한 일이기도 하지만, 움직이는 거대한 빌딩이나 다름없는 특수중량화물 트레일러는 교통법규상 야간통행 자체가 금지돼 있었다.

다 찌그러져가는 작은 집 두 채가 외딴 길가에 서 있었다. 그중 하나는 과자 부스러기와 술 등을 파는 꾀죄죄한 구멍가게였고, 또 다른 하나는 자동차 타이어 펑크를 때우는 집이었다. 가게 앞에는 대형 트레일러 차량을 주차시키기에 넉넉한 공간이 있었다.

'피라미드 미니슈퍼'라는 간판이 어둑어둑해지는 도로변에서 빛을 내기 시작했다.

"오늘 저녁 이곳에서 묵어야 합니다. 시우다드 빅토리아에 닿기 전 해가 저물면 밤을 보내는 곳입니다. 우리의 임시대피소 같은 곳이라고 할 수 있지요."

거대한 트레일러 차량 행렬이 들어서자 네댓 명의 주민들이 마중을 나왔다. 홍 사장이 이들과 구면인 듯 반갑게 인사를 나누었다.

집 안쪽으로 아담한 마당이 들어서 있었다. 마당에 매여 있는 개 한 마리가 펄쩍펄쩍 뛰면서 나그네들을 반긴다. 어디서 나타났는지 작은 강아지 한 마리도 깡충거리며 반가움을 표시한다.

미니슈퍼 집 주인 내외가 분주해지기 시작했다. 갑자기 들이닥친 10여 명의 저녁식사를 준비해야 했기 때문이었다. 부랴부랴 솥에 물을 끓이랴, 감자를 씻으랴, 야채를 다듬으랴, 정신이 없었다. 어느새 주인아저씨는 새끼 양 두 마리를 잡아 커다란 양동이에 담아가지고 나타났다.

마당 한가운데 작은 모닥불이 지펴졌다. 모닥불 옆에 야외 뷔페식 테이블이 차려졌다. 양고기를 삶은 솥이 테이블 위에 통째로 올려진다. 아로스라고 부르는 쌀밥, 우리나라 팥죽과 맛이 흡사한 삶은 콩 요리인 후리홀, 옥수숫가루로 부친 빈대떡인 토르티야, 집 앞 풀밭에서 키우는 염소의 젖으로 만든 치즈 등이 뚝딱 테이블 위에 차려졌다. 하루 종일 긴장 속에 운송작업에 매달렸던 직원들과 함께 맛나게 음식을 먹기 시작했다.

어느새 별님들이 온통 하늘을 채우고 있었다. 바로 머리 위에서 북두칠성이 선명하게 반짝이고 있었다. 하늘엔 별, 땅에는 모닥불이 빛나는 아름다운 저녁이었다.

아직 어둠이 가시지 않은 시각, 홍 사장과 후안, 아르투로와 함께 호텔을 나섰다. 2호차가 밤을 보낸 미니슈퍼 앞으로 돌아오니 직원들이

분주하게 차량 상태를 점검하며 출발 준비를 서두르고 있었다. 2호차
는 오늘부터 험준한 시에라 마드레 오리엔탈 산맥을 올라야 한다.

동편 들판 너머로 찬란한 아침 태양이 떠오르기 시작했다. 육중한
트레일러 차량 행렬이 다시 길을 나선다. 트레일러 행렬은 거대한 거
북이처럼 서두르지 않고 천천히 전진한다.

홍 사장과 그랜드 체로키 방탄차량에 다시 올라 2호차의 뒤를 따랐
다. 시우다드 빅토리아를 벗어나 얼마나 달렸을까. 울퉁불퉁 근육질을
자랑하는 거대한 산맥이 시야에 들어오기 시작했다.

평탄하던 도로에 오르막 내리막 경사가 점점 심해져 왔다. 이번 운
송작전 중 가장 난코스인 시에라 마드레 오리엔탈 산맥으로 접어들기
시작한 것이다.

"시우다드 빅토리아에서 툴라에 이르는 170km 구간은 매우 험난한
산길입니다. 화물 무게 120톤에다가 트레일러와 견인차량 두 대의 하
중까지 전부 합치면 모두 250톤이나 되는 차량 행렬이 해발 1000m가
넘는 고개를 넘어야 합니다. 아주 민감한 역학적 계산을 필요로 하는
구간이에요."

지금도 가끔 외계문명의 흔적을 찾아 떠나보고 싶어요

홍 사장은 도대체 무슨 사연으로 멕시코의 깊숙한 산중을
누비며 다니는 삶을 살게 됐을까. 시에라 마드레 오리엔탈 산맥을 넘

으면서 홍 사장의 흥미진진한 삶의 이야기를 들을 수 있었다.

"제 고향은 강원도 정선입니다. 돌아가신 아버지가 평북 정주 출신의 실향민이셨어요. 이북에 저의 배다른 누님과 형님이 아마 지금도 살아계실 겁니다. 강원도 삼척 출신인 저희 어머니와는 재혼을 하신 거지요. 어린 시절 저를 키운 건 바로 설악산입니다. 내설악 옥녀탕에서 내려오다 보면 만나는 첫 민가가 바로 저희 집이었어요. 산속을 돌아다니며 칡뿌리 캐고, 산딸기랑 머루를 따 먹으며 자랐답니다. 눈이 아플 정도로 총총히 빛나던 별을 올려다보면서 공상도 참 많이 했지요. 저 많은 별들 중 어딘가에 외계인이나 신들이 살고 있을 거라는 확신을 하면서 가슴을 설레기도 했고요."

강원도 산골소년의 가슴을 채웠던 외계인과 신에 대한 궁금증은 어린 시절 한때의 공상으로 그친 게 아니었다. 초등학교에 입학할 무렵 서울로 이사를 했고, 서울의 남산초교와 대경중을 거쳐 영동고로 진학을 했지만 그의 가슴에는 외계인과 신에 대한 궁금증이 날로 커져만 갔다.

"영동고 2학년을 마치고 자퇴를 했어요. 그 당시 저에겐 공부가 중요한 게 아니었어요. 우주와 외계인, 그리고 신에 대한 의문을 풀고 싶었어요. 학교를 때려치우고는 방에 틀어박혀 외계인 관련 책들과 종교 관련 책들을 닥치는 대로 읽기 시작했지요. 에리히 폰 데니켄의《신들의 전차》를 읽을 때는 정말 흥분이 되더라고요. 사실 지금도 안데스 고원에 들어선 마야나 잉카, 나스카 문명들을 보면 정말 불가사의하기 짝이 없어요. 현대기술로도 만들기 어려운 건축물들이 깊은 밀림 속에 들어서 있잖아요. 요즘도 모든 일 다 때려치우고 외계문명의 흔적을 찾아다니고 싶은 충동이 불쑥 일어날 때가 있습니다. 우주의 비밀과 신에 대한 의문을 풀기 위해 5년 동안 매달렸어요. 책을 읽다가 지치면 혼자 여행을 다녔습니다. 설악산 숲속에 들어가 텐트를 치고 며칠씩 보내기도 했고요. 산속에 홀로 누워 밤하늘을 올려다보고 있으면 시간 가는 줄을 몰랐습니다."

홍 사장을 다시 세상으로 불러들인 건 12·12 쿠데타를 일으킨 신군부였다. 어느 날 아버지가 삼청교육대에 끌려가시는 황당한 사건이 벌어졌다. 아버지는 모 협동조합의 조합장을 하고 계셨다. 신군부가 권력을 잡으면서 조합장 자리를 내놓으라는 압력이 들어왔다. 선출직이라 물러날 수 없다고 버티자 비리로 몰아서 삼청교육대로 끌고 간 것이었다.

"어머니가 저에게 눈물로 호소를 하시더라고요. 아버지가 저 지경인데 장남인 네가 정신을 차려야 한다고 하셨습니다. 그때부터 공부를 하기 시작했어요. 하루 서너 시간씩밖에 잠을 자지 않고 책을 파고들었습니다. 그 덕에 1981년 8월 대입 검정고시를 패스하고, 그해 곧바로 한국외대 스페인어과에 합격을 했지요. 저보다 대여섯 살 어린 동생들과 함께 학교를 다니기 시작한 겁니다. 막상 들어가 보니 스페인어가 재밌더라고요. 기왕 시작한 공부니까 제대로 한번 해보자는 생각이 들었습니다. 어린 동급생들과 함께 스페인어 회화 동아리를 만들어 열심히 공부를 했지요. 그때 함께 회화 동아리 활동을 하던 여학생 중 하나가 지금 제 아내랍니다."

호랑이를 잡으려면 호랑이 굴에 들어가야 하고, 어학을 제대로 하려면 그 말을 사용하는 나라로 가야 한다. 홍 사장은 2학년을 마친 뒤 유학을 가기로 결심한다. 내친김에 아예 박사까지 해서 대학교수가 되겠다는 계획을 세웠던 것이다.

"유학이라는 게 지금은 웬만한 집 자식들도 보내고 있지만, 1980년대 중반만 하더라도 유학은 그야말로 선택된 소수에게만 주어진 특권이었어요. 아버지가 삼청교육대에 다녀오고 난 이후로 풍비박산이 난 우리 집안 형편으로는 유학은 정말 보내기 어려운 상황이었지요. 그런 집안 사정을 뻔히 알고 있었지만 빈손으로라도 유학을 떠나기로 마음을 먹었습니다. 남들처럼 한국에서 대학을 졸업한 뒤 평범한 직장인으로 살고 싶지가 않았어요. 외국에 대한 막연한 동경도 해외 유학을 결심하는 데 한몫을 했지요. 아버지가 비행기 표 한 장과 1500달러를 쥐여주시더라고요."

진정한 여행의 시작

1984년 3월 5일 멕시코 땅을 밟았다. 남한 땅의 20배나 되는 거대한 기회의 땅에 맨주먹으로 들어간 것이었다. 그해 9월 멕시코시티에 있는 이베로 대학의 라틴아메리카 문학과에서 공부를 하기 시작했다.

참 고달픈 유학생활이었다. 방학 때마다 학비를 벌기 위해 멕시코와 미국을 오가며 아르바이트를 해야 했다. 여행사 가이드와 주유소 도우미, 봉제공장 직공, 주류 판매점원, 오피스빌딩 청소원, 살충제 가게

점원 등 온갖 궂은일을 하면서 어렵게 학비를 벌었다. 그렇게 억척스럽게 일을 하면 한 학기 수강신청을 70% 정도 할 수 있는 학비를 마련할 수 있었다.

"작은 자취방에서 한 달 100달러로 생활했어요. 50달러는 방값, 나머지 50달러로 식비를 썼습니다. 띠앙기스라고 하는 재래시장 좌판이 있어요. 거기서 감자와 파, 마늘 등 음식재료를 사다가 먹으면 버틸 만했어요. 쇠고기도 그리 비싸지 않았습니다. 학교까지 10km인데 차비 아끼려 학교까지 2시간 넘게 걸어서 통학을 했어요. 학교 근처는 방값도 비쌌지만 한국 유학생들하고만 어울리고 말은 늘지 않을 거 같아서 멀찍이 얻었지요."

홍 사장은 온갖 아르바이트를 하면서 어렵게 마련한 학비로 7년 만에 대학을 졸업했다. 홍 사장은 그러나 대학원 진학을 포기한다. 학문의 길로 가겠다는 당초의 결심을 아예 접은 것이다.

"공부를 하다 보니 학문은 저의 길이 아닌 거 같더라고요. 설혹 박사학위를 딴다 하더라도 대학에 자리를 얻는다는 게 하늘의 별 따기겠더라고요. 저보다 앞서 박사학위를 딴 사람들과 석·박사 과정에 있는 선후배들이 까마득하게 줄을 서 있었거든요. 스페인과 콜롬비아 등에서 공부하는 분들도 100명 이상이 됐습니다. 제 앞줄에서 대학 문을 두드리는 분들이었지요. 숨이 턱 막혔습니다. 대학교수가 된다는 건 그야말로 낙타가 바늘구멍 들어가는 것보다 훨씬 힘든 일처럼 보였어요. 그렇다고 자리에 연연하지 않고 학문의 길에 정진할 만큼 제가 어학이나 인문학에 남들보다 월등한 천재성을 타고난 것 같지도 않았고요. 일찌감치 학문의 길을 접기로 했습니다."

터키의 서정시인 나짐 히크메트는 "무엇을 해야 할지 더 이상 알 수 없을 때 그때 비로소 진정한 무엇인가를 할 수 있다. 어느 길로 가야 할지 더 이상 알 수 없을 때 그때가 비로소 진정한 여행의 시작이다." 라고 노래했다. 무엇을 할 것인가. 학문의 길을 접은 홍 사장은 한동안 히크메트의 시 〈진정한 여행〉을 화두로 품고 살아야 했다.

그러나 아무것도 가진 것 없이 빈손으로 유학을 결심했던 그 배짱 그대로 홍 사장은 새로운 선택을 주저 없이 하게 된다. 멕시코에서 비로소 진정한 여행을 시작한 것이다.

"학문의 길을 포기하기로 마음을 먹었던 즈음 마침 원단회사인 P사로부터 취업 제안이 왔습니다. 1988년 8월이었어요. 별로 잴 것도 없이 P사행을 결정했습니다. 한번 결정하면 곧바로 실행에 옮기는 성격이거든요. P사의 초봉은 얼마 되지 않았어요. 한 달 600달러였거든요. 비록 P사가 월급은 적었지만 그래도 미래 발전 가능성이 있어 보였습니다. P사의 사장님이 대우에서 근무를 했던 분이었고, 원단무역을 하는 회사라는 이야기를 듣고 바로 결정하였지요. 그런데 제가 보기엔 합리적인 판단보다는 오너의 마음에 따라 모든 게 좌지우지되는 문화였어요. 그곳에서도 실망을 하고 1년 반 만에 사직서를 냈습니다."

몇 달 동안 궁리를 하다가 1991년 8월 잡화무역을 시작했다. 코라멕스(KORAMEX)라는 무역회사 간판을 내걸었다. 플라스틱 조화와 화분, 컵, 문구류, 철물 등을 취급했다. 그러나 6개월도 못 가서 말아먹고 말았다. 사실 당시 가장 잘나가던 물건은 원단이었다. 그렇지만 몸을 담았던 P사와 경쟁하는 사업을 하기 싫어서 원단은 취급하지 않았던 것이다.

"잡화무역에 실패를 하고 난 뒤 할 수 없이 저도 원단무역에 뛰어들었습니다. 그때는 정말 우리나라 원단이 불티나게 팔린 때였어요. 당시 시장 상황이 그럴 수밖에 없었습니다. 그전까지만 해도 멕시코의 보호무역 장벽이 아주 높았어요. 웬만한 물건은 전부 수입금지 품목이었습니다. 그러다가 1986~1987년 무렵 멕시코 정부가 수입금지 해제 조치를 단행하게 됩니다. 그러니까 우리나라 원단들이 물밀듯 들어오기 시작한 거지요. 한국산 원단이 값은 싸면서도 품질은 다른 어느 나라 제품에도 뒤지지 않았거든요. 그때가 아마 대구 섬유공장들의 전성기였을 겁니다. 그런 호황이 2004~2005년까지 지속이 됐지요. 당시 우리나라 원단무역 회사들이 멕시코시티에만 40여 개에 달했었습니다."

경쟁에서 뒤처지지 않으려면 경영 현대화와 제품 차별화를 해야 했다. 당시 멕시코 원단무역 회사 중에서는 홍 사장이 처음으로 캐드(CAD, 컴퓨터 이용 설계)를 도입했다. 당시 386과 486 컴퓨터를 쓰던 시절이었다. 컴퓨터 한 대로 직원 30~40명 역할을 했다. CAD 덕분에 코라멕스가 멕시코 프린트 디자인 분야에서는 1, 2위로 꼽힐 수 있었다.

CAD 도입과 함께 홍 사장이 택한 차별화 전략은 소량 다품종 생산이었다. 중저가 상품을 다량으로 판매하는 것보다는 중상류층 타깃으로 한 제품을 시장에 내놓았다. 리스크도 훨씬 덜하고 마진도 10~15%로 높았다. 디자인 차별화와 소량 다품종 전략으로 승부를 걸었는데 그게 통했던 것이다. 회사 몸집이 단기간에 불어나기 시작했다. 연간 1000만~1500만 달러 매출에 직원 수도 60여 명으로 늘어났다.

"그런데 한 가지 아쉬운 게 있었어요. 오퍼상은 실체가 없어요. 실체가 있는 사업을 하고 싶었습니다. 그래서 봉제를 시작했습니다. 40~50m² 규모의 옷가게 매장을 세 곳 냈습니다. 커팅과 디자인은 직접 하고 바느질만 외주를 주었지요. 봉제를 시작한 이후 외형 매출에는 큰 변화가 없었지만 이익비율은 크게 늘었습니다."

실체가 있는 비즈니스,
운송사업 외길로

ㄴ　　　　우연과 필연을 가르는 경계는 무엇일까. 사람이 무언가 마음에 품고 갈구하면 필연이 우연처럼 찾아오는 게 아닐까. 필연이 우연을 가장하고 접근하거나, 아니면 우연이 필연을 만들어내는 것인지도 모른다. 원단과 봉제 사업을 하던 홍 사장에게 운송사업은 우연처럼 슬며시 다가왔다.

"저희 회사 원단을 수송해주는 한국계 포워딩 회사가 미국 로스앤젤레스에 있었는데 어느 날 이 회사의 유 사장이 저에게 뜬금없이 운송사업을 해볼 생각이 없느냐고 하더라고요. 반반씩 투자를 해서 멕시코 내 운송사업을 하자는 것이었습니다. 유 사장이 멕시코에서도 운송사업을 벌여놓았는데 원활하게 돌아가지 않았던 모양입니다. 미국에 앉아서 멕시코 일까지 하려니까 그럴 수밖에 없었지요. 자꾸 배송이 지연되거나, 클레임이 걸리고 했던 겁니다. 그래서 멕시코에 합작회사를 차려놓고 멕시코 쪽 일은 맡기고 싶었던 거였어요."

처음엔 거절했다. 원단사업이 잘되고 있었던 데다가 운송의 '운'자도 몰랐기 때문이다. 그런데 가만히 생각해보니 운송업이야말로 실체가 있는 비즈니스였다.

"이게 바로 내가 찾고 있던 그 사업이로구나 하는 생각이 들었습니다. 유 사장에게 전화를 걸어 함께 일을 해보자고 했습니다."

1993년 5월 판트란스의 전신인 코라멕스 운송은 그렇게 탄생했다.

운송 일을 시작했지만 처음엔 그다지 신경을 쓸 일이 없었다. 처음 한두 건 일이 있다가 4~5개월 동안 아예 주문이 없었기 때문이다.

그런데 어느 날 난데없이 SK건설에서 클레임이 들어왔다. 당시 SK건설은 마데로 지역에서 정유공장 현대화 건설 작업을 하고 있었다. 이탈리아에서 제작한 정유공장 타워를 마데로 정유공장에 설치하는 공사였다. 항구에 도착한 타워 부품을 홍 사장 회사에서 운송을 했는데 운송 과정에서 파손이 됐다는 것이었다.

"금시초문의 일이었어요. 우리 회사에서 그런 운송 일을 한 적이 없었거든요. 알고 보니 유 사장이 동업자인 저를 슬쩍 배제시키고 혼자 일을 처리한 것이었어요. 일이 괜찮아 보이니까 혼자 하려고 욕심을 냈던 거지요. SK건설 측에서는 그것도 모르고 동업자인 저에게 클레임을 제기한 것이었고요. 그런 사람과 어떻게 일을 같이 하겠어요. 그 사건 이후로 곧바로 유 사장과 갈라섰습니다."

유 사장과 결별하고 난 이후에 오히려 뜸하던 운송 물량들이 들어오기 시작했다. 2004년까지는 원단과 봉제, 그리고 운송 사업을 코라멕스라는 이름으로 병행했다.

그런데 2000년대로 들어서면서 브라질과 아르헨티나, 파라과이 등 남미 경제권이 무너지기 시작했다. 그쪽에서 거주하던 한인들이 대거 멕시코로 몰려 들어왔다. 단기간에 무려 만여 명이 유입됐을 정도였다. 그중엔 원단무역을 하던 이들도 여럿 있었다. 그러다 보니 경쟁이 더욱 격화되고 혼탁해질 수밖에 없었다.

불법과 편법이 판치기 시작했다. 새롭게 들어온 이들이 기존의 원단 회사들과 경쟁을 하려다 보니까 파격적인 조건들을 제시하기 시작한 것이었다.

"그전까지는 무역업자들이 멕시코 국경에서 가까운 미국의 라레도까지만 물건을 갖다 놓으면 됐습니다. 거기서 멕시코로 물건을 들여오는 건 바이어들의 소관이었어요. 그런데 남미에서 올라온 분들이 바이어 창고까지 물건을 배달해주면서 시장을 잠식하기 시작하더라고요. 세관을 통관하는 과정에서 불법과 편법도 불사했습니다. 그러다 보니 저희 회사 고객들도 하나둘 이런 방식을 요청하기 시작하더라고요. 정말 곤란한 입장에 처하게 된 거예요. 간단하게 이야기하자면 눈 질끈 감고 밀수에 손을 대느냐, 아니면 깨끗하게 원단장사를 접느냐의 기로에 서게 된 겁니다. 오래 고민하지 않았습니다. 한 2~3일 고민하다가 그 잘나가던 원단사업을 접기로 했어요. 돈도 잘 벌리고 애착도 많은 사업이었지만 밀수를 할 수는 없으니까요. 2004년 원단과 봉제 사업을 깨끗하게 털어버리고 운송사업 외길로 들어섰지요."

보수적인 멕시코 운송시장의
진입장벽을 뚫은 비결

└   멕시코의 특수화물 운송사업은 아주 보수적인 시장이다.
높은 진입장벽이 둘러쳐져 있다. 신생업체의 진입로는 바늘구멍이다.
더군다나 운송사업은 외국인에게 허용되지도 않는 업종이다. 2010년
홍 사장이 멕시코 국적을 취득했지만, 처음 운송 일을 시작할 때는 직
원 명의로 사업허가를 낼 수밖에 없었다.

그러나 홍 사장은 운송업계에 뛰어든 지 10년 만인 2003년 코라멕
스 운송을 흑자 기조로 돌려놓았다. 외국인 출신이 운영하는 신생업
체가 보수적인 멕시코 운송시장의 진입장벽을 뚫는 데 성공한 비결
은 무엇일까.

그 비결은 한마디로 고객에 대한 배려였다. 단순하다면 아주 단순하
지만 게으른 사람은 절대로 할 수 없는 특별한 서비스를 고객에게 제
공한 것이었다.

"제가 고객들의 마음을 사로잡은 건 바로 공중전화와 일일보고서입
니다. 고객들의 특수화물을 운송하면서 일정 구간을 지날 때마다 공
중전화를 이용해 고객들에게 운송 상황을 보고했습니다. 당신의 물건
이 안전하게 어느 지점을 지나고 있다고 알려준 것이지요. 처음 저희
가 운송사업을 시작할 때엔 휴대전화나 전국을 커버하는 무전기가 나
와 있지 않을 때였어요. 공중전화를 이용할 수밖에 없었습니다. 그리
고 전화와는 별도로 하루 한 번씩 일일보고서를 만들어 고객들에게 팩
스로 보내주었습니다."

고객이 화물의 운송 상황을 상시적으로 파악할 수 있게 함으로써 불안감도 해소시키고, 물건 도착 시점에 맞추어 대비를 할 수 있도록 한 것이었다.

특히 특수화물 물류에서 시간은 현찰이나 마찬가지다. 물건이 도착하기도 전에 며칠 일찍 크레인을 불러놓는다든가, 예정시간보다 물건이 며칠 늦게 도착하게 되면 수만 달러가 그냥 날아갈 수도 있기 때문이다.

구간별 전화보고나 일일보고서는 고객의 불안감 해소는 물론 불필요한 경비지출을 막을 수 있게 하는 효과가 있었다. 고객들이 궁금해하고 답답해하는 부분을 시원하게 긁어준 것이다. 고객들의 반응이 좋을 수밖에 없었다.

불황 속에서도 장비는 사들이고
인력은 줄이지 않았어요

세상은 밑 빠진 독에 물 붓는 이들을 미련하다고 손가락질한다. 반면에 가다가 아니 가면 아니 감만 못하다면서 집념의 부족을 나무란다. 어느 쪽 말을 따라야 하는 것일까.

그 기준은 바로 자신이 하는 일에 대한 미래 가능성과 가치를 스스로 얼마나 확신하느냐일 것이다. 성공한 사람들은 대부분 자신이 가는 길에 대한 믿음으로 오랜 세월 흔들림 없이 밑 빠진 독에 물을 부은 이들이다.

독이 크면 물을 채우는 데 시간이 걸린다. 홍 사장 역시 무려 10년 동안이나 밑 빠진 독에 물을 부었던 것이다.

"몇 년 전에 우리 회사에서 운송장비를 180만 달러어치 들여놓은 적이 있습니다. 그때 주변에서 미친 짓이라고 했어요. 다른 경쟁업체들은 있는 장비도 줄이고 인력도 감원할 정도로 운송 경기가 좋지 않았거든요. 회사 내부에서도 반대가 심했어요. 당장 돈이 쪼들리는데 이런 거 지금 왜 현찰로 투자하느냐는 불만이었습니다. 당시 간신히 적자를 면하는 상황이었어요. 어려운 상황에서 돈이 퍽퍽 빠져나가니까 실무자 입장에서는 힘이 들었을 겁니다. 원단사업을 정리하고 나니까 갑자기 현찰이 돌지 않더라고요. 유동성을 확보할 필요가 있었습니다. 제가 살던 아파트를 포함해서 부동산 몇 건을 처분해 120만 달러 정도와 비상용 자금을 투입해 마련했습니다. 그걸 운송사업에 몽땅 쏟아부었습니다."

밑 빠진 독에 물 붓기라고 하는 사람들이 많았지만 홍 사장의 눈에는 꿈틀거리는 물류의 미래가 보였다. 반대를 무릅쓰고 밀어붙였다. 불황 속에서도 장비는 대대적으로 사들이고, 인력은 한 명도 줄이지 않았다.

어느 순간 거짓말처럼 경기가 살아나기 시작했다. SK건설과 삼성건설 등 우리나라 건설업체들과 외국 기업이 속속 들어오고 여기저기서 정유공장과 화력발전소, LNG터미널 건설 등 대규모 공사를 벌이기 시작했다. 내수 제작업체에서도 일감이 밀려들기 시작했다.

홍 사장 회사만이 신속히 장비를 투입해서 일을 맡을 수 있었다. 장비를 팔아 치우고 인력도 대폭 감원했던 다른 경쟁업체들은 즉시 대처를 하지 못하고 쩔쩔맬 수밖에 없었던 것이다.

갑자기 차가 흔들리지도 않고 승차감이 확 좋아졌다는 느낌이 들었다. 차창 밖을 내다보니 차는 어느새 반듯한 왕복 4차선 도로 위를 달리고 있었다. 오가는 차량들도 부쩍 불어나 있었다. 시에라 마드레 오리엔탈 산맥을 완전히 벗어나 평지로 접어든 것이었다.

갱단 출몰지역으로부터 멀찍이 벗어나 안전지대로 들어섰다. 도로변에는 꽤 번듯번듯한 상점과 음식점들이 늘어서 있었다.

"이곳은 '벤투라'라는 도시입니다. 이제 목표지점인 산루이스델라파스까지는 150km 정도 남았어요. 앞으로는 길도 평탄한 4차선 대로인데다 치안 걱정을 하지 않아도 됩니다. 그렇지만 대형 특수화물 차량은 안전지역이라 하더라도 야간통행은 금지돼 있어요. 이곳에서 하루 묵어야 합니다."

다음 날 아침 6시쯤 묵었던 호텔에서 2호차가 있는 주유소 주차장으로 출발하려 할 즈음 홍 사장의 전화벨이 요란하게 울렸다. 2호차 엔지니어로부터 걸려온 전화였다.

새벽에 차량 점검을 하던 중 2호차를 끄는 프라임 무버 중 한 대의 냉각수가 다 빠져나갔다는 사실을 발견했다는 것이었다. 라디에이터에 균열이 생겼거나 냉각수를 공급하는 장치에 문제가 발생했는지 추가 점검을 할 필요가 있다는 보고였다. 목적지를 코앞에 둔 지점에서 바짝 긴장을 할 수밖에 없는 상황이 발생한 것이다.

홍 사장은 운전기사들끼리의 갈등으로 상대방 차에 고의로 고장을 내는 경우도 가끔 발생한다며 잔뜩 걱정스런 얼굴을 했다. 부랴부랴 현장으로 달려갔다. 다행히 우려했던 큰 고장은 아니었다. 냉각수 호스에 작은 구멍이 생겨서 교체를 했다는 엔지니어의 설명이었다.

작은 해프닝으로 시작한 하루였지만 나머지 운행은 평온하기만 했다. 예정했던 대로 점심 무렵 산루이스델라파스의 인터젠 열병합발전소 현장에 무사히 도착할 수 있었다.

낯익은 삼성 로고를 새긴 안전모 차림의 삼성엔지니어링 직원들이 반갑게 우리를 반긴다. 1호차는 이미 도착을 해서 하역작업을 마친 상태였다. 대형 크레인이 2호차에 실린 배열회수보일러(HRSG)를 내리기 시작했다. 길고 험했던 여정의 마무리였다.

그날 저녁 3호차 역시 무탈하게 현장에 도착했다. 120톤이란 육중한 화물을 실은 트레일러 차량 3대 모두 무서운 갱단이 출몰하는 타마울리파스 지역과 험준한 시에라 마드레 오리엔탈 산맥을 아무런 사고 없이 지나와 예정된 시간에 목적지에 안착을 한 것이었다.

홍 사장의 얼굴에 비로소 안도감이 어린다. 뭔가 일을 이뤄냈을 때의 뿌듯함으로 얼굴이 환해진다. 운송작업을 시작한 지 세 번째 밤인 산루이스델라파스에서의 잠자리는 편안하기 그지없었다.

다음 날 아침 산루이스델라파스에서 멕시코시티까지 돌아가는 250km의 여정은 상쾌한 드라이브였다.

조금 멀더라도
넓고 큰 길로

'장미의 거리'라는 이미지 그대로 멕시코시티의 소나 로사는 화려하고 번화했다. 깔끔한 호텔과 레스토랑, 비즈니스 빌딩, 상가, 기념품점 등이 혼재한 거리에는 인파로 넘쳐났다. 우리나라의 명동과 강남의 거리를 합쳐놓은 이미지였다.

판트란스 사무실은 소나 로사의 론드레스 거리에 있는 4층 빌딩에 입주해 있었다. 50여 명의 직원들이 600여㎡ 정도 되는 2층 전체를 사용하고 있었다.

사무실 문을 열고 들어서자 왼쪽 벽에 붙어 있는 대형 사진이 눈길을 끌었다. 판트란스의 전신인 코라멕스 유니폼을 입은 직원들이 항구에서 거대한 화물을 대형 크레인을 이용해 바지선에 옮겨 싣고 있는 장면이었다. 누군가의 안내도 기다릴 겸 찬찬히 사진을 구경하고 있었다.

어느새 홍 사장이 옆으로 다가와 사진에 대한 설명을 해주었다.

"2006년 멕시코시티에서 동남쪽으로 800km 정도 떨어진 미나티틀란 정유공장으로 발전기 리액터(교류와 직류가 겹친 회로에서 교류에만 반응하는 장치)를 운송하는 장면입니다. 미나티틀란 정유공장 건설을 수주했던 스페인 드라가도스 건설이 저희에게 무려 1263톤짜리 리액터 운송작업을 맡긴 것이었어요. 멕시코 운송 역사상 단일 아이템으로는 가장 무거운 하중이에요. 운송장비 무게까지 합치면 1600톤이나 됩니다. 당시 이 물건을 멕시코 동남부에 있는 코아트사코알코스 항구에서

30km 떨어진 미나티틀란 정유공장까지 옮기는 게 저희 회사의 임무였어요. 1600톤 하중의 물건은 육로로 이동이 불가능합니다. 교량이 그만한 하중을 지탱하지 못하거든요. 그래서 사진에서 보시는 것처럼 바지선을 이용해 수로로 운송을 했어요. 5000톤급 바지선을 이용해 수로로 미나티틀란 정유공장까지 무사히 옮기는 데 성공을 했습니다. 운송 방법을 연구하는 데만 1년 반이나 걸렸어요. 루트 현장조사만 열세 번이나 나갔던 일입니다. 운송 비용만도 120만 달러짜리였어요. 당시 멕시코 운송업계에서 크게 주목을 받은 일이었지요. 완벽하게 해내면서 저희의 실력을 확실하게 보여주었습니다. 이후 굵직한 사업들을 잇달아 수주할 수 있었습니다."

홍 사장이 사장실 옆 회의실로 안내를 했다. 창가에는 열대어 수족관이 놓여 있었고, 한쪽 벽에는 인증서와 표창장 등이 30개쯤 붙어 있었다. 그 바쁜 와중에도 물고기는 홍 사장이 직접 키운다고 했다.

홍 사장과 차 한잔을 나누려던 참에 40대 후반쯤으로 보이는 사람이 들어와 꾸벅 인사를 한다.

"제 동생 홍승표 이사입니다. 제가 운송사업을 시작하면서 이 친구를 불러들였어요. 스물아홉 살 때 멕시코로 건너와 22년째 저를 돕고 있습니다. 홍 이사가 회사 안살림을 잘 챙겨주는 덕에 제가 바깥으로 돌아다닐 수 있답니다."

홍 이사가 자리에 함께 앉으며 입을 열었다.

"그나저나 정말 걱정을 많이 했어요. 이번에 사장님이 직접 다녀오신 산루이스델라파스 인터젠 열병합발전소 운송작업은 갱단들이 장악한 타마울리파스주 한가운데를 관통하는 루트였어요. 더군다나 갱단들이 전쟁을 벌이고 있는 와중이었잖아요. 무사히 일을 마쳐서 다행입니다. 멕시코에서 운송사업을 하려면 많은 위험을 감수해야 합니다. 지난 20여 년 동안 모두 일곱 번 갱단에게 화물을 털렸어요. 하나같이 휴대전화 수송차량이 대상이었습니다. 휴대전화는 움직이는 현찰이잖아요. 귀신처럼 정보를 알고 덮치더라고요. 우리가 갱단과 벌이는 숨바꼭질은 영화보다 훨씬 드라마틱하답니다."

갱단들로부터 화물을 지키기 위한 그들의 전투는 매우 치열해 보였다. 홍금표 사장이 말했다.

"우리는 갱단을 따돌리기 위해 첨단장비를 계속 도입하고 있어요. 한마디로 갱 조직과 지능싸움을 벌이고 있답니다. 처음엔 경호차량을 한 대에서 두 대로 늘리고, 그다음엔 장착된 GPS(위성위치확인시스템) 장치의 숫자를 늘립니다. 원래 트럭 계기판 뒷면에 GPS 장치가 고정으로 붙어 있습니다. 그런데 갱단이 그걸 알고 트럭을 탈취하자마자 GPS 장치를 제거해버리더라고요. 그래서 추가조치로 경호업체에서 이동형 GPS를 추가로 부착했습니다. 트럭의 어디에 장착하는지는 경호업체만 알 수 있도록 하고 있어요. 그런데 그것마저 귀신처럼 찾아내더라고요. 그래서 7년 전부터 GPS를 하나 더 늘려 3개를 가동하고 있습니다. 그러니까 원래 트럭 차체에 달려서 나오는 GPS와 경호업체에서 추가로 설치하는 이동형 GPS에다가 원격조정 GPS를 하나 더 설치한 겁니다. 트럭의 문은 회사에서 보내는 전자신호에 의해서만 문이 열리고 닫힙니다. 몇 해 전 40만 달러어치 휴대전화를 실은 트럭을 강탈당한 적이 있었어요. 경찰이 포위망을 좁혀 트럭을 찾아냈는데 강도들이 문을 못 열고 그냥 도주했더라고요."

이번에는 홍 이사가 얼마 전에 겪었던 일을 이야기해주었다.

"갱 조직들도 첨단장비들을 동원하고 있어요. 올 3월 초 50만 달러 어치의 휴대전화를 싣고 가던 우리 운송트럭이 공항 10km 떨어진 고속도로 진입 지점에서 갑자기 통신 두절되는 사태가 발생했어요. 그날 저녁 7시 30분쯤 트럭기사로부터 수상한 차가 쫓아오는 거 같다는 연락이 왔더라고요. 무장 호송업체에 곧바로 연락을 했지요. 그런데 그 이후로는 트럭기사와 무장 경호요원과의 휴대전화도 안 되고 무전 교신도 되지를 않더라고요. GPS로도 트럭의 위치를 확인할 수 없었습니다. 다음 날 새벽 2시경에서야 트럭을 찾았지만 문짝이 뜯기고 물건은 사라진 뒤였어요. 나중에 경찰 조사결과를 보니 갱단이 전파교란 장비를 동원했더라고요. 휴대전화와 GPS 등 일체의 전자장비들이 먹통이 되고 만 거지요."

옆에서 홍 사장이 거들었다.

"갱 조직들이 물건을 터는 걸 보면 군사작전을 방불케 합니다. 물건을 터는 시점에서 한 팀은 고속도로 톨게이트의 바리케이드를 들이받고 도주를 시작합니다. 경찰 병력을 따돌리면서 이목도 분산시키려는 술책이지요. 그걸 신호로 전자교란장치를 가동하고, 무장 경호차량과 트럭을 제압하고, 그런 다음 지원팀이 들이닥쳐 물건을 가지고 튀는 거지요. 아주 치밀하고 일사분란합니다."

그래서 홍 사장은 물건을 수송할 때 우회하더라도 반드시 고속도로를 이용한다고 했다. 시내 도로를 이용하면 길이 복잡해 강도들의 도주로가 많기 때문이다.

"저희는 물건을 운송할 때나 경영을 할 때나 비록 조금 멀더라도 넓고 큰 길로만 간답니다. 정도로 가는 게 나중에 따져보면 훨씬 빠르더라고요."

기원전 300년쯤 20여만 명의 인구가 살던 도시라는 테오티우아칸은 숱한 비밀을 간직한 채 묵묵히 자리를 지키고 있었다. 멕시코시티에서 북동쪽으로 52km 떨어진 지점에 위치한 테오티우아칸은 홍 사장의 고학 시절 여행사 가이드를 하면서 정규 코스로 들르던 장소였다.

높이 66m에 한 변의 길이만 230m로 전 세계 피라미드 중 세 번째 크기라는 '태양의 피라미드', 그리고 높이 46m에 한 변 길이 146m인 '달의 피라미드'가 나란히 서쪽 하늘로 넘어가는 태양을 배웅하고 있었다.

테오티우아칸 주민들은 이 거대한 도시를 남겨놓은 채 어디로 흔적 없이 사라졌을까. 2300여 년 전에 어떻게 저 높은 피라미드와 저 반듯하고 넓은 도로를 만들었을까.

문득 홍 사장도 먼 훗날 인류의 후손들이 궁금해할지 모르는 일을 지금 하고 있을는지도 모른다는 생각이 스친다. 앞으로 천 년 혹은 이천 년 후 미나티틀란 정유공장과 산루이스델라파스 인터젠 열병합발전소 유적지를 방문한 후손들이 이렇게 물을지도 모를 일이다.

당시 무슨 기술로 1263톤짜리 육중한 리액터를 옮길 수 있었을까. 무슨 수단으로 120톤짜리 배열회수보일러를 시에라 마드레 오리엔탈 산맥을 넘어 여기까지 옮겨 왔을까. 그때 사람들은 다 어디로 바람처럼 사라졌을까.

10

남태평양 지상낙원이
내 삶의 터전이 되었다

하순섭

PALAU

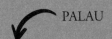
PALAU

하순섭 회장이 올리는 연간 매출 500만 달러는 팔라우 국가예산의 10% 정도에 해당하는
규모다. 그는 임기 4년의 대통령 경제고문을 두 번째 맡을 정도로 팔라우 사회의 신임을
한 몸에 받고 있다.

남태평양 지상낙원이
내 삶의 터전이 되었다

하순섭

남태평양은 인간의 상상력을 담아내는 거대한 도화지다. 붉은 태양이 작열하는 바다 위에 점점이 떠 있는 그림 같은 산호섬들과 인간의 발길이 닿지 않은 울창한 정글, 야자수 그늘이 드리운 황금빛 모래 해안, 형형색색의 물고기들이 군무를 추고 있는 미지의 푸른 바다…….

숱한 작가들이 남태평양을 무대로 한 아름다운 로맨스와 거친 모험 이야기를 만들어냈다. 대니얼 디포는 식인종이 출몰하는 외딴섬에 표류한 '로빈슨 크루소'를 탄생시켰고, 쥘 베른은 '해저 2만 리'를 누비고 다니는 괴물 잠수함 노틸러스호와 네모 선장, 아로낙스 박사 등을 탄생시켰다. 할리우드의 로버트 저메키스 감독은 남태평양의 무인도에 표류한 운송업체 직원 척 놀랜드(톰 행크스 분)의 삶을 그린 영화 〈캐스트 어웨이〉를 만들기도 했다.

디포나 베른, 저메키스의 작품 속에서 남태평양의 섬들은 하나같이 낙원처럼 아름다운 곳으로 묘사된다. 그러나 로빈슨 크루소나 아로낙스 박사, 척 놀랜드 등 주인공들은 가족과 친구들이 있는 문명사회로 돌아가기 위해 목숨을 건 탈출을 한다.

무지개 뜨는 나라

└ 필리핀의 남동쪽, 괌과 사이판의 남서쪽에 작은 섬나라 팔라우공화국이 자리하고 있다. 무지개가 끝나는 곳에 자리한 신비로운 남국의 낙원이라는 칭송을 들을 정도로 아름다운 섬이다.

낙원 같은 섬을 탈출한 영화나 소설 속 주인공들과는 달리 작은 섬 팔라우에서 40여 년 동안 자신의 삶을 개척해온 한 한국인이 있다. 팔라우 경제를 주무르는 10대 기업인 중 하나인 하순섭(75) 회장이 바로 그 주인공이다.

1975년 팔라우에 첫발을 디딘 하 회장은 지금 종합건설·유통·호텔 사업을 하는 한파산업개발(Hanpa Industrial Development Cooperation) 과 부동산·레저 사업을 하는 골든퍼시픽벤처(Golden Pacific Venture) 두 개 회사를 중심으로 건설업과 부동산개발, 호텔, 관광, 무역, 슈퍼마켓 등 모두 23개 분야의 사업을 펼치고 있다. 외국인으로서는 유일하게 팔라우에서 할 수 있는 거의 모든 업종에 대한 허가권을 지니고 있다.

그가 올리는 연간 매출 500만 달러는 팔라우 국가예산의 10% 정도에 해당하는 규모다. 하 회장이 부동산개발을 위해 사들인 땅만 해도 도심 노른자위 1만2000m²를 포함해 30만여m²나 된다. 한국인 특유의 부지런함과 끈질긴 근성으로 텃세가 세기로 유명한 팔라우 땅에 단단히 뿌리를 내린 것이다. 그는 임기 4년의 대통령 경제고문을 두 번째 맡을 정도로 팔라우 사회의 신임을 한 몸에 받고 있다.

팔라우공화국은 340여 개나 되는 많은 섬으로 이루어져 있지만 그 면적을 다 합쳐봐야 거제도의 1.2배 정도밖에 되지 않는다. 인구는 2만 명 남짓. 16세기 중반 스페인의 식민지배를 받기 시작한 팔라우는 1899년 독일로 팔렸다가 1914년 제1차 세계대전 발발 즈음 일본으로 넘겨졌다. 제2차 세계대전 때 미군에게 점령되면서 유엔의 신탁통치령으로 미국의 지배를 받게 된다. 1994년 10월 독립 여부를 묻는 주민투표 끝에 독립국의 지위를 획득하였다.

팔라우의 최대 도시는 경제수도 격인 코로르이다. 최대 도시라고 해야 기껏 인구 1만여 명 정도가 몰려 사는 작은 타운이다. 코로르를 남북으로 가르는 도로 양편으로 호텔과 레스토랑, 슈퍼마켓, 기념품점 등이 올망졸망 들어서 있다.

고만고만한 건물들 사이로 유독 납작해 보이는 1층짜리 건물 하나가 자리하고 있었다. 지붕은 낮았지만 건평은 아주 널찍한 건물이었다. 건물의 전면에 커다란 태극문양과 함께 '한파마트, HANPA

MART'라고 쓰인 한글과 영어 겸용 간판이 붙어 있었다.

마트 안은 한국의 여느 슈퍼마켓과 똑같은 모습이다. 한국산 과자류와 식료품들이 정갈하게 진열돼 있다. 냉장고엔 각종 청량음료와 소주, 막걸리, 냉동만두 등이 가득 들어 있었다. 직접 담근 김치를 판다는 알림판도 붙어 있었다. 팔라우에서는 한국 식품을 취급하는 유일한 곳이다.

건물의 안쪽으로 들어가는 문에 'Hanpa Hardware'라는 영문 간판이 걸려 있었다. 문을 열고 안으로 들어섰다. 눈어림으로 마트보다 열 배 이상 넓어 보이는 공간이 펼쳐진다. 각종 농기구와 공구, 페인트, 시멘트, 철물, 건축자재들이 일목요연하게 진열돼 있었다. 물자가 귀한 작은 섬나라에서는 보물창고와도 같은 곳이다.

한파마트와 한파하드웨어 사이 건물의 중앙에 사무실 공간이 자리하고 있었다. 하 회장이 한파산업개발과 골든퍼시픽벤처의 공동 사무실로 사용하고 있는 곳이다. 사무실 한쪽 벽은 사업 면허증을 담은 20여 개의 액자들로 가득 채워져 있었다.

이곳에서 23개 사업을
일궈냈죠

└   현지인 직원 3명이 앉아 있는 사무실 안쪽으로 내실이 이어져 있었다. 내실의 문을 열고 들어서자 깡마른 체구의 노인이 중국인으로 보이는 두 사람과 소파에 앉아 영어로 이야기를 나누고 있었

다. 노인이 탁자 위에 지적도와 설계도면 등을 여러 장 펼쳐놓고 설명을 하고 있었다.

"당신들도 잘 아는 것처럼 요즘 팔라우에 중국인들이 떼로 몰려오고 있어요. 비행기 표와 호텔 방을 구할 수 없을 정도입니다. 지금 이곳에 호텔을 짓는다면 5~6년이면 원금을 회수할 수 있을 거예요. 우리 회사가 소유한 이 땅은 팔라우 도심에 남아 있는 마지막 금싸라기 땅입니다. 호텔이 들어서기에 아주 적합한 위치입니다. 다른 곳에서는 호텔을 지을 만한 부지가 없어요. 지난 1년 사이 당신네 중국인들이 대거 몰려와 요지의 땅들을 마구 사들였거든요."

카랑카랑한 목소리로 설명에 열중하고 있는 사람은 하 회장이었다. 하 회장의 설명을 듣고 있는 이들은 중국인 투자자들이다. 그중 한 사람은 중국 광둥에서 라이온스 클럽 회장직을 맡고 있을 정도로 비중 있는 인물이었다. 최근 급증하고 있는 팔라우의 관광객들을 겨냥한 호텔사업의 경제성을 타진하기 위해 이곳 터줏대감인 하 회장의 자문을 구하고 있었던 것이다.

하 회장의 설명이 이어졌다.

"저희가 보유한 23개 사업허가만 있으면 팔라우에서 모든 서비스를 제공해드릴 수 있습니다. 조금 과장하자면 인신매매나 마약을 사고팔고 하는 것 말고는 모든 걸 할 수 있어요. 어떤 사업이든 '원스톱 서비스'를 제공해드립니다. 가령 호텔을 지을 경우 각종 목재와 철근 등을 공급하는 건축자재상과 콘크리트 석재를 생산하는 석산공장에서부터 인테리어 공사, 건설인부를 공급하는 인력 송출 업무까지 회사 자체에서 일괄적으로 해결할 수 있습니다. 전체 공정을 진행하는 데 외부의 도움이 전혀 필요 없다는 거지요. 그만큼 공사단가도 낮아지고, 공기도 단축시킬 수가 있지요."

건축자재 판매에서부터 건축시공까지 전 공정의 허가권을 가진 회사는 팔라우를 통틀어 자기 회사 하나뿐이라는 것이었다. 그의 회사에서 소유한 15만m²의 석산을 통해 돌과 자갈 등 건축에 필요한 자재를 다른 회사에 비해 훨씬 싼값에 조달할 수 있다고 했다. 한마디로 건축에 관해서는 '원스톱 서비스'가 가능하다는 설명이었다.

하 회장과 중국인들의 대화는 저녁식사 자리로 이어졌다. 하 회장의 안내로 도착한 곳은 사무실에서 얼마 떨어지지 않은 한국식당이었다. '아리랑'이라는 간판이 걸려 있었다.

"이곳도 한때 제가 운영하던 식당이었습니다. 원래 '아리랑'과 '한국관'이라는 두 개의 식당을 했어요. 지금의 건설업과 호텔업을 시작할 수 있는 종잣돈을 마련한 곳입니다. 다른 사업들이 커지면서 식당 일은 2009년 모두 접었어요."

중국인들과의 저녁식사 자리는 화기애애하기 그지없었다. 등심과 삼겹살을 안주로 소주를 마셨다. 연신 건배를 외치며 권커니 잣거니 술을 마셨다. 평소 술을 거의 입에 대지 않는다던 하 회장도 젊은 중국인들에게 전혀 꿀리지 않고 잔을 비워냈다. 70대 중반의 노인치고는 대단한 주량이었다. 하 회장이 해병대 장교 출신에다가 월남전까지 갔다 왔다고 하더니 그 깡이라는 게 보통이 아니었다. 저녁 자리를 정리하고 일어설 즈음엔 빈 소주병이 수북이 쌓여 있었다.

하 회장의 집은 아리랑 식당에서 걸어서 3~4분 정도면 닿을 수 있는 곳에 있었다. 쇼핑센터와 레스토랑, 기념품 가게 등이 우르르 몰려 있는 코로르의 한복판, 올망졸망한 건물들 가운데 제법 우뚝한 5층짜리 빌딩이 'Palau Paradise Hotel'이라는 네온사인 간판을 번쩍이고 있었다. 한국으로 치자면 서울 명동의 가장 노른자위에 해당하는 땅 1500m²를 차지하고 있는 호텔이었다.

"제 손으로 직접 지은 호텔입니다. 객실 20개밖에 안 되는 작은 호텔이지만 매년 고객들로부터 최고 등급의 평가를 받고 있어요. 시내 한복판에 있기 때문에 쇼핑을 하거나 식사를 하는 데 우리 호텔만큼 편한 곳이 없지요. 5층은 저희 부부와 아들, 며느리, 손자가 함께 사는 집으로 사용하고 있습니다. 자, 오늘 저녁 푹 쉬시고 내일은 지구상에서 가장 깨끗한 팔라우의 바다 구경을 하러 갑시다."

신비로운 바다 위에서
들려준 이야기

물빛이 어쩌면 저리도 다채로울 수 있을까. 바다가 훤히 들여다보이는 깨끗한 바다는 바다 밑의 해초와 산호, 모래 빛깔까지 고스란히 수면으로 전달하고 있었다. 물의 깊이와 산호 색깔에 따라 에메랄드와 코발트, 연초록, 진초록, 우윳빛 등 다양한 모자이크를 연출하고 있었다.

아침 일찍 하 회장과 함께 그의 쾌속정을 타고 팔라우 섬 일주에 나선 길이었다. 항구를 떠난 지 30여 분쯤 지났을까. 버섯 모양의 작은 섬들이 옹기종기 모여 있는 진기한 풍경이 눈앞에 펼쳐졌다.

섬들은 온통 빽빽한 열대식물들로 뒤덮여 있었다. 섬의 아랫도리만이 오랜 세월 밀려오는 바닷물의 침식으로 갈색 맨살을 드러내고 있었다. 마치 푸른 머리를 한 거대한 버섯이 바다 밑에서 피어오른 것처럼 보였다.

기기묘묘한 모양의 섬과 형형색색의 물고기, 700여 종의 산호 등은 이곳이 선계가 아닌가 하는 착각을 불러일으킬 정도였다. 누군가 록아일랜드에 '신들의 정원'이라는 별칭을 붙여주었다던가.

사방팔방으로 섬들이 병풍처럼 둘러싼 아늑한 공간으로 들어섰다. 바다라기보다는 잔잔한 호수처럼 보이는 곳이었다. 쾌속정이 속도를 줄이다가 멈추어 서더니 시동마저 꺼버렸다. 갑자기 온 세상이 동작을 그만둔 듯 고요한 정적이 내려앉는다.

조물주가 태초에 빚어놓은 세상 원래의 모습이 이렇게 순수하고 아름답지 않았을까. 섬 언저리에 드러나는 하얀 백사장은 언제라도 아담과 이브가 튀어나와 사랑을 나눌 것 같은 절경이었다. 이런 낙원에 표류했던 사람들은 왜 이곳에 정착해 살 생각을 하지 않았을까.

하 회장이 아이스박스를 열고 얼음 더미 속에서 시원한 캔맥주 하나를 꺼내 건네주면서 입을 열었다.

"처음 팔라우로 들어오던 그 순간을 지금도 잊을 수가 없어요. 가다랑어 채낚기 어선을 끌고 들어오는데 내가 용궁으로 들어서는 게 아닌가 하는 기분이 들더라고요. 숱하게 많은 곳을 돌아다녀 봤지만 팔라우처럼 아름다운 곳이 없었어요. 그때 마음속으로 언젠가 반드시 이곳에 내 왕국을 건설하고야 말겠다는 다짐을 했습니다."

하 회장은 1943년 8월 23일 경남 사천군 사남면에서 3남 2녀의 차남으로 태어났다. 고향에서 사천농고를 졸업한 뒤 1962년 지금의 부경대학교인 부산수산대학교 어로학과에 들어갔다. 그가 훗날 팔라우에서 수산업도 하고 농사도 지을 수 있는 기반을 일찌감치 닦아놓은 셈이었다.

당시 수산대학 부설 교원양성소에 다니던 친척 아저씨로부터 수산대학을 졸업한 뒤 선장이 되면 의사와 변호사 수입보다 돈을 더 많이 벌 수 있다는 이야기를 듣고 수산대학에 입학을 한 것이었다. 또한 수산대학 어로과를 다니면 병역기간을 단축할 수 있다는 점도 마음에 들었다. 어로과 학생들은 재학기간 동안 일정 시간의 군사교육을 받은 뒤 졸업과 함께 해군 소위로 예편되는 병역특례 대상이었기 때문이었다.

그러나 그는 오히려 남들보다 더 혹독한 군 복무를 하게 된다. 그가 졸업하던 해인 1966년은 베트남전쟁이 확전 일로를 걷고 있던 때였다. 국군의 파병도 규모를 늘려가고 있었다. 하 회장은 졸업과 함께 진해 해병학교로 차출돼 해병장교 교육을 받는다. 원래 9개월이던 훈련과정을 3개월 만에 속성으로 수료한 그는 김포 1여단 소대장으로 6개월간 지휘 경험을 쌓았다. 그리고 1967년 7월 15일 하 회장은 부산 부두에서 파월청룡부대의 일원으로 미군 수송선에 오르게 된다.

"환송 인파 때문에 부산 제3부두는 그야말로 인산인해였어요. 다시는 돌아오지 못할 수도 있는 전쟁터로 아들과 남편, 혹은 형제를 보내는 가족들이 새까맣게 몰려나왔던 거지요. 부두를 가득 메운 환송객들이 태극기를 흔들어댔습니다. 갑판 위에서 그 모습을 바라보니 마치

무수한 나비들이 팔랑팔랑 하늘로 날아오르는 것처럼 보이더군요. 그때 뱃고동 소리는 정말 애절하게 들렸습니다."

하 회장은 380일 동안 월남전에 참전했다. 최전선의 소대장으로 무수한 전투를 치렀다. 전쟁터에서 소대장들은 총알받이나 다름없다. 천만다행으로 자신은 죽을 고비들을 무사히 넘겼지만 같은 중대의 동료 소대장 한 명이 전사하고, 두 명이 부상당하는 아픔을 겪어야 했다.

바닷사람으로의 성공적인 데뷔

1968년은 그에게 여러 가지 경사가 겹친 해였다. 그해 8월 초에 하 회장은 월남전을 무탈하게 마치고 귀국했다. 평생의 반려자가 된 공영애 여사를 만난 것도 그즈음이었다. 공 여사는 부산에서 대학을 다니고 있던 여동생 옥숙의 친구였다. 옥숙의 소개로 만난 두 사람은 부산진역 앞 현대극장에서 영화 한 편을 보고, 중국집에서 자장면과 탕수육을 먹었다. 송도유원지에 가서 케이블카를 타고, 자갈치시장을 둘러보기도 했다.

1968년 9월 30일 마침내 제대를 했다. 당시는 우리나라 원양어업이 눈부신 성장기로 돌입하던 시기였다. 태극기를 단 원양어선들이 태평양과 인도양, 대서양으로 진출하기 시작했다. 그 덕에 항해사와 선장들의 몸값은 치솟기 시작했다. 하 회장은 당시 한창 주가를 올리던 고려원양에 입사를 했다.

고려원양은 5·16 쿠데타 때 혁명공약을 담은 유인물을 찍었던 광명인쇄소의 사장 이학수 씨가 창업한 회사였다. 박정희 정권 출범의 공신이었던 그는 1963년 창업과 동시에 원양어선 10척을 발주하는 자본력을 과시했다. 고려원양은 1970년대 중반 원양어선 160여 척을 거느린 세계 최대 원양어업 회사로 발돋움한다.

1969년 1월 고려원양 일등 항해사로 변신을 한 하 회장은 드디어 기나긴 항해 길에 오른다.

"30개월 동안 태평양과 인도양, 대서양을 누볐습니다. 저희가 타고 나간 광명63호는 고작 230톤짜리 참치잡이 배였어요. 그 손바닥만 한 작은 배를 타고 말레이시아 페낭, 인도양의 마다가스카르, 남아공 더반, 케이프타운 등에 기항을 하면서 조업을 했습니다. 아프리카 대륙 끝단인 희망봉을 돌아 대서양으로 진출해 남미 아르헨티나 앞바다, 아프리카 서부 코트디부아르의 아비장 등을 거쳐 스페인령인 라스팔마스까지 올라갔습니다. 바다에서 몇 달씩 생활을 하면서 고기를 잡는 일은 월남 정글을 누빌 때보다 육체적으로는 훨씬 힘들었습니다. 그래도 참 뿌듯했어요. 고려원양 창사 이래 최고의 실적이라는 말을 들을 정도로 고기를 많이 잡았거든요. 첫 출어에서 바닷사람으로 성공적인 데뷔를 한 거지요."

두둑한 보너스까지 챙겨서 귀국길에 올랐다. 라스팔마스에서 비행기를 타고 마드리드와 파리, 알래스카, 도쿄를 빙빙 돌아서 오는 여정이었다. 알래스카 면세점에서 예쁜 목걸이를 하나 샀다. 김포공항으로 마중 나온 가족들 틈에 목걸이의 주인이 될 영애 씨가 서 있었다.

일등 항해사로 지구를 한 바퀴 돌고 온 하 회장의 몸값은 금값이 돼 있었다. 원양어업이 갈수록 황금기로 접어들고 있을 때였다. 고려원양 선장으로 나가는 길은 이미 보장이 돼 있었다.

그런데 그즈음 한일합작으로 만들어진 태행수산에서 그에게 스카 우트의 손길을 뻗쳐왔다. 수산대학 은사였던 조경제 교수가 설립한 회 사였다. 태행수산은 가다랑어 채낚기 어선을 일본으로부터 처음 들여 오면서 업계의 주목을 받고 있었다.

은사님의 부탁을 거절하기 어려웠다. 또 한편으로는 국내에 처음 소 개되는 가다랑어 채낚기 어선의 개척선장을 맡아보고 싶기도 했다. 일 본의 앞선 조업기술을 배울 수 있는 좋은 기회였기 때문이었다.

1971년 10월, 199톤짜리 가다랑어 채낚기 어선 파테라31호가 뱃고 동을 길게 울리며 부산 영도 남항동 항구를 출발했다. 부두에는 하루 전날 서둘러 약혼식을 치른 영애 씨가 손수건을 흔들며 배웅을 하고 있었다.

가다랑어 채낚기 어선
개척선장으로

└ 그는 이제 일등 항해사가 아닌 어엿한 선장이었다. 이번 에도 목적지는 아프리카 서부의 대서양 어장이었다. 그러나 인도양을 거쳐 희망봉을 돌아서 갔던 고려원양의 광명63호와는 정반대 항로를 잡았다. 태평양을 가로질러 파나마 운하를 통과하는 동진 루트를 택한

것이다.

아프리카 가나 서안의 테마 항을 기지로 대서양 어장에서 조업을 시작했다. 가다랑어 채낚기 조업 방식은 우선 살아 있는 멸치를 밑밥으로 풀어놓는 것으로 시작한다. 멸치를 먹으려고 몰려온 가다랑어들이 주낙에 달려 있는 가짜 미끼를 물도록 유도를 하는 것이다.

처음 몇 차례 출어에서는 기름값도 나오지 않을 정도로 고기를 잡지 못했다. 채낚기 어업 방식에 익숙하지도 않았을 뿐 아니라 어로장 등 일본인 기술자들과의 손발도 잘 맞지 않았기 때문이었다. 그러나 항차가 거듭될수록 하 회장의 노하우가 쌓이기 시작했다.

"가다랑어 떼에 배를 붙이는 각도와 속력, 멸치를 풀어놓는 타이밍이 중요하더라고요. 그 노하우를 터득하고 나서부터는 팔이 아플 정도로 가다랑어를 잡아 올렸습니다. 불과 8일 만에 100톤이나 잡아 올린 적도 있으니까요. 우리와 경쟁을 하던 일본 배들이 두세 달은 걸려야 채울 수 있는 물량이었습니다. 테마 항이 발칵 뒤집힐 정도로 엄청난 뉴스였습니다. 그 이후로 테마 항을 기지로 조업을 하는 각국의 원양 어선 사람들과 미국 통조림 회사에서 저를 가다랑어 챔피언으로 인정을 해주었습니다. 채낚기 어선의 개척선장 임무를 만 2년 동안 수행한 뒤 귀국길에 올랐지요."

김포공항 입국장에는 이번에도 오매불망 잊지를 못하던 영애 씨가 기다리고 있었다. 태평양도 대서양도 두 사람의 사랑을 막을 수는 없었다. 하 회장의 귀국 후 2개월 만에 두 사람은 수산대학 학장이던 양재목 교수의 주례로 백년가약을 맺는다. 무지갯빛 희망으로 인생이 알록달록하기만 하던 시절이었다.

두 번에 걸친 원양 출어를 모두 성공적으로 마친 하 회장의 가슴은 마냥 부풀어 오르기만 했다. 태평양과 대서양, 인도양에는 황금이나 다름없는 물고기들로 가득하다는 사실을 누구보다도 잘 알고 있었다. 가다랑어 잡는 기술이라면 대한민국뿐 아니라 세계 어느 나라 어떤 선장보다도 앞선다는 자신감으로 충만해 있었다. 월급쟁이 선장이 아니라 자신의 기업을 일으켜보고 싶은 욕구가 치밀어 오르기 시작했다.

그의 마음을 더욱 달뜨게 한 인물이 있었다. 바로 지금의 동원그룹을 일으킨 김재철 회장이었다. 김 회장 역시 수산대학 출신으로, 대학 졸업 후 8년 동안 원양어선을 타고 사모아 어장을 누비며 '참치잡이의 달인'으로 이름을 떨쳤다. 김 회장은 1969년 동원산업을 설립한다.

하 회장도 김재철 회장처럼 성공하고 싶었다. 스스로 누구에게도 뒤지지 않는 기술과 경력, 그리고 불굴의 투지를 갖추고 있다고 믿었다. 누군가 자본만 대준다면 동원산업 이상 가는 기업을 일궈낼 자신이 있었다.

백방으로 투자자를 물색한 끝에 서울 북창동에 있는 대윤실업의 박정민 사장과 손을 잡기로 했다. 1975년 4월 대윤실업 수산부가 설립되었다. 하 회장이 자본금 1000만 원을 투자하고, 대윤실업이 부족한 나머지 돈을 투자하기로 했다.

하 회장은 일본 스미즈로 건너가 배를 한 척 빌리고 어구를 갖추었다. 아프리카 가나에서 가다랑어 채낚기를 함께 했던 옛 동지들을 불러 모았다. 드디어 세 번째 장도에 나섰다. 이번에는 선장이라는 직함에다가 공동투자자와 지사장까지 더한 중책이었다.

1975년 7월 15일 하 회장은 선원 35명과 함께 199톤짜리 '야시오마루'호를 몰고 팔라우로 들어섰다.

"마침 하얀 쾌속선 한 척이 물살을 가르며 우리 배 옆을 지나갔습니다. 쾌속선 난간에는 늘씬한 백인 미녀가 금발을 휘날리며 서 있었어요. 그때 결심했습니다. 이곳에서 반드시 성공을 하리라. 나도 언젠가 저 금발 미녀처럼 내 보트를 타고 팔라우 섬들을 유람하러 돌아다니리라. 아직은 내 가슴속에 간직하고 있는 꿈을 전부 이루지는 못했지만 적어도 내 보트를 타고 유람을 다닐 정도는 성공을 한 셈입니다."

팔라우에서 겪은
첫 패배

└   팔라우에 도착한 하 회장은 의욕에 충만해 있었다. 바다에서는 실패를 경험한 적이 없었던 하 회장은 팔라우 조업을 자신만만하게 밀어붙였다. 그러나 세상일이라는 게 의욕만으로 이뤄지는 게 아니었다. 생각지도 못했던 문제점들이 터져 나오기 시작했다.

가장 큰 문제는 하 회장이 끌고 온 '야시오마루'호가 팔라우 어장에서 조업하기에는 덩치가 큰 배였다는 사실이었다.

"40톤짜리 작은 배를 들여와야 했어요. 야시오마루호는 199톤짜리입니다. 가다랑어를 잡으려면 어창에 멸치 활어를 싣고 나가서 뿌려야 합니다. 멸치는 어창에서 단 하루밖에 못 삽니다. 게다가 멸치는 육지와 가까운 연안에서만 잡힙니다. 그래서 항구를 매일 들락거릴 수밖에 없어요. 199톤짜리 배가 매일 들락거리다 보니 채산성이 떨어지더라고요."

또 다른 문제는 선원들을 너무 많이 데리고 왔다는 점이었다. 199톤짜리 배에는 선원이 20명 정도면 충분했지만 무려 35명이나 데리고 온 것이었다. 조업이 성공할 것이라 굳게 믿었고, 배를 추가로 투입할 것에 대비한 인력까지 데리고 왔기 때문이었다.

엎친 데 덮친 격으로 조업을 시작한 지 몇 달 안 돼 어한기마저 닥쳤다. 풍어기가 시작되는 4월쯤 조업을 시작해야 하는데 조업 시점을 잘못 맞춘 것이었다.

당장 선원들 급료도 주지 못할 정도로 쪼들리기 시작했다. 할 수 없이 본사에 손을 내밀어야 했다. 하지만 한국에 들어가 보니 대윤실업 자체가 흔들흔들하고 있었다. 빈손으로 돌아오는 수밖에 없었다. 6개월 동안 월급을 받지 못한 선원들이 마침내 선상 폭동을 일으켰다.

"선원들의 눈이 뒤집힌 거지요. 내 옷을 벗기더니 밧줄로 묶어서 배의 현에 매달더군요. 바닷물에 담갔다 끌어냈다 하면서 물고문을 하더라고요. 정말 영화에서나 나오는 장면을 직접 체험했습니다. 물고문보다 더 힘들었던 건 해병대 졸병으로부터 몽둥이찜질을 당할 때였어요. 저와 함께 월남전에 참전했던 녀석이었어요. 각목을 집어 들더니 장교 출신인 저를 엎드려뻗치게 하고는 엉덩이를 때리더라고요. 해병장교 출신으로서 참 견디기 힘든 수난이었습니다. 1976년 1월 다시 한국으로 들어가 서울 종로경찰서를 들락거리며 빚잔치를 했습니다. 다행히 대윤실업에서 밀린 급여를 일부 해결해준 덕에 큰 소동 없이 잘 마무리를 할 수 있었습니다."

전력으로 달리다가 넘어지면 더 아픈 법이다. 승승장구하던 그가 팔라우에서 겪은 첫 패배는 아주 고통스러운 것이었다.

빈손으로 귀국한 하 회장은 서울 개봉동에 살고 있던 형님 집에 얹혀사는 처량한 신세가 되고 말았다. 당장 처자를 먹여 살릴 방안을 강구해야 했다. 다행히 대학 친구인 정희문의 도움으로 한국수산개발공사에 입사를 할 수 있었다.

또다시 남태평양으로

└─ 수산개발공사 차장으로 있던 친구 정희문의 밑에서 평사원으로 근무를 시작했다. 그러나 운명의 신은 그를 한국 땅에서 얌전하게 살도록 내버려 두지를 않았다. 1976년 말 그는 또다시 드넓은 남태평양으로 떠나게 된다. 수산개발공사 사모아 주재원으로 발령을 받았기 때문이었다.

당시 사모아에서는 수산개발공사 소속의 배 60척이 조업을 하고 있었다. 사모아 사무소에서 하 회장이 맡은 일은 경리업무였다. 60여 척의 선박이 사용하는 기름값과 수리비를 일일이 정산하고, 선원 1500여 명의 급여를 챙겨주는 업무는 보통 복잡한 일이 아니었다.

그러나 유달리 꼼꼼하고 책임감이 강한 그는 수십 가지 항목을 챙겨야 하는 경리업무를 말끔하게 처리했다. 하 회장이 훗날 20여 가지 사업을 한꺼번에 벌이면서도 돈의 흐름을 한눈에 파악하는 실력을 갖출 수 있었던 것은 당시 익힌 경리 실력 때문이었다.

사모아는 전 세계에서 몰려온 원양어선들로 북적이는 곳이었다. 항구를 들고 나는 어선들을 바라보는 하 회장의 가슴속엔 여전히 자신의 수산회사를 차리고 싶은 욕망이 꿈틀거리고 있었다. 뜨거운 가슴을 달래기 위해 매일 새벽 4시에 일어나 골프를 쳤다. 쌓이는 욕구불만을 드라이버 샷에 실어 날렸다. 무엇이든 집요하게 매달리는 성격 덕에 1년 만에 싱글 핸디를 갖출 수 있었다.

그럴 즈음 미국의 참치 통조림 회사인 밴 캠프에서 영입 제의가 들어왔다. 당시로서는 큰돈이었던 2500달러의 월급을 주겠다고 했다. 수산개발공사에서 받던 급여보다 4배 이상 많은 액수였다. 몇 년 착실하게 모으면 다시 사업을 시작할 수 있는 종잣돈을 마련할 수 있을 것이라는 판단이 들었다.

1978년 말, 밴 캠프로 직장을 옮겼다. 그의 첫 부임지는 지난날 그가 가다랑어를 잡던 아프리카 가나의 테마 항이었다. 세 번째로 가나에 입성했다. 지난 두 번은 배를 타고 들어와 바다에서 고기를 잡았지만, 세 번째는 비행기를 타고 들어와 땅에서 미국 통조림 회사의 매니저로 근무하게 된 것이었다.

하 회장의 임무는 테마 항으로 들어오는 가다랑어들을 적정한 가격에 사들여 푸에르토리코에 있는 밴 캠프 통조림 공장으로 보내주는 일이었다.

가나 지사가 안고 있는 가장 고질적인 문제는 냉동창고에서 발생하는 잦은 정전이었다. 가나의 열악한 전력 사정 때문에 빚어지는 일이었다. 무더운 날씨 탓에 잠깐만 정전이 돼도 냉동창고는 녹아내렸다. 입고된 물량의 20~25%를 폐기처분할 정도로 손상을 입었다. 이런 고질적인 냉동창고 문제를 해결해낸 인물이 바로 하 회장이었다.

"제가 본사에 건의를 했어요. 채낚기선이 잡아 온 고기를 냉동창고를 거치지 않고 곧바로 냉동운반선으로 옮겨 싣자고 했습니다. 출어한 선박들을 보름마다 불러들일 테니 그 일정에 맞추어 운반선을 보내 달라고 했습니다. 본사에서 제 의견을 받아들였습니다. 바다에서 잡은 물고기들은 냉동창고를 거치지 않은 채 곧바로 운반선으로 옮겨졌습니다. 푸에르토리코에 있는 밴 캠프 통조림 공장에서 물건을 받아 보고는 깜짝 놀라더라고요. 매번 25% 안팎을 맴돌던 손상 비율이 '0' 수준까지 접근했으니까요. 게다가 물류에 드는 비용과 시간까지 절약하는 일석삼조의 효과를 거둘 수 있었습니다."

그 보상은 두둑했다. 밴 캠프는 하 회장에게 한국대사관 옆 넓은 정원이 딸린 그림 같은 단독주택을 얻어주었다. 운전기사는 물론 정원사와 가정부, 경비원까지 회사경비로 고용을 해주었다.

아프리카 최고의 해변으로 꼽히는 아이보리 코스트에서 가족과 함께 해수욕을 즐겼다. 회사에서는 6개월마다 한 달씩 휴가와 함께 유럽과 남미, 한국행 항공권을 안겨주었다.

다시 한번 팔라우에
좌초하다

└ 살다 보면 우연이라고 하기엔 너무 기막힌 일을 겪는 경우가 더러 있다. 이런 게 운명인가 보다 하는 느낌이 들 때가 있는 것

이다. 1980년 말 하 회장은 다시 팔라우 땅을 밟게 된다. 밴 캠프에서 그를 팔라우 지사로 발령을 냈기 때문이었다. 1975년 대윤실업과 공동투자를 했다가 쫄딱 망한 실패의 현장으로 다시 돌아오게 된 것이다.

하 회장은 밴 캠프 팔라우 지사에서 한국과 일본 배들이 잡아 오는 가다랑어를 사들이는 일을 했다. 그러나 하 회장이 팔라우 근무를 시작한 지 1년 정도 지난 1981년 말 밴 캠프는 팔라우 지사의 시설과 고기 수매 업무를 홍콩 회사에 팔아넘기고는 철수한다. 하 회장은 또다시 팔라우에 좌초한 난파선 신세가 되고 말았다.

저녁 바다가 쟁반만 한 불덩어리를 삼키고 있었다. 시뻘건 불덩어리가 수평선에 닿으면서 바닷물이 활활 타오르기 시작한다. 팔라우 서북쪽 끝단에 위치한 아라카베상 섬 서편의 해상에서 펼쳐지는 자연의 장엄한 서사시였다.

팔라우에서 꼽히는 호텔 중 하나인 팔라우 퍼시픽 리조트(PPR) 백사장에서 노을 빛 칵테일 '레드 스냅퍼'를 마시며 일몰을 감상했다. 호텔 앞 정서향의 너른 백사장에서 바라보는 일몰은 황홀경 자체였다. 맥주 한잔 앞에 놓고 일몰을 바라보던 하 회장이 입을 열었다.

"팔라우를 떠나려고 할 때마다 제 발목을 잡은 건 바로 저 아름다운 자연이었습니다. 팔라우에서 이루 말로 다 설명할 수 없는 고난을 당했어요. 수산업에 실패해 가진 재산 몽땅 날리고, 해병대 졸병한테 얻어맞기도 하고, 다니던 회사가 철수해버리는 일까지 벌어졌습니다. 그때마다 저 그림 같은 자연이 나를 붙잡아주고 일으켜주었습니다."

1980년대 팔라우는 지구촌의 오지 중 오지였다. 원주민들은 배가 고프면 바다에 나가 물고기를 잡거나, 기름진 토양에서 무성하게 자라는 타로와 카사바 등을 캐 먹으면서 생활하고 있었다. 섬 전체를 통틀어 차량의 대수가 열 손가락을 채우기도 어려웠다. 번듯한 건물이래야 2층짜리 법원 건물과 콘티넨탈 호텔 등 손으로 꼽을 정도였다.

그런 오지에서 밴 캠프마저 철수하고 나니 먹고살 방법이 막막했다. 아내는 당장 한국으로 돌아가자고 성화를 댔다. 그러나 하 회장은 팔라우만큼 아름다운 자연과 풍부한 관광자원을 갖춘 곳이 세상 어디에도 없을 거라는 생각을 했다. 미래가치가 무궁무진한 땅으로 비쳐졌던 것이다.

우선 버텨보자고 아내를 설득했다. 죽든 살든 팔라우에서 승부를 보자는 하 회장의 의지가 워낙 결연했다. 며칠 동안 간곡한 설득 끝에 아내의 동의를 얻어낼 수 있었다.

팔라우는 작은 섬나라이지만, 엄연히 이민법과 노동법이 있었다. 계속 남아 있기 위해서는 취업비자가 필요했다. 팔라우에서 지낸 3년 동안 가까이 지내던 한국인 2세 노블 킹을 찾아갔다.

노블 킹은 태평양전쟁 당시 팔라우에 끌려온 한국인 징용자와 현지인 여인 사이에서 태어난 인물이었다. 그는 당시 킹스 엔터프라이즈라는 무역업체와 현지인 식당을 운영하고 있었다. 노블 킹이 하 회장에게 킹스 엔터프라이즈의 총지배인 직함을 하나 만들어주었다. 1982년 10월 하 회장은 마침내 팔라우에 정착할 수 있는 취업비자를 획득했다.

바벨투아프 섬의
배추 농사

└   지구상에 한국인들이 진출해 뿌리를 내려 살고 있는 나라 수는 모두 170여 개이다. 13억 인구를 자랑하는 중국인이 130개국, 디아스포라의 원조 격인 유대인은 100개국에서 살고 있다. 인구 5000만 정도밖에 안 되는 한국인들이 무슨 힘으로 중국인이나 유대인보다 더 많은 나라에 진출할 수 있었을까.

한국인들이 외국에서 자리를 잡는 방법 중 하나는 한식당을 여는 것이었다. 다른 사업에 비해 큰 밑천이나 기술을 필요로 하지 않았기 때문이다. 북미나 유럽, 아시아 국가의 대도시뿐 아니라 아프리카나 남미 등지의 중소도시에서도 한식당들이 버젓이 한글 간판을 달고 영업을 하는 모습을 발견할 수 있다.

하 회장이 팔라우에 남기 위해 시작한 일도 한식당이었다. 당시 팔라우에 제대로 된 식당이라고는 양식당 두 곳과 일식당 한 곳 등 모두 세네 곳뿐이었다. 그때까지만 해도 팔라우를 찾는 관광객은 대부분 일본인들이었다. 일본인이 좋아하는 불고기를 주 메뉴로 하는 한식당을 시작하면 경쟁력이 있을 것 같았다. 게다가 평소 아내 음식 솜씨가 뛰어나다는 데 생각이 미쳤다.

"이따금 집으로 외국 손님들이나 한국 손님들을 초청하면 다들 아내 음식 솜씨에 놀라고는 했어요. 조심스럽게 아내에게 식당 이야기를 꺼냈더니 선선히 동의를 해주더라고요."

마침 시내 큰길가에 짓다 만 2층 건물이 한 채 있었다. 1층은 현지인 식당이 들어서 있었고, 2층은 골조만 엉성하게 올라간 상태였다. 그곳을 빌려 식당을 열기로 했다. 외국인에게는 식당 영업허가가 나오지 않아 노블 킹의 이름을 빌렸다.

한 달 만에 지붕 등 골조공사를 마무리했다. 마침 시내 건재상에 일본제 대형 유리창들이 들어와 있었다. 식당 창문을 전면유리로 덮어 외부경관을 즐길 수 있도록 했다. 콘티넨탈 호텔의 양식당을 빼고는 팔라우 전체에서 최고로 꼽힐 만큼 고급으로 꾸몄다.

1982년 8월 16일 '아리랑'이라는 한글 간판을 내걸고 영업을 시작했다. 식당이 너무 깨끗한 나머지 엉겁결에 신발을 벗고 들어오는 사람마저 있었다. 한국에서 특급 요리사 한 분을 모셔 왔다. 당시로서는 대기업 중견사원 월급의 두 배가 넘는 700달러를 주는 조건이었다.

그때까지만 하더라도 한적하기 짝이 없던 코로르 거리에 번쩍번쩍하는 한국 음식점이 탄생했다. 머지않아 팔라우의 절경을 보기 위해 관광객들이 몰려올 것이라 확신하고 투자를 한 것이었다.

불고기와 삼겹살, 갈비탕, 김치찌개, 된장찌개 등 가장 대표적인 한국 음식을 메뉴로 내놓았다. 관광객에 앞서 아리랑 식당으로 밀려들기 시작한 손님들이 있었다. 바로 PPR 건설공사 현장의 기술자와 인부들이었다.

"하늘이 도운 거지요. 아리랑 식당을 열고 난 뒤 얼마 지나지 않아서 이곳 PPR 호텔 건설공사가 시작됐습니다. 공사장에서 일하는 일본인 기술인력 50여 명이 와 있었어요. 그 사람들이 일본 식당과 우리 식당을 번갈아 이용했습니다. 달리 식사를 할 만한 마땅한 식당이 없었으니까요. 시간이 가면서 팔라우 국회의원들과 관료 등 현지인들도 하나둘 저희 식당을 찾기 시작하더라고요. 식당이 금방 안정을 찾았던 겁니다. 팔라우에 저희 식구들이 발을 붙일 수 있는 교두보가 마련된 셈이었지요."

그런데 팔라우에서 한국 식당을 운영하다 보니 한 가지 어려움이 닥쳤다. 한국 음식을 만드는 데 필요한 배추와 무, 상추, 고추 등을 조달할 수가 없었던 것이다. 하 회장은 자신이 직접 채소 농사를 짓기로 했다. 하 회장은 원래 농고 출신이었다. 어린 시절부터 집안 농사일을 도우면서 컸다. 채소 농사쯤은 자신이 있었다.

당시 팔라우에는 일본의 국제선진산업정신문화기구(OISCA)라는 단체가 들어와 주민들에게 선진 농사법을 가르치고 있었다. 하 회장은 그곳을 들락거리면서 열대지방 농법을 익혔다.

바벨투아프 섬에서 2만여m² 땅을 빌렸다. 한국에서 가져온 배추와 무, 고추, 호박, 수박, 가지 등 씨앗을 심었다. 배추와 고추는 처음부터 작황이 좋았다. 식당에서 쓰고 남을 만큼 채소 농사가 잘됐다. 무는 뿌리는 실하지 않았지만 잎은 나무랄 데 없이 무성하게 잘 자라주었다.

식당에서 나오는 음식 찌꺼기를 이용해 돼지도 키웠다. 처음 암돼지와 수돼지 두 마리로 시작했는데 금방 30마리로 불어났다.

"아리랑 식당 음식 찌꺼기를 모아 매일 승용차 트렁크에 실어 날랐어요. 더운 지방이라서 음식이 금방 썩더라고요. 그런 음식을 승용차에 싣고 다녔으니 얼마나 냄새가 배었겠어요. 아내가 질색을 했지만 돼지 새끼들 크는 맛에 즐겁기만 했습니다. 아무튼 식당과 농장이 시너지 효과를 보이면서 안정 궤도에 오르기 시작했어요."

칠십 중반에도 여전히
도전하고픈 사업이 있답니다

└   미니어처같이 생긴 작은 요트들이 어미 닭의 품을 파고든 병아리들처럼 옹기종기 정박해 있었다. 검은 먹물처럼 잔잔한 밤바다는 별처럼 반짝이는 항구의 불빛을 하얗게 반사한다.

선창가에 '드롭 오프(Drop Off)'라는 레스토랑이 자리하고 있었다. 테이블마다 영어, 중국어, 일본어 등 각국의 언어들이 중얼중얼 피어오른다. 손님들은 남태평양에서 잡아 올린 싱싱한 물고기 등의 각종 요리와 맥주, 와인, 아이스티 등을 즐기고 있었다.

맨살에 부닥치는 밤바람이 감미롭다. 팔라우 남서쪽에 위치한 말라칼 섬의 네코마린 선착장의 밤풍경이었다.

하 회장과 함께 바다 쪽으로 면한 테이블 하나를 차지하고 앉았다. 바텐더 앞 의자에서 포도주를 마시고 있던 검은 피부의 현지인 한 명이 우리 테이블로 다가왔다.

베이스볼 캡을 눌러쓴 그는 하 회장과 반갑게 악수를 나누고는 합석을 했다. 팔라우 상원의장을 지낸 조슈아 코시바라라는 인물이었다. 코시바라는 메뉴판을 들여다보는 하 회장에게 마히마히(만새기) 회를 주문하라고 권했다. 방금 펄떡펄떡 뛰는 놈을 들여놓는 걸 봤다는 것이었다.

마히마히 회 한 접시와 함께 맥주를 주문했다. 깍두기 크기로 자른 마히마히에 잘게 부순 미역 조각을 뿌린 요리가 나왔다. 마히마히의 찰진 육질과 짭조름한 미역의 맛이 제법 잘 어울렸다. 코시바라는 한

동안 하 회장과 이런저런 안부를 나누고는 자신의 자리로 돌아갔다.

하 회장은 팔라우에서 40여 년 사업을 하면서 두터운 인맥을 쌓았다. 구니오 나카무라 전 대통령, 응기랏켈 엣피슨 전 대통령, 존슨 토리비옹 전 대통령, 코시바라 전 상원의장, 토미 레멩게사우 현 대통령 등 정치인뿐 아니라 장차관들과 대학학장 등 팔라우를 좌지우지하는 명사들과 두루 친교를 쌓았다.

함께 테니스를 하면서 친해진 친구들이 많았다. 땀 흘려 운동을 하고 함께 아리랑 식당으로 몰려가서 시원하게 맥주 한잔 주거니 받거니 하다 보면 끈끈한 인간관계로 발전할 수밖에 없었다.

사업을 하는 사람들에게 인맥은 힘이다. 특히 작은 나라에서는 더욱 그렇다. 하 회장이 몇 번 절체절명의 위기를 맞았을 때 이를 벗어날 수 있었던 건 바로 인맥의 힘 덕분이었다.

첫 번째 고비는 한파산업개발 설립허가를 신청했을 때 찾아왔다. 하 회장은 노블 킹의 이름으로 돼 있는 식당과 농장을 자신의 이름으로 정식 등록해야겠다고 마음먹었다. 사업체가 더 커질 경우 소유권을 둘러싼 법적 분쟁 등이 있을 수 있기 때문이었다.

하 회장은 1984년 12월 11일 한파산업개발을 설립한 뒤 외국인투자심사위원회(FIB)에 자신의 이름으로 식당과 농장 사업에 대한 허가 신청서를 제출했다.

"그런데 되돌아온 것은 사업허가가 아니라 노동국의 강도 높은 조사였어요. 노동국의 우두이 과장이라는 사람이 벌이는 일이었어요. 외국인 사업가들에게는 저승사자나 다름없는 인간이었습니다. 이미 우리가 킹의 이름만 빌려서 식당과 농장을 하고 있다는 사실을 다 파악하고 있더라고요. 그런 조사 결과가 FIB에 통고된 거지요. 자칫 빈손으로 추방될 위기에 처하게 됐습니다."

다급하게 매달릴 수 있는 인맥을 총동원해야 했다. 당시 밴 캠프 시절부터 잘 알고 지내던 농수산개발장관인 고이치웡을 찾아갔다. 전후사를 이야기하고 통사정을 했다.

고이치웡 장관이 나서서 노동국과 FIB에 공문을 내주었다. 하 회장의 사업이 팔라우를 찾는 관광객들에게 좋은 음식을 제공하고, 부족한 야채도 생산하고 있다는 점을 참작했으면 좋겠다는 내용이었다.

그러자 우두이 과장은 더욱 악에 받쳐 감정적으로 대응을 했다. FIB와 농수산개발, 법무부에 공문을 보내더니 나중엔 하루오 레멜리크 당시 대통령에게 편지까지 보냈다.

"우두이 과장이 정말 저를 잡아먹겠다고 사력을 다해 덤벼들었어요. 너무 힘들더라고요. 지금 '버케이션 호텔' 자리에 동굴 바가 있었어요. 화산폭발 시 자연적으로 생성된 동굴에 있는 술집이었습니다. 혼자 맥주를 한잔 하고 있었어요. 옆자리에서 술을 마시던 현지인이 당신이 '미스터 하'냐 하면서 말을 걸더라고요. 자신이 법무장관이라고 소개를 하더군요. 우두이 과장이 자기한테 자꾸 편지를 보내오는데 도대체 어찌된 사연이냐고 묻더군요. 우두이가 외국인 사업가들에게 참 악질이라는 걸 장관도 잘 알고 있더라고요. 술을 한잔 하면서 사실관계를 죽 이야기했습니다. 그때 법무장관의 도움으로 우두이 과장을 꺾을 수 있었어요. 더욱 극적이었던 건 알폰소 오트에롱 대통령이 퇴임 15분 전 최종 결재를 내주었다는 사실입니다. 당시 저와 우두이 과장과의 싸움은 10개월 동안 팔라우를 떠들썩하게 했던 사건이었습니다.”

1985년 10월 5일 하 회장은 마침내 자신의 이름을 내세운 첫 사업허가서를 받을 수 있었다. 이어 1986년 7월엔 식품 도소매 사업, 1987년 2월엔 건자재 사업, 2000년엔 건설 사업 등을 줄줄이 따내게 된다. 1990년대 들어서면서 팔라우에는 관광객들이 늘기 시작했다. 1993년 골든퍼시픽벤처 리조트 허가를 받은 데 이어 1996년 부동산 개발 종합허가를 획득했다.

1998년엔 미국의 지원으로 바벨투아프 섬 일주도로 건설공사가 시작됐다. 대우건설이 들어와 도로공사를 시작했다. 갑자기 대량의 석자재를 필요로 하게 된 것이다. 마침 하 회장이 사두었던 15만㎡ 규모의 석산이 있었다. 이를 기반으로 '한파 쿼리 컴퍼니'를 설립했다. 하 회장은 도로공사에 양질의 석자재를 공급하면서 큰 이문을 남길 수 있었다.

2002년 한파마트를 개업하면서 유통업과 주류판매, 도소매권, 항공화물 등을 취급할 수 있는 사업권을 확보했다. 건설업과 유통업, 부동산개발업 등의 규모가 커지면서 2009년 식당 사업은 완전히 정리했다.

하 회장은 이제 70대 중반에 접어들었지만 가슴속에는 앞으로 새롭게 시작할 사업 구상으로 가득하다.

“바다에 접한 곳에 종합 리조트 타운을 세우고 싶어요. 호텔과 쇼핑센터, 식당, 위락시설, 수상보트 등을 갖춘 레저타운을 계획하고 있습니다. 다행히 중국인들이 싹쓸이하기 전에 제가 확보해놓은 부지들이 있습니다. 채소 농사도 이곳에서는 블루오션입니다. 팔라우는 채소와 과일을 거의 수입에 의존하기 때문에 귀하고 비쌉니다. 기름진 땅에서 대규모 농장을 다시 시작할 생각입니다."

일요일 아침 하 회장 가족이 말끔하게 차려입고 집을 나선다. 부인 공영애 여사와 며느리 박소희 씨, 여섯 살배기 손자 태경이를 앞세우고 팔라우 한국교회에 가는 길이다. 아들 지훈 씨는 한국에 출장을 나가고 없었다.

한국교회는 바벨투아프 섬 초입의 아름다운 숲속에 자리하고 있었다. 예쁜 뾰족지붕을 한 하얀 건물이 우리를 반긴다.

하 회장은 믿음이 독실한 장로다. 그는 자신에게 물질적 풍요로움을 허락한 하느님에게 늘 감사하면서 산다. 감사의 표시로 팔라우 동포사회와 팔라우 현지 학생들을 위해 매년 적지 않은 기부금을 내놓는다. 모교인 부경대학 후배들을 위해서도 하순섭 장학회를 설립해 매년 600만 원씩을 기탁해오고 있다.

찬양이 끝나자 하 회장이 대표 기도를 한다. 기도를 하는 그의 얼굴이 환하다. 남태평양의 작은 섬 팔라우는 그에게 하늘이 내려준 드넓은 낙원이었다.

11

이구아수 폭포에 쏟아지는
K-뷰티 물결

명세봉

PARAGUAY

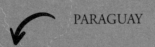

"얼마 전까지만 하더라도 해당 제품의 브랜드를 중심으로 물건을 팔았습니다. 그렇지만 지금은 '테라노바'라는 우리 브랜드를 앞세운 마케팅을 늘려가고 있어요. 유명 브랜드 회사들의 파워에 흔들리지 않고 안정된 사업을 하려면 자체 브랜드 파워를 길러야 합니다."

이구아수 폭포에 쏟아지는 K-뷰티 물결

명세봉

빠삐용처럼 사는 게 좋을까, 아니면 드가처럼 사는 게 좋은 걸까. 프랭클린 J. 샤프너 감독의 영화 〈빠삐용〉은 주인공 빠삐용과 그의 감방 동료인 드가를 통해 인간 삶의 모습을 상징적으로 대비시킨다.

살인 누명을 쓴 빠삐용이 탈출 불가능한 '악마의 섬'에 갇혔다. 빠삐용은 자유를 찾아 끊임없이 탈출을 시도한다. 한번 실패할 때마다 햇빛조차 들어오지 않는 독방에 갇히고, 형기는 자꾸 늘어만 갔다.

반면 드가는 돼지를 키우고 채소도 심으면서 척박한 섬을 사람이 살수 있는 땅으로 바꿔나간다. 주어진 현실과 타협하고 적응하면서 살았던 것이다.

빠삐용과 드가 두 사람 중 누가 더 행복했을까.

파라과이 시우다드 델 에스테에서 화장품 판매사업을 하고 있는 명세봉(57) 테라노바 사장은 빠삐용보다는 드가의 삶에 더 깊은 공감을 하는 인물이다. 남미의 최빈국 파라과이로 이민을 온 사람들 대부분은 기회만 되면 무덥고 가난한 땅을 벗어나려고 했지만, 명 사장은 일찌감치 이곳에서 눌러살기로 작정을 했다.

현실을 붙잡은
드가처럼

ㄴ　　　열일곱 살 때부터 가가호호를 방문하면서 옷을 파는 벤데 행상을 시작한 명 사장은 이후 식당과 식료품점, 옷가게, 액세서리점 등 여러 사업을 전전한 끝에 파라과이 유일의 미용제품 전문 쇼핑센터인 '테라노바'를 일궈냈다. 테라노바는 화장품과 액세서리, 샴푸, 비누, 세제, 주방용품 등 500여 개 품목을 취급하면서 연간 700여만 달러의 매출을 올리고 있다.

명 사장은 세계한인무역협회(OKTA)의 시우다드 델 에스테 지회장을 맡아 한국인 사업가들 사이의 협력과 친목도모에도 앞장서고 있다. 40년 가까운 파라과이 이민생활의 소회를 정리한 에세이집 《내 인생 파라과이》를 한글과 스페인어로 출간할 만큼 집필활동에도 큰 관심을 보이고 있다.

"빠삐용이 불굴의 집념으로 탈출을 시도하는 장면은 참으로 감동적입니다. 자유를 얻기 위해 어떠한 시련도 감내하는 빠삐용의 용기는 인간의 존엄성을 돌아보게 하지요. 그에 비한다면 드가는 소심하고 비겁해 보이는 사람입니다. 하지만 저는 드가의 모습에서 보다 현실적인 인간의 모습을 읽을 수 있었습니다. 자신이 발을 디딘 현실을 인정하고 하루하루를 성실하게 살아가는 모습에서 인간적인 진솔함을 보았습니다. 자신이 있는 곳이 지옥 같다고 도망치는 게 아니라 살 만한 땅으로 바꾸기 위해 꾸준한 노력을 기울였던 거지요. 최악의 환경 속에서 살아남기 위해 발버둥 치는 드가의 모습에서 동병상련의 연민을 느꼈습니다. 저 역시 파라과이를 떠나지 않고 남아서 정을 붙이고 살고 있으니까요."

남미로 이민을 온 많은 한국인들에게 파라과이는 잠시 들렀다가 떠나는 정거장 같은 곳이었다. 남미 최빈국 그룹에 속할 만큼 경제적 여건이 열악하고, 사회적 인프라도 아주 빈약한 나라이기 때문이다.

"부모님을 따라 함께 이민을 온 저희 3형제 중 형과 동생 두 사람도 브라질로 이주해서 사업을 하고 있습니다. 저 혼자 파라과이에 남았지요. 세상 어디를 가더라도 다 사람 사는 땅입니다. 어디에 있든 한 우물을 꾸준히 파다 보면 좋은 날이 오기 마련입니다. 내가 파라과이를 떠나지 않고 지킨 이유입니다."

쇼핑의 천국
시우다드 델 에스테

L 햇빛이 뚫고 들어오지 못할 정도로 빽빽한 밀림이 까마득
하게 펼쳐져 있었다. 장엄한 물줄기가 푸른 밀림 한가운데를 가르며
쏟아져 내리고 있었다. 총 너비 4.5km에 70여m의 절벽 위로 275개의
폭포가 주렁주렁 걸려 있다. 두툼한 녹색 겉옷을 입은 밀림이 새하얀
속옷 자락을 펄렁펄렁 드러내고 있는 것처럼 보인다.

천지를 덮을 듯 쏟아져 나오는 폭포수는 지축을 흔드는 굉음과 함
께 하늘 높이 뽀얀 물보라를 일으킨다. 명 사장이 이구아수 국립공원
을 안내하면서 남미 역사 이야기를 들려주고 있었다. 이구아수 폭포
는 그가 사는 시우다드 델 에스테에서 차로 20여 분이면 닿을 수 있
는 곳이다.

"원래 이구아수 폭포 일대는 파라과이 땅이었어요. 그걸 브라질과
아르헨티나에게 빼앗긴 거지요. 150년 전 파라과이가 브라질과 아르
헨티나, 우루과이 등 세 나라를 상대로 무려 7년 동안 전쟁을 했답니
다. 파라과이가 3국과의 전쟁에서 패하는 바람에 보석 같은 이구아수
폭포를 두 나라에 빼앗겼지요. 이구아수 폭포는 브라질 쪽의 포스 두
이구아수와 아르헨티나 쪽의 푸에르토 이구아수에 속해 있습니다. 이
구아수 폭포는 세계 3대 폭포 중 하나이자 세계 7대 자연경관에 꼽히
는 명소입니다. 전 세계에서 관광객들이 몰려오는 곳이지요. 기본적으
로 브라질 인구 2억여 명에 아르헨티나 4000여만 명, 파라과이 650여
만 명을 배후로 두고 있기 때문에 1년 내내 관광객들의 발길이 끊이지

않는 곳입니다."

이구아수 폭포 관광을 마친 뒤 명 사장과 함께 시우다드 델 에스테로 향했다. 이구아수 국립공원이 있는 브라질의 포스 두 이구아수에서 파라과이 시우다드 델 에스테 사이에는 파라나 강이 흐른다. 총 연장 3299km에 달하는 이 강은 브라질 고원의 서부에서 발원, 남동쪽으로 흐르다가 이구아수 강과 합류하면서 파라과이와 브라질, 아르헨티나를 가르는 국경선 역할을 한다.

강 위로 예쁜 아치형 다리가 걸려 있었다. 브라질과 파라과이 간 국경 역할을 하는 '우정의 다리(Ponte da Amizade)'다. 국경을 건너는 출입국 절차는 2~3분 만에 끝났다.

다리를 건너 시우다드 델 에스테로 들어서자 현란한 쇼핑센터 간판들이 시야를 가득 채운다. 거리엔 쇼핑한 물건들을 바리바리 나르는 사람들로 북적이고 있었다. 길가엔 쇼핑객들의 물건을 실어 나르는 승합차와 택시들이 줄지어 대기하고 있었다.

"시우다드 델 에스테는 쇼핑 천국입니다. 인구 30여만 정도의 작은 도시에 대형 쇼핑센터가 300여 개나 밀집해 있습니다. 쇼핑객들은 90% 이상이 브라질 사람들이에요. 상권은 아랍인과 중국인들이 쥐고 있지요. 이구아수 폭포 주변엔 세 도시가 있습니다. 브라질의 포스 두 이구아수와 아르헨티나의 푸에르토 이구아수, 그리고 파라과이의 시우다드 델 에스테입니다. 이구아수 폭포를 찾는 사람들은 포스 두 이구아수와 푸에르토 이구아수에서 관광을 한 뒤 쇼핑은 시우다드 델 에스테에서 하지요. 파라과이 물가가 워낙 싸거든요. 시우다드 델 에스테는 국경무역으로 번창하고 있는 도시라고 할 수 있습니다. 한국 동포들도 1000여 명 살고 있는데 주로 옷장사와 잡화, 전자제품 무역을 하고 있습니다."

브라질과 아르헨티나는 남미대륙을 대표하는 대국들이다. 브라질은 세계에서 다섯 번째로 큰 나라다. 850여만km²에 달하는 영토는 전 세계 산림 면적의 10%를 안고 있을 뿐 아니라 무진장한 천연자원의 보고이기도 하다. 게다가 브라질은 국내총생산(GDP) 기준으로 세계 7대 경제대국 중 하나로 꼽힌다. 세계 5위인 2억여 명의 인구는 탄탄한 내수시장을 형성하고 있다.

278만여km² 넓이의 아르헨티나는 여덟 번째로 큰 나라다. 지금은 중진국 수준으로 떨어졌지만 2차 세계대전 전까지만 하더라도 세계 10대 선진국 반열에 올라 있던 나라다.

불가피하게 파라과이 경제는 이웃나라 브라질과 아르헨티나에 크게 의존하고 있다. 수도인 아순시온과 엥카르나시온, 시우다드 델 에스테 등 주요 도시들이 모두 브라질과 아르헨티나 국경 부근에 들어선 이유이기도 하다.

국경무역은 굴곡이 심하다. 브라질과 아르헨티나 경기가 나쁘면 시우다드 델 에스테를 찾는 쇼핑객 숫자가 눈에 띄게 줄어든다. 두 나라와의 정치적 갈등이 불거지는 경우에도 쇼핑객의 발길이 뚝 떨어진다. 국경의 세관검사가 엄격해지기 때문이다. 브라질과 아르헨티나의 경제는 물론 정치상황에 따라 파라과이 국경도시의 경기가 출렁거리는 것이다.

"한 사람당 300달러까지는 면세로 물건을 사가지고 갈 수 있어요.

그렇지만 평상시엔 거의 세관검사를 하지 않기 때문에 면세 한도에 대해 신경을 쓰지 않아도 됩니다. 1년에 두세 차례 정도 시범적으로 세관검사를 하는 정도입니다. 하지만 국가 간 감정이 틀어질 경우엔 관광객들 보따리를 하나하나 뒤지면서 대대적인 세관검사를 합니다. 그럴 때마다 시우다드 델 에스테의 경기가 꽁꽁 얼어붙게 되는 거지요."

브랜드 파워를 기르기 위해

북적거리는 시장골목을 살짝 벗어난 위치에 호텔 건물처럼 아름다운 외관을 한 테라노바 본사 빌딩이 서 있었다. 대지 650m^{2}에 연건평 6000m^2 규모의 10층 빌딩이다. 낯익은 우리나라 톱스타 모델의 샴푸 광고가 빌딩의 한쪽 벽면을 덮고 있었다. 테라노바의 주력 상품 중 하나인 한국산 샴푸 광고였다.

매장 안으로 들어서자 짙은 감색 정장 차림의 여직원들이 환한 미소를 지으며 인사를 한다. 번쩍이는 대리석 바닥에서부터 세련된 상품진열에 이르기까지 수준급 백화점의 분위기였다.

명 사장과 함께 매장을 둘러보기 시작했다. 1층 매장은 화장품과 액세서리 코너들로 이루어져 있었다. 우리나라 애경 제품을 비롯해 로레알과 크리스찬 디올, 지방시, 캘빈 클라인 등 유명 브랜드의 화장품들이 진열돼 있었다.

에스컬레이터로 연결된 2층과 3층에서는 각각 미용제품과 주방용품들을 팔고 있었다. 애경 케라시스와 락앤락 등 한국산 제품들이 진열대를 가득 채우고 있었다.

"얼마 전까지만 하더라도 해당 제품의 브랜드를 중심으로 물건을 팔았습니다. 그렇지만 지금은 '테라노바'라는 우리 브랜드를 앞세운 마케팅을 늘려가고 있어요. 유명 브랜드 회사들의 파워에 흔들리지 않고 안정된 사업을 하려면 자체 브랜드 파워를 길러야 합니다. 고객들에게 테라노바 점포에서 사는 제품은 믿어도 된다는 신뢰를 쌓아가기 시작했어요."

테라노바의 마케팅 총책은 큰아들 용진 씨가 맡고 있었다. 브라질 상파울루 파아피(FAAP) 대학에서 경영학을 전공한 용진 씨는 졸업과 함께 아버지 일을 돕기 시작했다. 상파울루에서 공부를 하는 동안 브라질 고객들의 기호를 잘 파악한 용진 씨는 젊은 감각의 이벤트를 진행하면서 테라노바를 알리는 작업을 하고 있다.

이구아수 폭포를 찾는 여행사들을 섭외해 관광객들을 테라노바 매장으로 불러들이는가 하면 주변의 관광호텔들에 홍보용 샴푸를 공급하고 있다. 화장품 회사들의 협찬을 받아 파라과이 미인대회 출신의 모델들을 초청한 메이크업 교실을 열고, 브라질 배우들이 출연하는 연극 〈오즈의 마법사〉를 시우다드 델 에스테에서 올리는 수완을 보이기도 했다.

이 밖에도 라디오 인기 프로에 화장품을 협찬하거나 유명 호텔이나 카지노에서 개최되는 어머니날 행사 혹은 가요경연대회 등을 후원함으로써 테라노바의 이름을 알리고 있다고 했다.

4층 매장 안쪽으로 미용실 설비들을 갖춘 방이 마련돼 있었다. 화장대 9개와 머리 감겨주는 미용의자 3개, 그리고 헤어드라이, 빗 등 각종 미용기구들이 구비돼 있었다. 미용실 옆으로는 응접실과 강의실이 연결돼 있었다.

"이곳은 '센트로 데 테크니코(Centro de Tecnico)'입니다. 테라노바의 기술센터라고 할 수 있지요. 테라노바는 머리부터 발끝까지 미용과 관련된 원스톱, 토털 서비스를 제공하고 있습니다. 화장품과 샴푸 등 미용제품을 단순히 팔기만 하는 게 아니라 최신 유행하는 미용기술을 파라과이 사람들에게 소개하는 서비스도 하고 있어요. 이 방에서 매달 한두 차례 정도 일반 고객들을 대상으로 한 미용교실을 열고 있습니다. 미용 전문가들을 초청해서 화장법과 머리손질, 네일아트, 피부관리법 등을 가르치는 이벤트를 꾸준히 하고 있지요."

사장실은 맨 꼭대기 10층에 자리하고 있었다. 통유리창을 통해 시우다드 델 에스테 쇼핑거리의 전경이 한눈에 들어온다.

이곳에 오기까지 명 사장은 얼마나 많은 곡절을 겪었을까. 화장품과 액세서리 등 미용용품 사업을 하게 된 연유는 무엇일까. 푹신한 가죽 소파에 앉아 명 사장의 사업 이야기를 들었다.

운명을 바꿀
첫 번째 기회

사람은 누구나 한평생 동안 자신의 운명을 바꿀 기회를

세 번 만난다고 한다. 그러나 그 기회는 준비된 사람과 깨어 있는 사람의 손에만 잡힌다. 꿈과 열정, 용기가 없는 사람들은 자신의 손안에 기회가 들어왔다는 사실조차 모른 채 그냥 손가락 사이로 흘려버린다는 것이다.

명 사장은 테라노바의 사업기반을 잡을 수 있었던 건 자신에게 주어진 기회를 놓치지 않고 과감하게 잡았기 때문이라고 회상했다.

"저에게 주어진 첫 번째 기회는 아내를 만난 것이었습니다. 제가 시우다드 델 에스테로 오기 전 수도 아순시온에서 옷가게를 할 때였어요. 가게 앞으로 묘령의 한국 아가씨가 지나가더라고요. 가게를 보다 말고 쫓아갈 정도로 한눈에 반했어요. 당시 제가 아무것도 가진 건 없었지만 열정과 사랑 하나로 열심히 쫓아다녔어요. 요즘 그렇게 쫓아다니면 스토커로 고발당할지도 모르지요. 날이면 날마다 꽃다발을 안겨주고, 고급식당과 카페를 돌아다니며 데이트를 했어요."

연애하는 데 정신이 팔려서 수표 막는 날짜를 깜박하는 바람에 거래 은행에서 부도 났다는 연락을 받은 적도 있었다.

"그런 저에게 장모님께서 좋은 점수를 주셨어요. 장모님이 자기 딸을 쫓아다니는 친구가 누군지 궁금하셨나 봅니다. 몰래 저의 가게에 오셔서 저를 지켜보셨답니다. 제가 옷을 진열하는 모습을 보시고는 딸을 맡겨도 안심하겠다는 생각을 하셨답니다. 1년도 채 안 된 1987년 7월 14일 우리 두 사람은 백년가약을 맺었습니다."

그보다 다섯 살 연하인 아내 송선영 여사는 사랑과 재물을 함께 물고 들어온 복덩어리였다. 결혼과 함께 현재 테라노바의 사업기반을 다지는 액세서리 사업을 시작하는 길이 열렸기 때문이다.

송 여사네 가족은 1986년 파라과이로 이민을 왔다. 송 여사 친정의 가장 역할을 하던 남동생 역시 명 사장처럼 메르카도 쿠아트로에서 옷 장사를 시작했던 것이다.

"처남의 옷장사는 신통치 않았어요. 1988년 처남의 옷가게를 정리했습니다. 처갓집은 딸은 저에게 맡기고 시우다드 델 에스테로 이사를 했어요. 그리고는 장모님이 그곳에서 액세서리 가게를 내게 된 거지요. 그때 막 액세서리 붐이 일기 시작할 때였어요. 액세서리 사업은 금방 점포를 두 개로 늘릴 만큼 장사가 잘됐어요. 우리 장모님이 사업수완도 좋고 배짱도 웬만한 남자보다 훨씬 좋았어요. 한국에서 화물 전세 비행기를 빌려 물건을 실어 나를 정도로 통이 큰 여장부였습니다. 처남이 저에게 시우다드 델 에스테로 와서 함께 액세서리 사업을 하는 게 어떠냐고 하더라고요. 아순시온에서의 옷장사도 그리 나쁜 건 아니었지만 버는 족족 형님의 사채 빚을 갚느라 허덕이고 있을 때였어요. 가게를 정리한 돈으로 형님 빚을 갚아버렸습니다."

명 사장은 1990년 5월 빈손으로 시우다드 델 에스테로 이사를 했다.

"저의 의지와는 상관없이 부모님을 따라 이민을 온 지 13년 만에 스스로의 판단에 따라 삶의 터전을 옮긴 것이었지요. 장모님께서 두 개 점포 중 하나를 제게 맡기면서 해보라고 하시더라고요. '까사 정'이라는 이름의 가게였습니다. 버는 돈의 절반씩을 서로 나누기로 하는 조건이었습니다. 장모님과 동업을 하면서 일을 많이 배웠어요. 아순시온에서 옷장사 하면서 장사의 기본기를 익혔다면, 시우다드 델 에스테에서 장모님으로부터 사업수완을 제대로 익혔다고 할 수 있지요."

시대를 읽는
사업감각으로

큰 부자는 하늘이 내고, 작은 부자는 아내가 만든다고 했던가. 명 사장의 액세서리 사업은 하늘의 도움과 아내의 내조를 한꺼번에 받는 복을 누리게 된다.

하늘의 도움이란 명 사장이 시우다드 델 에스테로 오던 1990년부터 남미 최대의 시장인 브라질 시장이 활짝 열린 일이었다. 또한 섬세한 미적 안목을 지닌 아내 송 여사가 여성들에게 인기를 끌 만한 액세서리 품목들을 귀신처럼 선별해 들여온 것도 경쟁업자들을 제치는 데 큰 역할을 했다.

1989년 12월 브라질 대선에서 승리한 첫 민선 대통령 페르난두 콜로르 대통령은 29년간의 군정 종식과 함께 개방화 및 민영화 정책을 추진하게 된다. 콜로르 대통령은 부정축재 혐의로 1992년 12월 임기를 채우지 못하고 사임하지만 그의 뒤를 이은 이타마르 프랑쿠 대통령은 콜로르 대통령의 경제정책을 그대로 이어받는다.

1995년 취임한 페르난두 엔히크 카르도주 대통령은 남미공동시장(Mercosur)과 세계무역기구(WTO) 체제를 출범시키면서 개방화 및 민영화를 더욱 가속화했다. 파라과이와 브라질 국경이 열리면서 브라질 쇼핑객들이 시우다드 델 에스테로 쏟아져 들어오기 시작한 것이다.

"원래 남미 사람들은 돈을 쓰지 않고 쥐고 있으면 손해라고 생각합니다. 오랜 세월 살인적인 인플레에 시달린 결과입니다. 지금은 물가가 잡혔지만 심할 때는 한 해 1000%까지 뛰기도 했으니까요. 브라질 정부의 개방화 정책과 함께 국경을 건너온 브라질 사람들이 시우다 드 델 에스테에 넘쳐나기 시작했습니다. 제가 가게를 맡은 첫날 매상 이 1만 달러를 넘어섰어요. 장모님이 하루 1000~2000달러 정도 매 상을 올리던 곳이라면서 놀라시더라고요. 액세서리 장사를 시작하자 마자 잭팟을 터트린 셈이지요. 2년 만에 장모님으로부터 가게를 인수 받았습니다."

사업가는 시간과 공간의 차이를 읽을 줄 알아야 돈을 번다. 남미나 아프리카, 동남아 등 개발도상국들은 선진국들에 비해 짧게는 몇 년에 서 길게는 수십 년까지 경제발전이 처져 있다. 선진국에서 한바탕 유 행을 한 물건들은 몇 년 후 개도국에서 인기를 끄는 경우가 많다. 미국 이나 유럽, 일본, 한국 등에서는 한물간 물건이 파라과이나 브라질, 아 르헨티나 등에서는 첨단 유행을 걷는 제품으로 변신하는 것이다.

명 사장은 시대를 잘 읽고, 흐름을 잘 타는 사업감각을 타고난 사람 이었다. 주로 미국과 한국에서 한때 인기를 끌던 물건들을 싼값에 사 다가 시우다드 델 에스테 시장에 풀었다.

"손톱에 붙이는 네일보드와 일명 개목걸이로 불리는 벨벳 목걸이, 가발 등 들여오는 물건들이 대박 행진을 했어요. 항공 운송비를 포함 해서 단가 3달러 50센트 정도 하는 손톱 보드를 12달러에 팔았는데도 금방 동이 났습니다. 1994~1996년 두 해 동안 네일보드 한 품목만으 로 30만 달러를 벌었어요. 땡처리로 들여온 벨벳 목걸이로도 큰 재미 를 봤습니다. 개당 17센트 정도에 들여온 벨벳 목걸이를 1.5달러에 내 놓았는데도 날개 돋친 듯 팔려 나갔습니다. 8~9배 이문을 남겼던 거지요."

2003년에는 우리나라 중소기업의 아이디어 상품인 스탬핑 네일아트를 수입해서 히트시켰다.

"스탬핑 네일아트는 10년 정도 꾸준하게 팔린 스테디셀러 상품이었어요. 이처럼 들여오는 액세서리마다 히트를 할 수 있었던 건 바로 아내의 타고난 감각 때문이었다고 생각합니다. 액세서리는 주로 남대문에서 들여왔는데 제가 출장을 나가서 물건을 골라 오면 재고가 남는데, 아내가 나가서 사 오면 뚝딱 열 배 장사로 팔아 치우고는 했거든요."

인생에서 세 번 온다는 기회 중 두 번째가 바로 시우다드 델 에스테로 삶의 무대를 옮긴 일이라는 사실이 점점 확실해지기 시작했다. 쓰레기를 들여다 놓아도 팔린다는 우스갯소리가 나올 정도로 시우다드 델 에스테의 경기는 호황을 이어갔다. 새롭게 들여오는 아이템들은 '흥부의 박씨'처럼 명 사장에게 횡재를 안겨주었다.

화장품 사업과
우보천리의 교훈

1993년부터 명 사장은 지금의 주력상품인 화장품으로 눈을 돌리기 시작한다. 당시 동생인 세용 씨가 미국 로스앤젤레스의 액세서리 가게에서 일을 하고 있었다. 어느 날 동생이 옆집 화장품 가게에서 구한 립스틱과 마스카라 등의 샘플을 보내왔다. 조다나와 아리엘라 등 중저가 브랜드 제품들이었다.

조금씩 들여놓아 보았더니 불타나게 팔리기 시작했다. 화장품 분야로 사업의 지평을 넓히는 데 성공을 한 것이었다. 1998년 한 해 동안 조다나 화장품으로 올린 매출만 따져도 70만 달러였다. 정말 물건이 없어서 못 팔 지경이었다.

그러자 아랍 상인 등 경쟁업자들이 너도나도 중저가 화장품을 수입하기 시작했다. 경쟁업자들을 따돌릴 새로운 차별화 전략이 필요했다. 명 사장은 품질 경쟁력과 가격 경쟁력을 두루 갖춘 한국산 화장품을 수입하기 시작했다.

"우리나라 화장품은 유럽의 명품 브랜드 못지않은 품질을 갖추고 있습니다. 좋은 품질에 비해 가격은 착한 편이지요. 단점이 있다면 이곳 파라과이와 브라질, 아르헨티나 사람들에게 브랜드가 알려져 있지 않다는 점입니다. 그런 단점을 테라노바의 신용과 보증으로 커버를 할 수 있었어요. 현재 테라노바는 이곳 본점을 포함해 모두 5개의 매장을 시우다드 델 에스테에 가지고 있습니다. 이곳 좁은 시장바닥에서 5개 매장에 한꺼번에 물건을 풀어놓으니까 파급효과가 클 수밖에 없지요."

사업과 자전거의 공통점이 있다. 끊임없이 페달을 밟지 않으면 제자리걸음을 하는 게 아니라 쓰러지고 만다는 사실이다. 명 사장은 가장 큰 경영 원칙으로 '끊임없이 페달을 밟아라'를 꼽았다. 이제 벌 만큼 벌었으니 조금 편안하게 사업을 해야지 생각하는 순간 그 자리에 머무르는 게 아니라 뒤로 퇴보한다고 말했다.

"시우다드 델 에스테로 온 지 8년 만에 시쳇말로 백만장자가 됐습니다. 제가 보유한 현찰만 100만 달러가 넘었으니까요. 그때부터 이젠 좀 편하게 쉬면서 일을 해야지 하는 생각이 들더라고요. 그래서 점포를 종업원들에게 맡기고 골프를 치고, 놀러 다니고 그랬습니다."

종업원이 회사 일을 자기 일처럼 할 리가 만무했다. 사장이 자리를 비우자 종업원들이 가게 물건을 빼내 가기 시작했다.

"지금이야 직원이 50여 명이지만 당시엔 6명뿐이었어요. 그런데 이 사람들이 어느 누구라고 할 것도 없이 전부 도둑질을 하더라고요. 창고에는 재고가 쌓이기 시작했습니다. 식료품에만 유통기한이 있는 게 아니에요. 액세서리는 유행 기간을 유통기한이라고 보시면 됩니다. 유행 시기를 놓친 액세서리는 쓰레기나 다름없어요. 미용용품 사업은 특히 쉬지 않고 신상품을 들여오고, 마케팅을 꾸준히 해야 제대로 돌아간다는 교훈을 비싼 수업료를 치르고 배워야 했습니다. 2년 정도 태만한 생활을 했더니 매출이 절반 이하로 떨어지더라고요. 정신이 번쩍 들었어요. 신발 끈을 다시 질끈 동여맸습니다."

우선 종업원 6명을 전원 해고하고 신규 채용했다. 평일 골프도 뚝 끊어버리고 회사 일을 꼼꼼하게 챙기기 시작했다. 2000년 6월 회사 이름도 '신천지'라는 뜻을 지닌 포르투갈어 '테라노바'로 새로 지었다.

"그 이후로는 정말 한눈 한번 팔지 않고 꾸준히 페달을 밟고 있습니다. '우보천리(牛步千里)'라고 하잖아요. 어디 가서든 소처럼 성실하게 살면 적어도 실패한 인생은 되지 않을 거라는 게 저의 믿음입니다."

파란만장
파라과이 이민사

L　　　명 사장의 집은 시우다드 델 에스테의 부자들이 모여 산다는 파라나 컨트리클럽 단지 안에 있었다. 유유히 흐르는 파라나 강물이 휘감아 안고 돌아가는 지역이었다.

단지 입구에는 총을 든 경비원들이 외부인의 출입을 통제하고 있었다. 명 사장과 운전기사의 얼굴을 알아본 경비원이 손을 들어 인사를 했다. 단지 안으로 들어서자 별천지가 펼쳐졌다. 그야말로 저 푸른 초원 위에 그림 같은 집들이 들어앉아 있었다. 골프장을 중심으로 1000여 가구가 모여 산다고 했다.

명 사장의 차가 멈춘 곳은 영화에나 나올 법한 하얀색 이층집 앞이었다. 집 앞으로 넉넉한 잔디 정원을 안고 있었다. 2000m²의 대지에 연건평 1000m² 정도 되는 집이라고 했다. 집 뒤편으로 파티를 할 수 있는 킨초(Quincho, '별채'라는 뜻)가 딸려 있고, 아담한 수영장도 들어서 있었다.

"1995년 네일보드를 팔아 번 돈으로 지은 집입니다. 당시만 해도 돈 있는 사람들이 파라과이에 정착을 하려고 하지 않을 때였어요. 파라과이에서 돈을 벌면 떠나야 하는 곳으로 인식되던 시절이었기 때문에 외국인 부자들은 땅을 사거나 집을 짓는 걸 꺼렸습니다. 그러니까 아주 싼값에 구입할 수 있었지요. 그런데 땅을 산 뒤 몇 년 지나면서 땅값이 치솟기 시작하더라고요."

시우다드 델 에스테의 땅값을 올려놓은 이들은 홍콩에서 몰려온 중국인들이었다.

"100년 동안 영국의 조차지였던 홍콩이 1997년 7월 1일 중국에 반환되었지요. 홍콩 반환을 전후로 불안감을 느낀 부자들이 대거 해외로 떠났습니다. 이들 중 상당수가 시우다드 델 에스테로 와서는 들고 온 돈으로 땅을 사들였던 겁니다. 불과 7~8년 사이에 부동산 가격이 20배가량 폭등을 하더군요."

명 사장의 큰 저택에는 명 사장과 그의 사업을 돕고 있는 장남 용진 씨 단둘뿐이었다. 안주인 송 여사는 한 달 일정으로 한국에 들어가 있었고, 한양대 영문과에 다니는 작은아들 지환 씨는 군 복무 중이었기 때문이다.

현지인 가사도우미 라모나가 저녁 준비를 하고 있었다. 운전기사 겸 집사 역할을 하는 로렌소는 별채에서 남미식 쇠고기 숯불구이인 아사도 요리를 하고 있었다. 아사도는 쇠고기에 소금을 뿌려가며 숯불에 구운 아르헨티나의 전통요리로, 남미 초원의 카우보이인 가우초 (gaucho)들이 먹던 요리에서 유래했다.

고소한 아사도 요리를 먹으면서 명 사장의 파란만장한 파라과이 이민사를 들었다.

"아버지는 군 출신이었어요. 중령으로 예편하신 뒤 조선호텔 반도 아케이드에서 토산품 가게를 하셨습니다. 일본인과 재일교포들이 주 고객이었어요. 그런데 1974년 8·15 기념식장에서 조총련계 재일동포 문세광이 육영수 여사를 저격하는 사건이 벌어졌잖아요. 그 사건의 여파로 일본인 관광객들이 한동안 들어오지 못했습니다. 아버지의 토산품 가게도 문을 닫을 수밖에 없었어요. 이후 무역업에 손을 대셨다가 그나마 있던 돈마저 날리셨지요. 저희 부모님이 파라과이 이민을 결심하게 된 동기입니다. 저희 가족이 파라과이 아순시온 공항에 도착한 게 1977년 7월 4일입니다. 제가 중학교 3학년 때였어요. 형님은 대학을 다니던 중이었고, 동생은 초등학교 6학년 때였지요. 형님은 지금 브라질 상파울루에서 의류사업을 하고 있고, 동생은 저랑 같은 미용제품 판매업을 하고 있습니다."

열일곱에 벤데부터
시작했어요

아순시온에 도착한 명 사장 가족은 어린 동생만을 빼고는 모두 생계에 매달렸다. 아버지는 이민수속 대행업을 시작했고, 한때 한국에서 양장점을 하셨던 어머니는 옷 수선 가게를 차렸다. 명 사장은 형님과 함께 가가호호 방문하면서 옷을 파는 벤데 행상을 시작했다. 당시 벤데는 파라과이는 물론 브라질과 아르헨티나 등지로 이민을 온 한국 동포들이 가장 많이 하고 있던 생업이었다.

"당시 제 나이 열일곱 살이었어요. 옷을 가득 담은 검은 배낭을 메고 아순시온 인근의 마을들을 하루 종일 돌아다녔습니다. 당시 파라과이 사람들이 한국 사람을 '라 쿠카라차'('바퀴벌레'라는 뜻의 스페인어)라고 불렀죠. 수도 근처에 사는 사람들이었는데도 맨발로 다니는 이들이 많았을 때였습니다. 말이 안 통하니까 손짓발짓으로 팔았습니다. 마을로 옷을 팔러 가면 아가씨들이 옷을 입어본다며 달랑 팬티 하나만 남기고 옷을 홀딱 벗더라고요. 옷 한 벌 공짜로 얻기 위해 노골적으로 유혹을 하는 거였어요. 깜짝 놀라서 그냥 도망쳐 나오고는 했답니다. 한번은 어떤 마을에 갔는데 그곳 사람들이 유난히 친절했습니다. 허기진 참이었는데 남미식 만두인 엠파나다를 내놓더라고요. 정말 맛있게 먹었습니다. 그런데 이상하게도 그 마을 사람들 중엔 붕대를 감고 있는 이들이 많았어요. 나중에 알고 보니 그곳이 나환자촌이었습니다. 어린 마음에 전염된 게 아닌가 하고 6개월 정도는 고민을 많이 했지요."

가장 큰 고역은 섭씨 40도를 오르내리는 찜통더위였다.

"가만히 있어도 땀이 줄줄 흐르는 더운 날씨에 등짐까지 메고 다녀야 하니까 정말 힘들더라고요. 다행히 우리 가족이 식당을 시작하면서 벤데 행상은 6개월 만에 그만둘 수 있었습니다. 우리가 직접 식당을 차린 건 아니었어요. 원주민이 하는 파라과이 갈비집인 아사도 식당의 운영을 맡아서 하게 된 겁니다. 종업원도 엄청 많고 밴드까지 나오는 식당이었어요. 그런데 아버지와 주인이 자꾸 부딪쳤어요. 1년도 채 안 돼 아사도 식당 일을 그만두었습니다."

명 사장의 부모님은 원주민 음식과 맥주를 파는 '코페틴(Copetin)'이라는 식당을 차렸다.

"테이블 5~6개를 둔 작은 식당이었어요. 그런데 원주민 종업원들이 음식을 빼내 가고, 물건까지 도둑질하는 걸 부모님이 감당하지 못했습니다. 이번에도 6~7개월 만에 접었지요. 코페틴을 그만둔 부모님이 다시 시작한 사업은 식료품을 파는 '데스펜사(Despensa)'였습니다. 다행히 데스펜사는 장사가 잘됐어요. 이민 온 이후 3년여 만에 처음으로 경제적 안정을 찾기 시작했습니다."

　우주 삼라만상은 촘촘한 인연으로 얽혀 있다. 그 누구도, 그 무엇도 홀로 존재하는 건 없다. 씨줄날줄 두루 엮인 채 서로에게 영향을 주고받는다. 브라질 아마존에 있는 나비 한 마리의 팔랑거리는 날갯짓이 미국 남부에 허리케인을 만들어내는 단초가 될 수 있다. 언론의 헤드라인으로 보도되는 큰 뉴스나 역사적 사건들이 내 삶과는 무관하게 벌어지는 것 같지만, 어느 순간 내 곁으로 다가와 인생의 진로를 통째로 바꾸어놓기도 한다.

　평온한 삶을 찾기 시작한 명 사장 가족을 다시 곤궁하게 만든 사건은 바로 파라과이로 망명해 있던 니카라과의 독재자 아나스타시오 소모사 데바일레의 암살사건이었다.

　1980년 9월 17일 오전 10시 10분, 벤츠 승용차를 타고 아순시온 시내를 지나던 소모사가 로켓포와 기관총 공격을 받고 즉사한다. 니카라과의 산디니스타 민족해방전선(FLSN)이 파라과이까지 암살단을 보낸 것이었다.

　소모사의 암살은 니카라과 정정을 발칵 뒤집어놓고 말았다. 범인 색출을 위해 국경이 봉쇄되고, 경기는 얼어붙기 시작했다. 강 건너 이웃 아르헨티나에서 몰려오던 관광객들의 발길도 끊기고 말았다.

　한국에 있을 때 문세광에 의한 육영수 여사 저격사건으로 토산품 사업을 접어야 했던 명 사장의 아버지는 이번엔 소모사 암살로 인해 곤궁한 처지에 빠지게 되었다. 묘하게도 두 번씩이나 정치적 저격사건 때문에 곤궁한 지경에 처하게 된 것이다.

당시 명 사장의 어머니는 일수계 계주였다. 일수계는 당시 이민사회에서 목돈을 마련하기 위해 유행하던 방식이었다. 계원들이 매일 일정한 금액을 내고, 돌아가며 매일 한 명씩 곗돈을 타 가는 방식이었다. 그런데 소모사의 암살로 갑자기 정국이 얼어붙고 경기가 위축되면서 곗돈을 내지 못하는 사람들이 생겨났다. 결국 일수계가 깨지면서 명 사장의 어머니는 큰 빚을 떠안게 되고 만다.

"할 수 없이 데스펜사 문을 닫고 빚잔치를 할 수밖에 없었습니다. 애당초 부모님은 사업을 하기엔 돈에 대한 관심도, 재주도 없는 분들이었어요. 군인으로서의 명예를 최고로 여기시던 아버지는 언제나 돈을 우습게 여기고, 장사꾼을 천하게 생각하셨습니다. 생활이 어려워지면서 어머니가 다시 삯바느질 일을 시작하셨습니다. 봉제공장의 일감을 받아다가 재봉질을 해주는 고된 일이었지요."

어느새 어엿한 청년으로 성장한 명 사장은 부모님이 고생하시는 모습을 두고 볼 수 없었다. 이리저리 일자리를 찾았더니 동포 한 분이 브라질 상파울루에 있는 봉제공장을 소개시켜주었다.

그런데 그곳의 노동 강도가 보통이 아니었다. 새벽 5시부터 시작해 밤 11시까지 중노동을 해야 했다. 내 사업을 하는 데 이런 정도의 노력과 시간을 쏟으면 어떨까 하는 생각이 일었다. 일주일 만에 공장을 그만두고는 아순시온으로 돌아왔다. 그리고 1982년 명 사장은 아순시온의 메르카도 쿠아트로(제4시장)에서 '스누피'라는 이름의 작은 옷가게를 열었다.

그저 성실하게
페달을 밟으며

"저희 가족이 파라과이로 올 때 같은 비행기를 타고 온 '이민 비행기 동창' 중에 문 사장이라는 분이 있었어요. 그분이 상파울루로 건너가서 봉제공장으로 크게 성공을 하셨어요. 그 집에서 만든 옷을 가져다가 팔았습니다. 장사 초반에 자리를 잡는 데 큰 도움을 주셨지요. 이민 온 지 5년여 만에 독자적인 사업을 시작하게 된 것이지요. 옷장사를 시작하기 전에 등짐장수인 벤데로부터 출발을 해서 숯장사, 시계수리점, 봉제공장 직원, 야채상, 식당, 식품점 직원 등 20여 가지 일을 해본 거 같아요. 제가 파라과이라는 삶의 전장에서 살아남기 위해 치른 치열한 몸부림이었지요. 그러다가 옷가게를 내면서 본격적으로 제 사업을 시작하게 된 겁니다."

명 사장은 8년 동안 메르카도 쿠아트로에서 옷가게를 하면서 장사의 기본을 배울 수 있었다.

"학교에서 교수님과 책으로 배우는 경영학이나 경제학이 아니라 북적대는 시장통에서 온몸으로 시장경제 원리를 학습했다고 할 수 있지요."

한 나라의 소비 패턴은 그 나라의 경제발전 수준에 따라 큰 차이를 보인다. 저발전 단계에서는 가장 기본적인 의식주 해결에 급급하다가 소득이 증가할수록 점점 멋도 내고 여가도 즐기는 웰빙 생활을 추구하게 된다.

명 사장이 처음 이민을 왔을 당시 파라과이는 수도 아순시온의 거리에서조차 맨발에 웃통을 벗고 다니는 사람들이 널려 있던 나라였다. 1980년대 초반 명 사장이 첫 사업으로 시작한 옷장사가 잘될 수밖에 없었다. 1990년 시우다드 델 에스테에서 처갓집의 권유로 미용제품 판매업에 손을 댄 시점은 이곳 사람들이 먹고사는 문제를 넘어 패션에도 신경을 쓰기 시작한 즈음이었다. 명 사장의 사업이 단기간에 급성장을 할 수 있었던 이유는 이처럼 시대적 흐름을 제대로 탔기 때문이었다.

그러나 떡을 손에 쥐여줘도 못 먹는 사람도 있다. 세상의 모든 일은 외재적 여건뿐 아니라 내재적 힘이 받쳐주었을 때만이 성사된다. 명 사장이 남미의 최빈국 중 하나인 파라과이에서 알토란 같은 테라노바를 일으켜 세울 수 있었던 그만의 내재적 힘은 무엇이었을까.

"성공은 아무나 하는 게 아닐 수도 있지만 행복은 어느 누구라도 가질 수 있는 거라고 생각해요. 이민생활 초창기부터 스스로에게 다짐을 한 말이 있어요. 성공을 꿈꾸지 말고 행복을 꿈꾸어라. 테라노바는 거창한 성공보다는 소박한 행복을 찾는 과정에서 이루어진 결실입니다. 저는 세속적인 성공보다는 일상의 행복을 더 소중하게 생각합니다. 콩 심은 데 콩 나고 팥 심은 데 팥 나는 법입니다. 주어진 하루하루를 행복하게 살기 위해 꾸준히 노력하다 보니까 물질적 보상도 어느 순간 따라오더라고요. 오늘도 그저 성실하게 페달을 밟고 있을 뿐입니다."

어느새 밤하늘에 총총 별이 빛나고 있었다. 뜰을 밝히는 조명등이 수영장 수면 위에서 또 다른 별이 되어 반짝인다.

명 사장의 저택이 동화 속에 나오는 아름다운 성처럼 어둠 속에서 하얀 모습을 드러내고 있었다. 멋모른 채 십대의 나이에 부모님 손에 이끌려 파라과이로 이민을 온 명 사장은 어쩌면 동화 속 주인공보다 더 동화 같은 삶을 살고 있는지도 모른다.

　그나저나 평생 세 번 주어진다는 인생의 기회 중 나머지 하나는 명 사장 앞날에 또 언제, 어떤 모습으로 나타날까. 별이 빛나는 밤에 아사 도가 맛있게 익고 있었다.

12

인도라는 거대한
노천박물관에서

김창현

INDIA

INDIA

아시아적 미학은 건축가 김창현이 품고 사는 화두다. 건축을 할 때 자연과의 조화 속에 편안하게 사람이 안기는 환경친화적 공간을 추구하려 노력한다. 회사 이름조차 AA, 즉 아시안 이스세틱스(Asian Aesthetics)로 정했을 정도다.

인도라는 거대한
노천박물관에서

김창현

혜초는 왜 인도로 갔을까. 신라 승려 혜초는 20대 초반에 만 4년 동안 인도와 아프가니스탄, 중앙아시아 일대를 여행했다. 혜초는 당시 행적을 꼼꼼하게 기록한 《왕오천축국전》을 남겼다. 서기 720년대 서역 여러 나라의 종교와 풍속, 문물 등이 풍부하게 담겨 있는 책이다. 문헌으로 남아 있는 한민족 최초의 해외 배낭여행기인 셈이다.

혜초보다 앞서 인도 여행을 한 신라인들에 대한 기록도 전해지고 있다. 일연의 《삼국유사》에 따르면 중국 승려 의정이 60여 명의 승려들과 함께 인도 순례를 했고, 이들 중 9명이 신라인이었다. 1300여 년 전에도 인도는 인기 여행지였던 것이다.

인도에는 지금도 전 세계 여행자들이 구름처럼 몰려든다. 몇 달 혹은 몇 년씩 인도 전역을 순례하는 이들도 있다. 인도의 무엇이 이들의 발길을 붙잡는 것일까.

인도는 인더스문명과 불교 등 인류 문명의 원천을 만들어낸 나라일 뿐 아니라 동서양 문명의 가교 역할을 해온 장소이기도 하다. 한반도의 14배나 되는 광대한 영토, 만년설을 이고 있는 신비한 히말라야 산맥, 끝이 보이지 않는 힌두스탄 대평원, 삶과 죽음의 경계를 성찰하는 구도자들로 북적이는 갠지스 강변의 바라나시······. 힌두교와 이슬람교, 불교, 기독교, 자이나교, 시크교 등 많은 종교가 공존하고 있는 공간이다.

지구인들이 인도를 사랑하는 이유는 아마도 이곳이 인류 문명의 원형질을 고스란히 안고 있기 때문인지도 모른다.

어느 날 흘러내린 눈물은
영원히 마르지 않을 것이며,
시간이 흐를수록
더욱더 맑고 투명하게 빛나리라.
그것이 타지마할이라네.
−라빈드라나트 타고르

과연 인도의 시인 타고르가 노래한 그대로 타지마할은 맑고 투명하게 빛나고 있었다. 타고르의 시어 그대로 황제는 타지마할의 아름다움을 이용해 시간에 마술을 걸려고 했는지도 모른다.

무굴제국의 5대 황제 샤 자한이 사랑했던 황후 뭄타즈 마할의 무덤으로 만들었다는 타지마할은 황금빛 태양 아래 눈부시게 빛나고 있었다. 하얗다 못해 투명해 보이는 타지마할의 돔은 마치 커다란 눈물방울을 형상화한 것처럼 보였다.

한 여인에 대한 사랑이 얼마나 지극했으면 묘 하나를 만들기 위해 22년간 2만여 명이나 동원했을까. 샤 자한은 국가재정을 탕진한 끝에 아들 아우랑제브에 의해 아그라 성에 유폐되고 만다. 매일같이 아그라 성 창밖으로 타지마할을 바라보며 눈물로 여생을 마치었다던가.

아시아적 미학을
추구하는 건축가

└ 타지마할 안내를 자청한 사람이 있었다. 인도 뉴델리에서 건축설계 및 자문 회사인 'AA스튜디오컨설팅'과 인테리어 자재 판매회사인 'AA인테리어솔루션스'를 운영하고 있는 김창현(46) 사장이었다. 김 사장은 건축설계와 인테리어 디자인·시공, 건축자재 판매 등 세 가지 사업을 하면서 연간 30억 원 안팎의 매출을 올리고 있다.

김 사장은 긴 머리를 뒤로 질끈 동여맨 꽁지머리를 하고 있었다. 다소 야윈 얼굴에 두툼한 뿔테안경을 걸치고 있었다. 김 사장이 타지마할 구석구석을 안내하면서 설명을 시작했다. '세계 7대 경이로움' 중하나로 꼽히는 타지마할에 대한 건축 전문가의 특급 해설을 들을 수 있었다.

"무굴제국 건축은 십자 축으로 4분할되는 배치가 특징입니다. 건축물은 완벽한 비례와 대칭을 기본으로 하고 있지요. 이른바 '천국의 정원'으로 불리는 개념입니다. 생명의 근원인 물이 흐르는 수로를 내어 공간을 4등분하고 있습니다. 묘는 원칙적으로 4개의 물길이 만나는 정중앙에 배치되게 됩니다. 그러나 타지마할의 경우 지금 보시는 것처럼 정중앙에는 큰 연못이 자리 잡고 있습니다. 황후의 묘가 모셔진 본전은 4분할 정원 너머에 자리하고 있지요. 제 개인적인 의견으로는 타지마할은 천국의 정원마저 넘어선 세계를 그리고 있다고 생각합니다."

인도대륙은 거대한 '인류 건축사 박물관'이다. 인더스문명이 남긴 모헨조다로와 하라파의 건축물에서부터 불교와 힌두교, 자이나교, 이슬람교, 시크교 등의 독특한 종교 건축물들이 인도 전역에 널려 있다. 무굴제국은 타지마할이나 아그라 성, 후마윤 묘 등 찬란한 건축물들을 남겼다. 현대의 인도는 찬디가르의 의사당 건물과 연꽃 모양을 닮은 델리의 바하이 사원, 아흐메다바드의 간디기념박물관 등 기념비적 건축물들을 숱하게 만들었다.

"타지마할은 중앙의 육중한 돔이 중심을 잡아주고 있습니다. 돔 주변에 배치된 첨탑 4개는 시각적인 조형미와 안정감을 더하고 있습니다. 출입문과 창문을 장식하고 있는 정교한 문양들은 강한 햇빛을 차단하면서도 바람은 통하게 하는 지혜를 담고 있지요. 우리나라 한옥 격자문의 창호처럼 빛을 한 번 걸러줌으로써 은은한 실내 분위기를 조성합니다. 아시아적 미학의 공통점이라고 할 수 있지요."

아시아적 미학이란 무엇인가. 동양은 자연과의 조화를 중시한다.

한국의 건축은 기본적으로 천지인(天地人)의 개념이다. 즉 우리의 전통적인 건축은 하늘과 땅 사이 사람이 안기는 공간을 의미한다. 인도의 힌두 건축은 건물에 머리와 몸통, 팔다리의 개념을 부여한다.

"한국이나 인도의 건축은 자연 속에 사람이 안기는 조화의 개념입니다. 그러나 서양은 인간의 편의를 충족하기 위해 자연을 지배하고, 정복하고, 파괴하는 것도 주저하지 않습니다. 그렇기 때문에 아시아의 건축물은 서양보다 훨씬 은유적이고 은근하다고 할 수 있지요."

아시아적 미학은 건축가 김창현이 품고 사는 화두다. 건축을 할 때 자연과의 조화 속에 편안하게 사람이 안기는 환경친화적 공간을 추구하려 노력한다. 서울산업대학(현 서울과학기술대학) 건축설계학과(92학번)와 건국대 건축대학원(96학번) 등 상아탑에서 건축학을 공부하고, 동서양 20여 개국을 여행하면서 각 나라의 건축물들을 현장에서 공부한 끝에 스스로 정립한 지향점이 바로 아시아적 미학이다. 회사 이름조차도 'AA', 즉 아시안 이스세틱스(Asian Aesthetics)로 정했을 정도다.

그렇다면 김 사장은 하고많은 나라들 중에 왜 하필 인도에 회사를 차렸을까. 그건 바로 인도만큼 전략적 장점을 지닌 나라도 드물다는 판단을 했기 때문이다.

인도는 지리적으로 동서양의 중간에 위치해 있다. 인도의 문화 속에는 동서양이 함께 녹아 있다. 인도의 건축물들은 힌두교와 불교, 이슬람교 등 다양한 종교의 전통과 특색을 담고 있다. 건축설계를 하는 데 필요한 새로운 상상력을 충족시켜주는 요인들이다.

거대한 가능성의
땅을 두드리다

델리 남부의 하우즈 카스 지역은 서울 강남에 해당하는 부촌이다. 인도의 부자들과 문화예술인, 외국인들이 몰려 사는 지역이다. 인근엔 그린 파크와 굴모하르 파크, 디어 파크, 로즈 가든 등 유서 깊은 공원과 아름다운 숲이 들어서 있다. 14세기 초 만들어진 왕궁 저수지로도 유명한 곳이다. 하우즈 카스라는 지명 자체가 우르두어로 저수지를 뜻하는 '하우즈'와 왕족을 뜻하는 '카스'에서 유래된 것이다.

저수지를 중심으로 형성된 '하우즈 카스 빌리지'는 서울의 홍대입구나 인사동 같은 곳이다. 즐비한 음식점과 찻집, 골동품점, 옷가게들이 늘어선 거리엔 항상 젊은이들로 넘쳐난다. AA스튜디오컨설팅은 사무용 건물들이 몰려 있는 하우즈 카스 한복판에 자리하고 있었다. 은행과 헬스센터 등이 들어서 있는 5층 건물의 맨 꼭대기 층을 사용하고 있었다.

20여 개의 책상이 들어서 있는 아늑한 공간이었다. 건축설계 사무소라고 해서 예상했던 넓은 제도용 테이블과 그 위에 펼쳐진 설계도면, 큼지막한 T자 등은 하나도 보이지 않았다. 대신 책상마다 2~3대씩의 컴퓨터들이 놓여 있을 뿐이었다. 요즘은 설계를 모두 컴퓨터로 한다는 사실을 새삼 깨닫는 순간이었다.

김 사장의 방은 한쪽 면 전체가 유리창으로 덮여 있었다. 창밖 가로수의 짙푸른 잎사귀들이 유리창을 가득 메우고 있었다. 실외 가로수들이 멋진 장식품 역할을 해주고 있었다. 또 다른 한쪽 벽면은 온통 책으로 덮여 있었다. 건축 관련 책뿐 아니라 인문, 사회, 과학, 여행 등 다양한 분야의 책들이 서가를 차지하고 있었다.

창가에 놓인 예쁘장한 소파에 앉아 그의 이야기를 들었다.

"지금 한국과 인도를 밀접하게 연결하는 일등공신은 우리 기업들입니다. 현재 인도에 진출한 우리 기업은 450여 개 정도입니다. 자동차와 전기전자, 건설, 무역 등의 업종이 주를 이루고 있어요. 현대차와 삼성전자, LG전자 등 대기업들은 일찌감치 자리를 잡았습니다. 중소기업들도 계속 인도 시장의 문을 두드리고 있지요. 인도에 진출한 이들 한국 기업들은 우리 AA스튜디오가 짧은 기간에 경영 안정을 이루는 데 큰 도움을 주었습니다."

김 사장은 2005년 6월 AA스튜디오컨설팅을 개업한 이래 10년 동안 인도 중남부 하이데라바드의 현대자동차 R&D센터 인테리어, 첸나이의 우리은행 인도 본사 인테리어, 뭄바이의 미래에셋 인도 본부 디자인 및 감리 등 다양한 실적을 쌓았다. 인도에 진출한 한국 기업들이 공장이나 사무실 건물 등을 지을 때 인도 건축계에서 이미 실력을 인정받고 있는 김 사장에게 일을 맡기는 경우가 많았기 때문이다.

2012년 뉴델리 한국문화원 리모델링 프로젝트와 2013년 인도 주재 한국대사관 별관 증축 프로젝트를 수주한 것은 건축가로서 그의 실력이 최정상급이라는 사실을 세상으로부터 인정받은 대표적인 사례였다.

"인도 주재 한국대사관은 한국을 대표하는 건축가 중 한 분인 고 김수근 씨의 작품입니다. 대사관 측에서는 낡은 별관 건물을 통째로 헐어버리고 새 건물을 짓는 것을 검토 중이었습니다. 하지만 저는 기존 건물을 살리면서 증축을 하는 방식을 택했습니다. 김수근 씨가 40년 전 만들어놓은 작품과의 조화는 물론 인도 자연과의 화합도 생각을 하면서 작업을 했습니다."

물론 김 사장은 인도 현지기업 고객들도 상당수 확보하고 있다. 벵갈루루 출판계의 거물인 강가람 북뷰로와 남인도 최대 철강회사인 가비야파 등이 김 사장의 단골 고객들이다. 하이데라바드의 '클럽 파이어플라이(Club Firefly)'와 미술관 '갤러리 하우스' 등이 김 사장의 작품이다.

"저의 고객들은 인도 사회 최고 실력자들입니다. 만일 제가 한국에서 사업을 했다면 한국 사회의 성골이나 진골들을 고객으로 확보할 수 있었을까요. 한국 건축업계에서는 실력만으로 승부를 할 수가 없어요. 학벌과 출신, 계보에 따른 이너서클이 존재합니다. 인도에서 사업을 하는 한국인에게 누구도 그런 거 물어보지를 않습니다. 게다가 인도 대륙이라는 넓은 공간은 협량한 관념과 좁은 시야를 벗어나서 더 넓은 지평을 바라볼 수 있게 해줍니다."

또 다른 기회의 문

└ 굵직굵직한 공사들을 수주하면서 AA스튜디오는 급성장했다. 특히 대사관 별관 프로젝트를 진행했던 2013년 매출은 80억 원까지 치솟았다. 20여 명 정도이던 직원이 50명으로 불어나 있었다. 일

이 늘어날 때마다 별 생각 없이 기계적으로 사람을 뽑았기 때문이었다. 벵갈루루에 본사를 두고 델리와 첸나이에는 지사를 거느린 방만한 형태였다.

사람의 몸에 군살이 많이 붙으면 이런저런 병이 생긴다. 기업도 마찬가지다. 단기간에 몸집이 불어난 AA스튜디오에도 여기저기 문제가 발생하기 시작했다. 가장 먼저 터져 나온 일은 인도인 경리과장이 우리 돈으로 9000만 원 정도의 회삿돈을 빼돌린 횡령사건이었다. 은행 계좌를 확인하던 중 영문을 모르는 돈이 빠져나간 사실을 발견한 것이었다. 전기공사를 하는 인도 협력업체와 짜고 벌인 일이었다.

경리과장의 횡령사건을 계기로 회사업무 전반을 점검하기 시작했다. 세무 파트의 부실이 여러 건 눈에 띄었다. 세무 담당직원이 자료 정산을 제대로 하지 않은 채 적지 않은 액수의 세금을 내지 않고 있었다. 세무사를 새로 고용해 밀린 세금을 자진 납부했다. 매출 20억 원 이상 규모의 기업은 세무관리 집중대상이기 때문에 부실한 납세가 적발될 경우 감당하기 어려운 세금추징을 당할 수도 있기 때문이었다.

노무 쪽에도 문제가 생겼다. 당시 AA스튜디오는 한 자동차회사의 연구소 건물 프로젝트를 진행하고 있었다. 공사 발주업체에서 산재보험 납부영수증을 요구했다. 인도에서는 직원 20명 이상의 업체는 산재보험과 국민연금을 납부해야 한다. 그러나 김 사장은 그런 규정이 있는지조차 모른 채 직원의 규모만 늘리고 있었다. 5년 치 체납액과 벌금을 합해서 5000만 원 정도를 한꺼번에 납부해야 했다.

시련은 거기서 그치지 않았다. 인도인 직원 한 명이 교통사고로 사망한 것이었다. 운전대를 잡았던 함승훈 이사가 어깨 쇄골이 부러지는 중상을 당했다. 델리에서 한 시간 정도 떨어진 노이다 지역에 있는 현장에서 일을 보고 오다가 벌어진 일이었다. 새벽 3시쯤 안개 자욱한 고속도로를 달리던 중 갓길에 정차돼 있던 트럭과 충돌했던 것이다.

사망한 직원은 20대 후반의 젊은 나이였다. 부인과 10개월 된 딸을 하나 두고 있었다. 김 사장은 우선 미망인과 딸의 장래를 걱정하지 않을 수 없었다. 미망인에게 직원의 2년 치 월급을 위로금으로 주었다. 딸을 위해서는 스무 살 성인이 됐을 때 1000만 원을 받을 수 있는 보험을 들어주었다. 인도 사회의 통상적인 기준으로 보자면 열 배 정도에 해당하는 위로금을 챙겨준 것이었다.

"그땐 정말 힘이 빠졌어요. 함 이사가 저런 일을 당했으니 이젠 한국으로 돌아간다고 하지나 않을까 걱정이 되더라고요. 함 이사는 대학 6년 후배입니다. 벵갈루루에서 인도 건축회사를 함께 다녔고, AA스튜디오도 함께 출범시킨 창업 동료입니다. 함 이사 없이 혼자 일을 꾸려갈 자신이 없었어요. 회사를 정리해야겠구나 하고 마음의 준비를 하고 있었지요. 그런데 함 이사가 갑자기 퇴원하겠다고 하더라고요. 병원에서 3주 입원하라고 했는데 열흘 만에 퇴원을 하겠다는 거예요. 회사일 때문에 병원에 편안하게 누워 있을 수 없다고 하더라고요. 그때 얼마나 큰 힘을 얻었는지 모릅니다. 가슴이 뭉클하더라고요."

심기일전 다시 일을 시작했다. 우선 방만한 조직을 재정비하는 일이 급선무였다. 2013년 12월 회사를 뉴델리로 이전하기로 결정했다. 첸나이 지사를 폐쇄하는 등 강도 높은 군살빼기 작업을 시작했다. 50여 명이던 직원을 16명으로 줄였다. AA스튜디오의 뉴델리 시대를 소수

정예요원 체제로 출발한 것이었다.

"그동안 저는 건축가였을 뿐입니다. 경영자로서는 아마추어였어요. 여러 어려움을 겪고 나서야 비로소 경영자로서의 사고를 하게 되더라고요. 지금은 설계도면만 바라보는 건축가가 아니라 회사운영의 전반을 들여다보는 경영자로서의 일을 챙기고 있습니다."

AA스튜디오가 체제를 정비하면서부터 일복도 터지기 시작했다. 2015년 가을에만 프랑스계 다국적 IT기업인 캡제미니(Cap Gemini)가 발주한 295만 달러 규모의 디자인 및 시공 프로젝트를 따낸 것을 비롯해 홍콩 금융그룹인 HSBC 인도 지사로부터는 10만 달러 규모의 PC 테이블 납품 계약, 우리은행 미얀마 지사로부터는 20만 달러 규모의 디자인 및 시공 계약을 수주했다.

캡제미니와 HSBC 사업 수주를 계기로 김 사장의 사업은 디자인과 시공이라는 기존의 영역을 넘어 새로운 분야로 확장되기 시작했다. 바로 건축자재 및 사무용품 판매시장으로 발을 들여놓게 된 것이다. '건축'이라는 전문영역을 넘어서서 입체적인 '사업'을 벌이기 시작한 것이다. 자신의 손으로 만드는 건물들의 속을 채워 넣는 일이었다.

"건축가의 구상대로 건물을 완성하기 위해서는 여러 가지 요소가 필요합니다. 기본적인 청사진은 물론 마감재와 가구, 조명기구, 욕실용품 등까지 종합적으로 조화가 이뤄져야 합니다. 건축에서 인테리어와 사무용품을 채워 넣는 일은 바둑으로 치자면 끝내기만큼 중요한 일이지요. 캡제미니와 HSBC 사업은 저에게 열리는 새로운 기회의 문입니다. 세계적 품질을 갖춘 한국의 건축자재와 사무용품들을 인도 시장에 보급하려 합니다."

그땐 건축에
미쳐서 살았어요

└ 김 사장의 집은 사무실에서 도보로 5분 정도 되는 거리에
있었다. 아파트 문을 열고 들어서자 기분 좋은 향초 냄새가 코에 끼친
다. 거실로 들어서자 늘씬한 키의 백인 여인이 반갑게 인사를 했다. 김
사장의 아내 나탈리 쿠아드란티 김이다. 유치원에 다니는 두 아들 미
노와 지노 형제도 달려와 아빠 품에 안긴다.

나탈리가 정성껏 준비한 저녁이 준비돼 있었다. 구수한 된장국과
배추김치, 깍두기, 멸치볶음 등 한국 음식으로 차려진 저녁상이었다.
어린 미노와 지노가 된장국은 물론 김치까지 맛있게 먹는 모습이 신
기했다.

"우리 집 식단은 글로벌 식단입니다. 한국식과 유럽식, 인도식뿐 아
니라 태국, 멕시코 요리도 등장합니다. 물론 한국식과 유럽식 음식들
을 가장 많이 먹지요. 다행히 아이들은 편식 없이 아무 음식이나 잘 먹
어요."

나탈리는 스위스 남부 이탈리아 국경 부근의 리바 산 비탈레(Riva
San Vitale) 출신이다. 남 알프스 자락의 호수변에 위치해 있다. 로마시
대 유적들이 남아 있을 만큼 오랜 역사를 간직한 도시다. 푸른 호수와
우거진 숲 사이에 들어앉은 마을의 모습은 한 폭의 그림엽서다.

한국 남자와 스위스 여자는 무슨 연으로 부부가 됐을까.

"스케치 한 장이 묶어준 인연입니다. 인도 북부 히말라야 산중 지방
인 라다크 여행길에서 나탈리를 만났어요. 2004년 6월 벵갈루루에 있

는 '브랜드 뉴 데이'라는 캐나다계 건축디자인 회사에 다니고 있을 때였습니다. 상사와의 의견이 맞지 않았어요. 회사를 정리하기로 마음먹고 여행을 떠났습니다. 라다크 주도인 레(Leh)에서 나탈리를 만났어요. 스위스 리바 산 비탈레에서 왔다고 하더라고요. 제가 가봤던 곳이어서 반가웠습니다. 마침 내 스케치북 속에 들어 있던 리바 산 비탈레 풍경을 보여주었습니다. 내가 그곳에 갔을 때 그렸던 것이었지요. 깜짝 놀라면서 너무 반가워하더라고요."

당시 나탈리는 미국 여자 두 명과 함께 여행 중이었다. 미국 친구 중한 명이 귀띔을 해주었다. 나탈리의 약혼자가 얼마 전 세상을 떠났으니 잘 위로해주라고 했다. 그 이야기를 듣는 순간 김 사장은 가슴에 통증을 느꼈다. 자신의 마음속 깊이 묻어둔 상처에 칼을 댄 듯한 느낌이들었다. 자신도 아내를 잃은 지 2년 정도밖에 지나지 않은 시점이었기때문이다.

김 사장은 나탈리 일행과 함께 암리차르와 스리나가르, 레 등 인도 북부를 보름 동안 여행했다. 히말라야의 설산과 호수 등 아름다운 자연 속에 푸근하게 안기는 치유의 여정이었다. 동병상련의 감정 때문이었을까. 무엇보다도 나탈리와 함께하는 시간이 편안했다. 오랫동안 잊어버리고 살았던 웃음도 되찾을 수 있었다. 어느새 나탈리가 김 사장의 빈 가슴속으로 슬며시 파고들고 있었다.

여행을 마치고 스위스로 돌아갔던 나탈리가 어느 날 불쑥 벵갈루루로 김 사장을 찾아왔다. 사랑하는 사람들과 아픈 이별을 했던 두 사람이 새로운 사랑을 찾은 것이었다.

김 사장은 1972년 10월 27일 서울 상계동에서 3남 중 차남으로 태어났다. 서천 출신인 아버지는 상계동에서 의상실을 하셨다. 아버지는 재단을 하고, 어머니는 재봉 일을 했다. 당시 아버지의 '차트 의상실'은 상계동 일원에서는 꽤 이름을 날리던 곳이었다.

초등학교 6학년 때 아버지가 의상실 문을 닫았다. 대신 충북 음성에 대리석 공장을 차렸다. 대리석 공사업자였던 작은 고모부의 말을 듣고 시작한 일이었다. 패션업계에서 건설업계로 옮긴 셈이었다.

"아마도 아버지의 피를 물려받은 때문일 거예요. 지금 제가 하고 있는 건축설계와 인테리어는 아버지가 하시던 재단과 대리석 사업이랑 유사한 일입니다. 이런 일 모두 그림을 그린 뒤 만들고 꾸미는 거잖아요. 어려서부터 부모님이 하는 일을 은연중 보고 배운 거 같아요."

그는 예체능 쪽에 여러 가지 재능을 타고났다. 한때 미대 진학을 꿈꿀 정도로 미술을 좋아했고, 웬만한 노래는 곡조만 알면 악보 없이 기타를 연주할 정도로 음악에 재능을 보였다. 유년 시절부터 10여 년간 계속한 합기도와 태권도에도 두각을 드러내 사범들로부터 체대 진학을 권유받기도 했다.

고등학교 시절부터 아버지의 대리석 공장이 기울기 시작했다. 예체능계 진학을 원했지만 어려워진 집안 형편을 생각해야 했다. 졸업 후 돈을 벌 수 있는 진로를 택해야 했던 것이다. 이런저런 궁리 끝에 건축을 전공하기로 결정했다. 그림을 그리는 욕구도 어느 정도 충족시키고, 직업적인 안정도 취할 수 있는 길이라고 생각한 것이다.

"당시 건축학과가 엄청 뜰 때였어요. 1990년대 초반 노태우 정권의 아파트 200만 호 건설 드라이브 등 건설 붐이 뜨겁게 일고 있었기 때문입니다. 건축학과의 합격선이 의대 점수랑 큰 차이가 나지 않았을 정도였어요. 동성고등학교 다닐 때 워낙 공부를 안 했습니다. 1년 재수를 해서 서울산업대 건축설계학과에 들어갔지요. 학과 차석으로 붙었습니다. 등록금 전액을 장학금으로 받았지요."

기대가 크면 실망도 클 수 있다. 부푼 기대 속에 입학을 한 건축설계학과의 강의는 자유분방한 성격의 김 사장에게 갑갑하고 고리타분할 뿐이었다. 첫 학기 내내 친구들과 어울리면서 술만 퍼마셨다. 방황하던 새내기의 발길을 붙잡은 것은 건축설계학과 동아리인 '포커스'였다. 1학년 2학기 때 포커스에 가입한 이후 김 사장의 대학생활은 한마디로 '포커스'에 포커스를 맞춘 세월이었다. 선후배들과 밤새워 논쟁을 하고, 모형도 만들면서 동아리방에서 살다시피 했다.

"소림사에서 물 긷고 장작 패면서 기본기를 익히는 것처럼, 선배들이 시키는 드로잉과 모형 작업을 하면서 건축설계의 기본기를 익혔습니다. 그땐 정말 건축에 미쳐서 살았지요. 드로잉을 수없이 그렸다가 지우고, 모형도 몇 번씩 만들고 부수고를 반복했습니다. 바로 이거야 하는 내 마음속의 목소리가 터져 나올 때까지 매달렸어요. 작업을 하다가 지치면 동아리방에서 새우잠을 자고는 했습니다. 건축 공모전 출품작 작업을 할 때는 며칠 밤 꼬박 새우는 건 예사였습니다. 뭔가 성에 차지 않으면 잠을 자지 못하는 성격입니다. 그러다가 쓰러져서 구급차 타고 병원에 실려 간 적도 있어요."

유럽 건축여행

대학 공부로는 건축에 대한 갈증이 풀리지 않았다. 건축이 무엇인지에 대해 보다 근원적인 걸 알고 싶었다. 1996년 대학 졸업과 함께 건국대 건축전문대학원 건축설계학과에 진학을 했다. 학부 때와 마찬가지로 학교에서 먹고 자는 생활을 했다. 대학원 디자인 스튜디오에서 밤늦게까지 작업을 하다가 바닥에 스티로폼을 깔고 침낭 속에서 잠을 잤다.

그런 그에게 한 마리 나비처럼 사랑이 사뿐 날아들었다. 대학원 동기인 박혜성이라는 운명의 여인을 만나게 된 것이다.

혜성 씨는 서강대 수학과를 졸업한 뒤 건국대 건축전문대학원 인테리어학과에 입학했다. 학부에서 건축을 전공하지 않았기 때문에 학부 전공자들에 비해 부족한 게 많을 수밖에 없었다. 혜성 씨가 어떤 어려움에 처할 때마다 김 사장이 불쑥 나타나 도움을 주었다.

혜성 씨는 학교에서 숙식을 해결하는 김 사장에게 애틋한 마음을 보여주기 시작했다. 아침에 등교를 하면서 집에서 김밥을 만들어다 주기도 하고, 빵과 커피를 내밀기도 했다. 1학년 말쯤 두 사람은 어느새 소문난 캠퍼스 커플로 발전해 있었다.

여행은 백과사전이다. 세상은 거대한 열린 교과서다. 건축학도들에게 여행은 역사적 건축물들 속에 축적된 지혜와 영감을 더듬는 과정이다.

1999년 겨울 창현 씨와 혜성 씨는 둘이서 유럽 여행을 떠났다. 스페

360

인의 거장 피카소와 프랑스의 건축가 르 코르뷔지에 등에게 예술적 영감을 준 지중해 변의 강렬한 태양과 자연을 눈으로 보고 싶었다. 종로에 있는 당구장과 술집의 설계 및 시공감리를 해주고 번 돈과 이삿짐 알바 등으로 모은 돈이 2000만 원 정도 수중에 있었다.

스케치북 한 권과 카메라 하나를 둘러메고 프랑스 파리로 날아갔다. '현대 건축의 아버지'라는 칭송을 받는 르 코르뷔지에의 작품인 사보이 주택을 둘러본 뒤 리옹으로 내려가 라 투레트 수도원을 구경했다.

스페인 마드리드에서 렌터카 한 대를 빌려 말라가, 그라나다, 바르셀로나, 마르세유 등 지중해 변을 따라 북상했다. 그라나다의 알함브라 궁전과 바르셀로나에 있는 안토니 가우디의 걸작 라 사그라다 파밀리아 성당 등 세기적인 건축물들이 도처에 널려 있었다.

스위스 남부와 이탈리아 북부를 거쳐 로마로 내려갔다. 로마시대의 화려한 유적인 콜로세움과 판테온 신전, 산타 마리아 마조레 교회 등을 눈에 담았다.

남동부의 항구도시인 바리에서 차를 반납했다. 그곳에서 배를 타고 그리스로 건너갔다. 아테네와 산토리니, 크레타, 이코노스 섬 등지의 신전을 둘러보면서 도리스 양식과 이오니아, 코린트 양식 등의 변천 과정을 확인할 수 있었다.

마지막 행선지는 터키였다. 터키는 동서양 문명과 기독교·이슬람교가 충돌하고 융합해온 공간이다. 수도 이스탄불은 블루 모스크와 성 소피아 성당, 돌마바흐체 궁전 등 찬란한 유적들로 가득한 건축 박물관이었다. 창현 씨와 혜성 씨는 파묵칼레와 카파도키아, 이즈미르, 앙카라 등을 거쳐 흑해 변의 트라브존까지 올라갔다. 사랑하는 사람과 함께 석 달 반 동안 프랑스와 스페인, 스위스, 이탈리아, 그리스, 터키 등 6개국을 돌아보는 꿈같은 여행이었다.

"여행을 하다가 건축물 앞에 서면 그 건물이 저에게 말을 겁니다. 그 작품을 만든 건축가와 대화를 하는 거지요. 건축물은 세상을 향한 기호이자 언어입니다. 세상에 메시지를 전하는 가장 큼지막한 문자라고 할 수 있지요. 건축은 그 지역의 삶과 문화를 담는 그릇입니다. 혜성이랑 둘이서 서로 토론하면서 여행을 했어요. 건축물이 지어질 당시의 시대적 상황은 어떠했는지, 건축가는 시대와 문화 환경을 어떻게 읽어서 표현을 했는지 등을 이야기했습니다. 혜성이는 저의 아리따운 연인이자 훌륭한 동료 건축학도였어요."

여행을 마치고 새 학기를 시작했다. 이젠 석사논문을 준비해야 할 시점이었다. 김 사장은 자신의 논문 속에 '김창현의 건축'이란 어떤 것인지를 담아내고 싶었다.

대학 시절 그의 관심사는 한국적 건축의 독창성이었다. 우리나라 건축은 풍수지리를 바탕으로 하고 있다. 집을 지을 때 산과 땅, 물, 바람과의 조화를 생각하면서 집을 짓는 게 풍수지리의 핵심이다. 담양의 소쇄원과 보길도의 세연정, 서울의 종묘 등 전통 건축물들은 자연과의 조화를 이룬 대표적인 사례들이다. 김 사장은 집을 지을 때 지금도 최우선적으로 바람과 빛, 물 등 자연과의 조화를 고려한다. 한국 전통 건축을 공부하면서 깊이 공감한 내용이었기 때문이다.

건국대 대학원 시절 그의 주요 관심사는 건축의 환경친화성과 지속가능성이었다. 친환경 건축의 해법을 건축자재에서만 찾는 게 아니라

디자인으로 푸는 것이 더 근원적인 해법이라고 생각했기 때문이었다. 김 사장의 석사논문 주제 역시 친환경 건축에 관한 것이었다. 그는 '네덜란드 구조주의 건축의 친환경적 해석과 도시 집합주거 계획안'이라는 제목의 논문을 쓰면서 '과연 김창현의 건축은 무엇인가'라는 화두에 매달렸다. 아파트로 뒤덮인 한국의 주거문화를 친환경적인 공간으로 바꿀 수 있는 디자인을 자신의 힘으로 찾고 싶었다.

그를 인도로 불러들인
한 권의 책

한 권의 책이 인생을 바꾼다. 캐나다로 어학연수를 갔던 대학 친구 정규가 귀국 선물로 《찰스 코레아 작품집》이라는 책을 사다 주었다. 김 사장을 인도로 불러들인 운명의 책이었다.

1930년 인도 하이데라바드에서 태어난 코레아는 미국 매사추세츠 공대(MIT)에서 건축을 공부했다. 1958년 고국으로 돌아온 그는 인도의 지역적 독창성을 강하게 드러내는 건축물들을 쏟아내기 시작한다. 무덥고 습한 인도의 날씨에 적합한 디자인은 세계 건축계의 주목을 끌기 시작했다.

코레아의 작품집을 접한 김 사장은 새로운 영감을 얻기 시작했다. 코레아의 작품들은 빛과 바람, 공간의 자연스런 소통을 부각시키고 있었다. 김 사장이 찾고 있던 친환경 건축이란 무엇인가에 대한 모범답안을 찾은 셈이었다.

"코레아는 건축물과 자연, 인간의 교감을 중시했어요. 하늘과 인간이 소통하기 위해서는 건축물에 열린 공간을 두는 게 매우 중요하다고 주장했습니다. 건물의 옥외 공간은 '하늘의 축복'을 받아들이는 통로라고 생각했어요. 방 밖의 테라스는 툭 트인 안뜰로 연결되고, 거기에는 커다란 나무가 만들어내는 그늘이 드리워집니다. 이런 공간을 통해 미묘하게 변화하는 빛과 공기의 흐름이 인간에게 어떠한 감정을 불러일으킨다는 것입니다. 코레아의 대표작으로 꼽히는 뉴델리의 수공예박물관과 아흐메다바드의 간디기념박물관, 자이푸르의 공예박물관 등은 친환경적 설계, 현지 풍토와의 조화, 인도의 현대적 미학 등을 두루 고려하고 있습니다. 코레아 건축의 특징인 중정(中庭), 즉 건물의 안마당을 보면 그에게 매료되지 않을 수 없습니다. 인도 건축에 대한 호기심이 급 발동하더라고요."

코레아의 건축은 한국의 숨 막히는 아파트 문화에 자연과 환경을 입힐 수 있는 해법을 제시하고 있었다. 그의 대표작 중 하나인 뭄바이 칸첸준가 아파트는 넓고 높은 테라스 공간을 마련함으로써 하늘과 바람을 집 안으로 들어오도록 했다. 서구의 근대 건축물인 아파트에 인도의 철학을 더한 것이다.

김 사장은 석사논문을 쓰면서 네덜란드 구조주의 건축의 친환경적 해석을 중심으로 코레아의 친환경 건축 개념을 함께 분석했다. 건축설계 단계에서부터 자연광과 녹지, 집들 사이의 조화, 주민들의 소통공간 등을 염두에 두는 친환경 디자인을 생각한 것이다.

논문을 쓰면서 점점 인도 건축의 매력에 빠져들지 않을 수 없었다. 거대한 '노천 건축학 교과서'인 인도를 직접 눈으로 보고 싶었다. 인도에는 코레아뿐 아니라 B. V. 도쉬, 프랑스의 거장 르 코르뷔지에와 미국 루이스 칸 등 세계적 건축가들이 설계한 빌딩들이 도처에 널려 있었기 때문이다.

김 사장은 결국 대학원을 졸업한 지 넉 달 만인 2001년 6월 인도로 떠난다. 목적지는 인도 서부 구자라트의 주도인 아흐메다바드였다. 인도 근현대 건축의 메카로 불리는 곳이었다. 프랑스 르 코르뷔지에의 방직공장협회 회관과 미국 루이스 칸의 인도경영대학교 건물, 인도 건축가인 B. V. 도쉬의 건축연구소 건물 '상가스' 등 거장들이 설계한 건축물들이 이곳에 몰려 있다.

처음엔 코레아를 찾아가 사사하려 했지만 그는 인도보다는 주로 미국에 거주를 하고 있었다. 코레아 대신 스승으로 택한 사람이 도쉬였다. 도쉬는 코레아와 함께 인도를 대표하는 건축가 중 한 사람이다. 르 코르뷔지에 밑에서 사사를 한 도쉬는 인도 전통 건축의 지혜를 현대 건축에 접목시키는 연구로 주목을 받았으며 2018년에는 건축계의 노벨상인 프리츠커상을 수상하기도 했다.

김 사장은 도쉬를 만나기 위해 다짜고짜 아흐메다바드에 있는 도쉬의 건축연구소 '상가스'의 문을 두드렸다.

"한국에서 온 건축학도라고 제 소개를 한 뒤 도쉬 밑에서 건축 일을 배우고 싶다고 했습니다. 당돌하게 찾아와 영어로 자기소개를 하는 한국인 청년이 기특했나 봐요. 무보수 견습생으로 와서 일을 해도 좋다고 하더라고요."

온몸으로 새로운
경험을 빨아들이다

└ 인도에서 한 달 정도 머문 뒤 한국의 상황을 정리하기 위해 일단 귀국했다. 무엇보다도 혜성 씨와의 결혼을 앞두고 있었다. 2001년 10월 결혼을 한 뒤 함께 아흐메다바드로 왔다. 두 사람 수중엔 단돈 700달러뿐이었다. 월세 30달러짜리 방을 하나 얻어 신혼살림을 시작했다.

상가스에서 견습생으로 일을 시작했다. 도쉬는 어쩌다 지나가는 그림자만 볼 수 있을 뿐이었다. 다른 직원들도 외국인 견습생 따위에 눈길 한번 제대로 주지 않았다.

4~5달이 지나면서 들고 온 돈이 바닥을 드러냈다. 김 사장은 관광 가이드와 통역 일로 생활비를 벌었다. 관광 가이드는 돈도 벌고 여행도 하는 일석이조의 일이었다. 통역 아르바이트 역시 자신이 모르는 새로운 분야로 시야를 넓히는 공부의 계기로 삼았다.

"두 가지 일 모두 벌이가 짭짤했어요. 적어도 먹고사는 데는 큰 어려움이 없었습니다. 나중에 알고 보니 아내가 나 모르게 장모님한테 얼마간 도움을 받기도 했더라고요."

낯선 이국에서의 고달픈 생활이었지만, 사랑하는 아내와의 신혼살림이 더없이 행복했고 도쉬라는 거장과 같은 공간에서 일하고 있다는 사실만으로도 뿌듯했다.

연구소 도서관의 방대한 자료들과 인도 건축 책자들은 그에게 주어진 또 다른 큰 선물이었다. 개울에서 넓은 강으로 나온 물고기처럼 새로운 지식과 경험을 온몸으로 체험하기 시작했다.

인도 건축에 대해 보다 체계적으로 배우고 싶은 열망이 끓어 올랐다. 2002년 9월 학기부터 도쉬가 세운 환경건축 전문대학인 CEPT University(CENTER FOR ENVIRONMENTAL PLANNING & TECHNOLOGY University)에서 석사과정을 시작했다.

막상 들어가 보니 건축학이 아닌 사회과학 분야의 수업이었다. 첫 학기 기말고사를 얼마 남겨놓지 않은 즈음 학교 게시판에 'Toward A Sustainable Habitat(지속가능한 주거지를 위하여)'라는 친환경 건축 워크숍 안내문이 붙었다. 인도 남동부 타밀나두주의 오로빌에서 열리는 국제 행사였다. 자신의 건국대 대학원 석사논문과 같은 주제를 다루는 워크 숍이었다.

학사담당인 샤르마 교수를 찾아가 워크숍에 참가하고 싶다는 의사 를 밝혔다. 샤르마 교수는 선선히 시험 걱정하지 말고 다녀오라고 했 다. 앞으로 인도에서 공무원을 할 생각이 아니라면 굳이 도시계획 문 제를 다루는 이곳 석사과정을 마칠 필요가 없다는 조언까지 해주었 다. 2002년 12월 김 사장은 해방된 기분으로 아내와 함께 오로빌로 향했다.

인도 남부의 절반은 육중한 데칸고원으로 덮여 있다. 데칸고원의 남 동쪽 자락이 벵골만에 잠기기 직전 끝부분에 오로빌이 있다. 오로빌은 인도의 사상가이자 독립운동가인 스리 오로빈도의 철학을 구현하기 위해 세워진 공동체 마을이다.

오로빈도는 문화와 종교, 국경, 인종을 초월한 영성 개혁을 주창

했다. 1968년 2월 28일 인도에서도 오지에 속하는 이곳에 전 세계 124개국의 대표들이 모여들었다. 이들은 자신들의 나라에서 가져온 흙을 묻었다. 오로빈도의 사상을 구현하는 인류 공동체를 건설하자는 결의를 다졌다. 지금은 40여 개국에서 온 2000여 명의 주민들이 환경친화적 유기농법과 에너지 재활용, 토양과 수자원 보존, 명상의 생활화 등을 실천하면서 살고 있다.

창현 씨 부부는 1주일 동안 워크숍에 참가하면서 오로빌에 머물렀다. 마티르만디르라는 명상의 성소를 중심으로 한 직경 10km의 원형도시는 그의 상상력을 자극하는 놀라운 공간이었다. 마침내 부부는 아예 오로빌에 눌러살기로 결심을 하게 된다.

"오로빌 주민들 중 가장 많은 비중을 차지하고 있는 사람들이 건축가들이었어요. 전 세계에서 몰려온 건축가들과 교류하면서 살고 싶었어요. 그곳에 있는 건축사무소들의 문을 두드렸지요. 공모전에 출품했던 저의 작품과 대학원 논문을 보여주면서 일자리를 찾았습니다. 프랑스 건축가가 운영하는 '브랜드 뉴 데이'라는 건축사무소를 찾아갔더니 아주 반갑게 맞아주더군요. 마치 '당신 어디 있다가 이제 나타났어' 하는 반응이었습니다. 딱 저 같은 사람을 찾고 있었다고 하더군요. 군더더기 없는 단순함을 추구하는 제 건축 스타일이 마음에 들었나 봐요. 회사에서 월급뿐 아니라 집까지 내주더군요. 2003년 1월 사실상 첫 직장생활을 오로빌에서 시작했습니다."

다시 인도다

아내 혜성 씨는 천연염색과 도자기 공방에 나가기 시작했다. 바나나와 야자수 잎 등으로 만든 천연 종이와 천연 향초, 도자기 등 환경 특산품을 만들었다. 신바람 나는 직장생활과 달콤한 신혼살림에 폭 빠진 행복한 나날이었다. 여러 나라에서 몰려든 다재다능한 세계인들과 교유하는 재미도 쏠쏠했다.

운명의 신이 두 사람의 행복을 질투라도 했던 것일까. 그야말로 청천 하늘의 날벼락이었다. 오로빌로 이사한 지 5개월쯤 지났을 무렵이었다. 그날따라 이상한 불안감이 몰려왔다. 혹시나 하고 집으로 전화를 걸었다. 아내가 전화를 받지 않았다. 서둘러 퇴근을 해서 집으로 가 보았지만 아내는 집에 없었다. 천연염색 공방과 도자기 공방에 갔더니 오늘은 안 왔다는 답변이 돌아왔다.

평소 둘이서 자주 들르던 단골 찻집으로 달려갔다. 연못 위에 지은 게스트하우스 겸 찻집이었다. 아내는 그곳 찻집 바닥에 쓰러져 있었다.

"심장마비였어요. 인도의 5월은 불의 달이라고 할 정도로 폭염이 기승을 부립니다. 평소 심장이 약한 아내가 무더위를 견디지 못하고 쓰러진 것이지요. 심장병은 처갓집 내력이었어요. 장인어른도 심장병으로 일찍 돌아가셨거든요. 2003년 5월, 서른세 살의 꽃다운 나이에 아내는 제 곁을 떠났습니다. 하늘이 무너져 내린다는 표현은 그럴 때 쓰는 말일 거예요. 사랑이 날아가면서 제 가슴에 남아 있던 건축마저 와르르 무너져버렸습니다."

인도는 한순간도 더 이상 머물 수 없는 거대한 슬픔의 대륙이었다. 아내의 유골을 들고 귀국을 했다. 그날부터 술독에 빠져 살기 시작했다.

2003년 11월, 은사인 김원 교수님으로부터 연락이 왔다. 인사동 저녁식사 자리로 갔더니 만화가 신명환과 건축가 신희창 등 건국대 대학원 동기들이 함께 나와 있었다.

"그 자리에서 김원 교수님이 그러시더라고요. 툭툭 털고 다시 인도로 가라. 거기서 다시 건축을 시작해라. 인도에 가서 다시 너를 찾아라! 그때 문득 저를 돌아보았습니다. 사랑이 죽었다고 해서 나 자신마저 죽이고 있다는 사실을 발견했습니다."

그래, 다시 인도다. 그에게 남은 건 건축밖에 없었고, 건축에 대한 열정을 다시 살릴 수 있는 곳은 인도밖에 없었다.

브랜드 뉴 데이에서도 다시 와달라고 계속 부르고 있었다. 그렇지만 끔찍한 기억이 남아 있는 오로빌 본사로 갈 수는 없었다. 회사에서 뱅갈루루 지사로 발령을 내주는 배려를 해주었다.

2004년 봄 창현은 다시 인도로 왔다. 브랜드 뉴 데이 뱅갈루루 지사에서 근무를 시작했다. 뱅갈루루는 인도의 실리콘밸리로 불릴 만큼 첨단 정보기술(IT) 기업들이 들어서 있는 도시였다. 마침 대학 후배인 함승훈이 인도로 와서 일을 하고 싶어 했다. 승훈과 함께 브랜드 뉴 데이에서 일을 하면서 건축에 대한 열정을 다시 회복하기 시작했다.

인도 북부를 여행하면서 지금의 아내 나탈리를 만난 것도 그즈음이었다. 인도는 창현 씨가 잃어버렸던 건축과 사랑 두 가지를 다시 찾아주었던 것이다.

행복한 코스모폴리탄

2005년은 김 사장에게 특별한 해였다. 나탈리를 만났을 뿐 아니라 함승훈과 함께 AA스튜디오컨설팅을 출범시켰기 때문이다.

"2005년 6월 22일 회사 설립신고를 했습니다. 사무실도 없이 승훈이랑 함께 지내던 방 한 칸짜리에서 시작한 일이었어요. 한동안 일거리가 들어오지 않았습니다. 승훈이 큰형이 한국에서 국제전화통신 사업을 하고 있었습니다. 한동안 저희가 승훈이 형님 회사의 인도 대리점 역할을 했습니다. 국제전화카드를 판매하는 일이었어요. 그럭저럭 사무실을 유지하는 정도로 돈벌이를 했지요."

하지만 오래지 않아 인도가 답을 주기 시작했다. 당시 인도는 7~8%의 경제성장률을 기록하고 있었다. 인도의 건설경기 호황이 이어지면서 AA스튜디오컨설팅에도 일감이 하나둘 들어오기 시작했다. 빼어난 디자인과 꼼꼼한 공정, 정확한 납기 등 AA스튜디오의 솜씨는 또 다른 고객들을 끌어들였다. 인도에 진출한 한국 기업들도 김 사장에게 일감을 주기 시작했다. 매년 400~500%의 매출신장이 이어졌다. 건축 일에 몰두하면서 무너졌던 몸과 마음도 조금씩 회복되어갔다.

사랑의 상처는 사랑으로 치유하는 수밖에 없다. 김 사장은 인도 북부 히말라야 지방을 여행하면서 만난 나탈리와 사랑에 빠지면서 혜성 씨를 잃은 깊은 슬픔에서 점차 벗어날 수 있었다. 나탈리는 미노와 지노 두 아들을 그의 품에 안겨주었다.

"미노와 지노야말로 하늘의 축복이지요. 아내 나탈리와 두 아들이 저의 빈 가슴을 꽉 채워주었습니다."

독일의 심리학자였던 쿠르트 레빈은 장기간 소속해 있던 집단을 떠나 다른 집단으로 옮겨 사는 사람을 '경계인'이라고 표현했다. 원래 속해 있던 집단 시절의 사고방식이나 행동양식을 그대로 지닌 채 새로운 집단에 적응하지 못하고 방황하는 사람을 일컫는다. 1932년 나치 정권의 압박으로 미국으로 건너가 코넬 대학과 아이오와 대학 등에서 교수를 지낸 레빈은 미국으로 이주해 온 유대인을 대표적인 경계인으로 상정했다.

건축가 김창현 사장은 인도 사회의 '건강한 경계인'이다. 거대한 인도대륙의 다양성 속에 빠져 허우적거리는 '나약한 경계인'이 아니라 그 풍요로움을 주체적으로 즐기는 '건강한 경계인'인 것이다.

인도만큼 다양한 인종과 언어, 문화로 이루어진 사회도 드물다. 북부에 거주하는 인도아리아족과 남부의 드라비디아족 등을 중심으로 몽골족, 티벳족, 아랍족 등이 수백 개의 언어를 사용하면서 살고 있다. 10만 명 이상의 인구가 사용 중인 언어만 따져도 216개에 달하고, 헌법이 인정한 지정언어만 18개에 달한다. 종교 역시 힌두교와 이슬람교, 불교, 시크교, 기독교 등 종교 박물관을 방불케 할 정도로 다양하다. 인도는 하루도 똑같은 모습으로 다가오는 적이 없다.

김 사장은 이런 인도의 다채로움 속에서 예술적 자양분을 흠뻑 취하면서 살고 있다. 3개 국어를 사용하는 가족과의 대화와 매끼마다 달라지는 다국적 식단도 그를 '건강한 경계인'으로 깨어 있게 하는 요인들이다. 휴가 때마다 아내 나탈리와 두 아들 미노, 지노와 함께 친가가 있는 한국과 처가의 나라인 스위스를 오가면서 행복한 코스모폴리탄으로서의 삶을 누리고 있다.

미지의 세계에서 새로운 인생의 청사진을 그려보는 건
얼마나 가슴 설레는 일인가.

부의 지도를 넓힌 사람들
KOREAN DIASPORA REPORT

초판 1쇄 발행 2018년 12월 31일

지은이 박상주
발행처 예미
발행인 박진희

편집 김정연
디자인 김성엽

출판등록 2018년 5월 10일 (제2018-000084호)

주소 경기도 고양시 일산서구 중앙로 1568 하성프라자 601호
전화 031) 917-7279 **팩스** 031) 918-3088
전자우편 yemmibooks@naver.com

ISBN 979-11-964106-8-1 03320

- 이 도서는 한국출판문화산업진흥원의 출판콘텐츠 창작 자금 지원 사업의
  일환으로 국민체육진흥기금을 지원받아 제작되었습니다.

이 도서의 국립중앙도서관 출판예정도서목록(CIP)은 서지정보유통지원시스템 홈페이지(http://seoji.nl.go.kr)와 국가자료공동목록시스템(http://www.nl.go.kr/kolisnet)에서 이용하실 수 있습니다.(CIP제어번호: CIP2018040833)